Il suffit d'une décision *pour* changer *de* vie

ALISIO
L'éditeur des voix qui inspirent

Suivez notre actualité sur **www.alisio.fr**
et sur les réseaux sociaux LinkedIn,
Instagram, Facebook et Twitter !

Alisio s'engage pour une fabrication éco-responsable !
Notre mission : vous inspirer. Et comment le faire sans participer à la construction du meilleur des futurs possible ? C'est pourquoi nos ouvrages sont imprimés sur du papier issu de forêts gérées durablement.

Suivi éditorial : Anne-Charlotte Sangam
Relecture-correction : Audrey Peuportier
Maquette : Sébastienne Ocampo
Design de couverture : © Tukoshimura

une marque des éditions Leduc
10, place des Cinq-Martyrs-du-Lycée-Buffon
75015 Paris
ISBN : 978-2-37935-261-4

ANTHONY NEVO

Il suffit d'une décision *pour* changer *de* vie

ALISIO

SOMMAIRE

Chapitre 1

LA RENCONTRE

— Hey, Jimmy ! ramène ta tronche de tocard ici !

Mon voisin de cellule commence sérieusement à me gonfler.

— Qui t'a dit que tu pouvais utiliser mes affaires ?

— Tes affaires ?

— Oui, mes affaires. Ça, c'est mon livre, non ?

— Désolé, Bart, je pensais que je pouvais te l'emprunter.

— Pense mieux la prochaine fois !

Jimmy est un type plutôt sympa, mais il faut que je lui montre qui est le patron, car on se fait vite marcher dessus ici.

Moi, c'est Bart, et la situation dans laquelle je me trouve est pas jolie jolie. Coincé dans neuf mètres carrés avec Jimmy, mon voisin de cellule, qui en plus de piquer mes affaires ronfle toute la nuit et me donne envie de me pendre.

Bref, vous vous dites peut-être que, si je suis ici, c'est que je l'ai bien mérité, et vous n'avez pas vraiment tort sur ce point. Pourtant, ces dernières années, je filais plutôt droit, quelques embrouilles à gauche et à droite, mais rien de bien méchant. La vie était plutôt chouette, et puis, comme d'habitude, j'ai tout fait foirer.

Mon ex, Julia, et ma mère sont venues me rendre visite hier. Et elles m'ont bien rappelé une fois de plus à quel point je pouvais causer du tort aux gens qui m'entourent.

Que voulez-vous ? je suis comme ça ! Est-ce que j'étais destiné à tout ça ? J'en sais rien. Mais ce que je sais, c'est qu'il faut que je me barre de cette taule, et le plus vite possible !

La dernière fois, j'ai passé deux mois ici et ça m'a suffi pour complètement disjoncter. J'étais censé ne rester qu'un mois, mais ma peine a été prolongée d'un mois de plus. Motif? J'avais cassé le nez de mon voisin de cellule. Vous vous dites que je l'ai bien cherché? Écoutez l'histoire d'abord, ensuite vous pourrez vous faire votre avis.

Ce taré a eu la bonne idée, en pleine nuit, de me pisser dessus! Oui, oui, vous avez bien entendu. En pleine nuit, le mec a baissé son caleçon et a commencé à se soulager en plein sur ma tête! Bordel, mais qui urine sur son voisin de cellule? Apparemment, il était en train de rêver… J'ai vraiment la poisse, je vous jure! Me faire réveiller de cette manière, comme vous vous en doutez, m'a donné envie de le massacrer. Sauf que je ne l'ai pas seulement imaginé... je l'ai carrément fait! Enfin, je vous rassure, il est toujours en vie. Si on gratte bien, j'ai quand même un bon fond. Il faut juste gratter un peu.

Ma vie, c'est un raz de marée d'histoires plus incroyables les unes que les autres! J'ai l'impression que je me trouve à chaque fois au mauvais endroit au mauvais moment. Jamais de chance!

Enfin, je dis que j'ai jamais de chance, mais il y a bien des moments de ma vie qui ont été sans encombre et dont je garde de très bons souvenirs. Par exemple, le jour où mon oncle Paulie est venu me chercher pour fêter mes seize ans. Paulie est le mec le plus dingue que je connaisse, un vrai fou furieux… Évidemment, il faut qu'il soit de ma famille!

Bref, il m'a fait monter dans sa Cadillac flambant neuve et m'a dit : « Fiston, pendant vingt-quatre heures, t'es à moi. Toi et moi, on va écrire l'histoire. Et l'histoire, c'est les souvenirs, alors accroche-toi. » Cette journée a été… Comment dire? Mouvementée!

On était en plein cœur du Nevada et j'ai tenu ma toute première arme à feu. Un Beretta 92FS, un vrai petit bijou, j'en ai encore des frissons. On a tiré comme des cinglés dans le désert pendant des heures, puis on a fait tous les bars que l'on pouvait croiser sur notre route, pour finir dans un bordel à quatre heures du mat' ! Mon oncle m'a regardé avec son vieux cigare à la bouche et m'a dit : « Ce soir, tu vas devenir un homme mon grand. Voilà 100 dollars, fais toi plaisir, c'est ton oncle Paulie qui régale. » Je suis entré dans le bordel, et on m'a directement questionné sur mon âge. J'avais la chance d'avoir une carrure assez bien bâtie, alors ça n'a pas été trop dur de les convaincre. Bref, ils ne m'ont pas questionné longtemps, ils étaient plus intéressés par mon portefeuille. Dès que je suis entré, on m'a présenté six déesses venues d'un autre monde ! Des bombes atomiques que j'avais seulement vues dans les magazines *Playboy* planqués sous mon matelas. Sauf que là, elles étaient en face de moi. J'ai fait mon choix et, pour le reste, je ne rentrerai pas dans les détails ! À vrai dire, il n'y a pas vraiment de détails vu la courte durée de cette première expérience.

Seize ans plus tard, j'ai reniflé la carrosserie d'un paquet de gonzesses, ce qui m'a valu pas mal de problèmes d'ailleurs. J'ai quelques addictions dans ma vie et je crois que les femmes en font partie…

J'ai toujours attiré deux types de personnes dans mon existence : les casse-couilles et les femmes. Pour les femmes j'arrive à comprendre, mon corps et mon ego surdimensionné y sont probablement pour quelque chose, mais les casse-couilles par contre, j'ai besoin d'une explication !

Si seulement je pouvais revenir en arrière, je ferais des choix différents. Des choix qui ne m'amèneraient pas dans cette putain de taule, entouré par une bande de puceaux dégénérés, même si mon séjour devrait se passer sans embrouille. Ils vont vite apprendre à pas venir m'emmerder. Faut dire qu'en voyant dans les magazines que les bombes étaient toujours accompagnées de mecs musclés, j'ai très tôt décidé d'aller à la salle de sport tous les jours. Et c'est vite devenu comme une drogue. Une sorte de routine qui me permet d'évacuer l'énergie et la rage qui peut gronder assez fort à l'intérieur de moi.

Aujourd'hui, mes bras font probablement la taille des cuisses de tous les losers qui m'entourent ici !

Il est 7 h 30, dans trente minutes on va avoir une demi-heure de pause pour aller se dégourdir les jambes et prendre notre petit déjeuner. Enfin, quand je dis petit déjeuner, je parle d'une bouillie quasiment immangeable, avec une sorte de yaourt, le tout accompagné d'un petit morceau de pain. Quel repas ! J'en mange dix comme ça chez moi. À ce rythme-là, ma carrure va fondre à la vitesse de l'éclair.

C'est le moment qu'on attend tous ici, pouvoir sortir, ne serait-ce que quelques minutes, pouvoir marcher un peu, se changer les idées, voir de nouvelles têtes, manger un bout ou faire un peu d'exercice.

C'est aussi un moment à risque, un moment où tout peut arriver, quand je dis tout, c'est vraiment tout… Les gens se réunissent par clan ici. Ça ne fait que quelques jours que je suis là, mais j'ai déjà le mien.

Et voilà ! La sonnerie retentit et on se dirige tous vers le réfectoire. Je passe devant quelques tables avant de m'asseoir à la mienne. Je fais partie de l'équipe des mecs assez balaises, tatoués pour la plupart, dont les conversations tournent toujours autour des deux mêmes sujets : les femmes et l'argent.

Mieux vaut être invité à cette table avant de t'y poser, si tu vois ce que je veux dire. Ici, les embrouilles partent pour un rien. Une parole, un regard, et c'est parfois suffisant pour te faire attraper par deux types pendant qu'un autre te refait le portrait.

De mon côté, je n'ai pas trop à m'inquiéter. C'est souvent les personnes un peu plus faibles qui sont en ligne de mire. Ça m'est même arrivé d'en défendre de temps en temps la dernière fois que je suis passé par la case prison.

Je m'assois à ma table, mon plateau à la main. Rendy, un des mecs avec qui je m'entends bien, m'interpelle :

— Hey Bart, quoi de neuf aujourd'hui ?

— Quoi de neuf ? À ton avis ? Depuis hier, tu penses qu'il s'est passé beaucoup de choses dans ma vie ? J'ai passé une magnifique nuit avec mon voisin de cellule qui a ronflé toute la nuit.

— Ça va, ça va, détends-toi. Hey, mate ce type là-bas !

— Le mec tout seul avec la casquette verte ?

— Oui. Apparemment, de ce qu'on m'a dit, il est là depuis plus de quarante ans…

— Quoi ? Plus de quarante ans, t'es sûr ?

— C'est ce que disent les rumeurs.

— Bizarre. Il ne me semble pas avoir vu ce type durant mon dernier séjour en taule.

— Il est arrivé ici il y a quelques semaines, il a été transféré.

— Mmmm, intéressant. Je vais peut-être aller lui parler, il doit avoir des trucs passionnants à raconter.

— Si j'étais toi, je me méfierais. En quarante ans, il a certainement dû perdre la tête.

Rendy marque un point, mais en même temps, ce mec m'intrigue. Je décide d'aller le rejoindre.

J'arrive près de sa table :

— Hey l'ami, tu manges toujours tout seul ?

— Ça dépend.

— Comment ça, « ça dépend » ? Ça dépend de quoi ?

— Ça dépend de toi. Je suppose que si tu as ton plateau à la main, c'est que tu aimerais partager ton repas avec moi ?

— Calmos, l'ancien. Je suis juste de passage pour taper la discute, rien de plus.

— Assieds-toi et « tapons la discute » comme tu dis. Moi, c'est Billy, enchanté.

— Billy, OK. Je vais aller droit au but, on m'a dit que ça fait plus de quarante ans que t'es enfermé et j'ai un peu de mal à croire qu'il soit humainement possible de rester enfermé aussi longtemps en taule.

— C'est plutôt confortable.

— Quoi ? T'as pété un plomb ou quoi ? Tu trouves ça plutôt confortable ?

— T'étais sûrement pas encore né, mais si tu avais vu les conditions de détention il y a trente ans, crois-moi, tu serais reconnaissant d'être à présent dans cette taule comme tu dis.

— Ha ! donc c'est vrai, tu es là depuis très longtemps ?

— Oui, on peut dire ça. Enfin, le temps est une illusion…

— Une illusion ? Ça fait cinq jours que je suis là et je peux te dire que ça n'a pas été une illusion pour moi ! Bon, t'as fait quoi pour te retrouver ici pendant quarante piges ? Me dis pas que t'es le genre de puceau qui arrivait pas à se taper des gonzesses et qui a fini par les séquestrer dans une cave ?

— J'aime ton sens de l'humour, Bart. Rien de tout ça, je te rassure.

– Attends, je te stoppe tout de suite. D'où tu connais mon nom ?

Disons que ta réputation te précède…

— Mouais… Fais gaffe. Alors, t'as fait quoi ? T'as acheté un gun et tu t'es mis à tirer dans la rue sur les passants en criant « Je m'appelle Billy et c'est moi le plus fort ! » ?

Billy se met à rire aux éclats.

— T'es drôle quand tu t'y mets, c'est un atout dans la vie.

— Drôle ? J'étais plutôt sérieux, mais passons, raconte-moi !

— Désolé, mais tu n'es pas prêt.

— Comment ça, je suis pas prêt ?

— Tu n'es pas prêt, mais tu le seras peut-être dans quelque temps.

Ce mec est de plus en plus bizarre, mais il m'intrigue encore plus.

— Dis-moi, que pense Julia de ta présence ici ?

— QUOI !! Julia, mon ex ? Comment tu la connais toi ?

— Disons que je connais beaucoup de choses. Donne-moi ta main.

— Oh, mais t'es cinglé ou quoi ? Prends pas trop la confiance avec moi, car il pourrait t'arriver des bricoles.

— Tu joues les caïds et tu as peur de prendre ma main ? Je vais te montrer quelque chose.

Ça devient de plus en plus bizarre, je crois que Rendy avait raison. Ce type a clairement perdu la boule et a probablement envie de m'attacher à son lit.

J'ai pas le temps de comprendre ce qui arrive que le mec m'attrape la main gauche avec ses deux mains et, tout d'un coup, je me sens tout bizarre, comme si j'allais m'évanouir. Tout tourne autour de moi. Je recule d'un coup et renverse mon plateau par terre.

— Bordel, mais qu'est-ce que tu fous, toi ?

Un des gardes s'approche de moi et me dit de me calmer et de ramasser mon plateau.

En temps normal, j'aurais pété un plomb et fracassé la tête de Billy sur son plateau, ça aurait permis d'envoyer un message à tout le monde par la même occasion. Mais là, je ne sais pas pourquoi, je ne me sens vraiment pas bien. Je fixe le gardien droit dans les yeux, puis me baisse pour ramasser mon plateau.

— Tu vois, tu n'es pas prêt.

— Bordel, mais tu fais du vaudou ou quoi ?

Billy se met une nouvelle fois à rire.

— Il faut vraiment que tu arrêtes de te foutre de ma gueule comme ça parce que je vais finir par t'éclater. Pourquoi je me sens tout bizarre ?

— Tu as commencé un voyage et il a été interrompu car tu as pris peur.

— Peur, moi ? C'est mal me connaître.

D'un coup, la sonnerie retentit et tout le monde se lève pour se mettre en rang et rentrer en cellules.

— Attends, attends, c'est quoi ce truc que j'ai ressenti ? Tu ne peux pas me laisser comme ça.

— Si, je peux et c'est ce que je vais faire. Si tu veux me frapper, vas-y, libre à toi. Tu augmenteras certainement ta peine de plusieurs mois ou plusieurs années.

Quelle arrogance ce type. C'est vraiment rare que quelqu'un me parle comme ça, mais il marque un point. Si je lui pète les dents maintenant, je vais certainement moisir ici encore longtemps. Alors, je me contente de lui balancer :

— OK, l'ami. Écoute, je vais me renseigner sur toi et on se reverra très bientôt.

Je le vois s'éloigner avec un sourire au coin des lèvres. Dès que je me mets dans le rang, Rendy et les autres m'interpellent pour me demander ce qui s'est passé. J'évite la discussion et coupe court rapidement car, moi-même, je serais bien en peine de l'expliquer. Plutôt étrange ce type, vraiment étrange même. Cette sensation extrêmement bizarre que j'ai ressentie, c'était la première fois que ça m'arrivait. Bref, je ne vais pas me masturber le cerveau avec ça, je vais plutôt mettre mon énergie sur le sujet qui me préoccupe. Comment sortir d'ici rapidement et comment récupérer Julia, mon ex, voilà la bonne question à se poser. Soyons intelligent et réfléchissons. Bien que l'on se soit séparé il y a maintenant cinq ans avec Julia, on est toujours restés assez proches et, s'il y a bien une femme qui peut arriver à me faire oublier toutes les autres, c'est elle. C'est décidé, dès que je sors d'ici, ma mission numéro un sera de lui faire comprendre que mes conneries, c'est définitivement terminé. Mon seul objectif, ce sera elle et son bonheur. En voilà de belles paroles ! Maintenant, il n'y a plus qu'à.

Ici, les jours se répètent. C'est toujours la même chose, la même routine et, perso, je déteste la routine. Ça ne fait que cinq jours, mais ça commence déjà à être un énorme fardeau. Le matin, petit déjeuner. Ensuite, une promenade. Puis vient le repas du midi, puis une autre promenade dans l'après-midi, puis le repas du soir. Partie de carte généralement avec Jimmy, puis au lit. Et rebelote. D'après mon avocat, on aura des nouvelles dans une dizaine de jours à propos de mon sort. La dernière fois que je suis venu ici, c'était il y a deux ans maintenant. C'est marrant car je recroise quelques têtes que je connaissais de mon dernier séjour. Eux sont restés ici, moi j'ai fait un aller-retour. Cette fois-ci, honnêtement, je ne suis pas très optimiste sur le verdict, j'ai enfreint une putain de loi et j'en suis pas très fier.

Pour vous en dire plus, je suis en détention à Huntsville, une petite ville à côté d'Atlanta, là où j'habite depuis maintenant plus de dix ans. J'aime cette ville, je m'y sens bien. Comment l'expliquer... Je ne sais pas trop, car sur le papier, ce n'est pas vraiment ce qui me faisait rêver à l'origine, mais j'y suis bien, donc j'y reste. Je m'y suis fait pas mal de potes au fur et à mesure des années. Enfin, quand je dis des potes, c'est plutôt des mecs avec qui je traîne le soir et avec qui je fais la tournée des bars, pas vraiment des gens sur qui je peux compter.

Depuis que je suis ici, bizarrement, y'a pas foule au portillon pour me rendre visite. Mais je m'en balance, je suis de nature solitaire et je le vis très bien, pas comme tous ces losers que je croise à longueur de journée qui se morfondent sur leur sort, « j'ai pas d'amis, j'ai pas de copine, j'ai pas d'argent », bla bla bla. Putain, mec, mais t'as vu ta tronche ? T'as vu ton corps ? Si tu passes ton temps à boire de la bière, à fumer des clopes et à dilapider tout ton pognon dans l'alcool et les putes, les choses ne vont pas s'arranger, c'est une certitude. Jamais aucune gonzesse ne sera attirée par un tocard comme toi.

Vous me trouvez dur ? Je le suis, mais croyez-moi, parfois il faut un électrochoc aux gens, sinon ils ne changent pas. Quand je balance ses quatre vérités à quelqu'un, c'est pour son bien. On m'a d'ailleurs souvent remercié. Bon... à quelques reprises, on a aussi voulu me péter la gueule, c'est vrai !

Tout ça pour vous dire que j'ai réussi à arrêter la plupart des magouilles et des petits délits que je faisais quand j'étais plus jeune, je me suis amélioré. Depuis ma dernière condamnation, je me suis vraiment calmé. J'avais un job, tout ce qu'il y a de plus normal et j'ai vraiment essayé d'arrêter de prendre le mauvais chemin. J'ai dépassé les bornes à quelques reprises, mais les deux dernières années ont quand même été assez calmes. Mais une galère en entraînant une autre, je me suis retrouvé dans une situation où j'ai eu besoin d'un gros paquet de fric, et je ne connaissais qu'un seul moyen de faire du cash rapidement.

Malheureusement, vous vous en doutez, ça ne s'est pas passé comme prévu. J'étais videur dans une boîte de nuit en plein centre-ville d'Atlanta. Un club assez classe où je pouvais mater autant de petits culs que je voulais, ce qui n'était pas pour me déplaire. En tant que videur, j'avais certains avantages, je vais pas le cacher, et il était assez courant que je rentre accompagné. Régulièrement, je discutais aussi avec un dénommé Radjanov, un habitué du club et un mec apparemment respecté. Un Russe qui se déplace tout le temps avec la même bande, je ne savais pas trop ce qu'ils trafiquaient à l'époque, mais c'était louche. Grosses bagnoles, les plus belles filles avec eux, et ils faisaient péter chaque semaine des dizaines de bouteilles à leur table en laissant des notes de plusieurs milliers de dollars et des pourboires très généreux. Pas vraiment le genre de vie à laquelle la majorité des gens ont accès. Un jour, j'ai viré un pauvre type qui venait leur chercher des noises, ils ont apprécié et depuis ils m'ont toujours traité avec respect et venaient souvent me taper la discute. Un jour, j'ai même bu un verre à leur table jusqu'à ce que mon boss me voie et me dise de dégager de leur table *illico presto*. Un samedi soir, un des collègues de Radjanov m'a demandé si je jouais au poker. Et comment que je joue au poker !! À un moment de ma vie, je disputais beaucoup de parties au casino, et je ressentais une putain d'adrénaline à chacune d'entre elles ! Et puis petit à petit, j'ai arrêté. Pourtant, je me débrouillais plutôt bien. Un jour, j'ai même remporté 5 600 dollars à un tournoi organisé à Vegas où je venais passer quelques semaines de vacances avec mon oncle, le taré dont je vous ai parlé tout à l'heure. Bref, tout ça pour vous dire que, quand le collègue de Radjanov m'a proposé de participer à une partie de poker qu'il organisait, je me suis laissé tenter et j'y suis allé. Je me le rappelle parfaitement. C'était un vendredi, je commençais mon service à minuit et la partie a démarré à 7 h 00. Mise minimum de 250 dollars. Je suis donc arrivé avec 500 dollars. Évidemment, il s'agissait d'une partie pas vraiment réglementée, ça je l'ai très vite compris quand j'ai eu l'adresse de la rencontre. Elle avait lieu dans un appartement luxueux, dans un des buildings du centre-ville. La première fois, on était quinze, répartis sur trois tables. Cinq à chaque table, en majorité des Russes mais également quelques mecs du coin. Je suis reparti à 20 h 00, avec 2 690 dollars en poche. En seulement trois heures, j'avais presque gagné ce que je gagnais en un mois avec mon job de videur, alors autant vous dire, que j'étais excité et pressé de remettre ça. Je suis donc devenu un habitué de leurs parties, et je repartais la plupart du temps avec plus de billets en poche que je n'en avais en arrivant ! Ça a duré un mois environ. Puis un jour, ils m'ont proposé une plus grosse partie, avec des plus gros poissons. Mise minimum à apporter : 5 000 dollars. J'avais déjà gagné au moins deux fois cette somme, alors j'ai tout de suite accepté. Cette fois-ci, il n'y avait qu'une seule table, nous étions six. Je n'avais apporté que 5 000 dollars, alors que la majorité d'entre eux avait déjà plus de

15 000 dollars devant eux. Et nous pouvions ajouter des fonds à notre mise de départ à n'importe quel moment. Au bout de deux heures de jeu, j'avais perdu 500 dollars mais là, je touche un As et un roi, et les trois cartes qui se dévoilent devant moi étaient deux As et un 9. Si vous connaissez le poker, vous savez que j'avais là, un brelan d'As ! Une bonne petite main, quoi. Un des mecs aligne alors 500 dollars d'un coup. Impossible pour moi de me coucher avec la main que j'avais. Alors, je m'enflamme un peu et je relance de 1 000 dollars. Le type me suit, puis vient un 2 qui ne change pas grand-chose au jeu. Je fais tapis, il me reste environ 3 000 dollars. Le mec, toujours le même, me propose alors un deal : si je le souhaite, je peux miser encore plus, la maison me fera crédit. Je réfléchis un petit moment... Et puis merde, j'ai un brelan d'as quand même ! Je demande alors un crédit de 10 000 dollars et repose 10 000 dollars sur la table. Au moment même où je pose cette montagne de cash au milieu de la table, je prends conscience de ce que je suis en train de faire. M'enfiler un tiers de la bouteille de whisky pendant la partie n'avait peut-être pas été l'idée du siècle. La partie continue cependant et le mec me suit. Puis, la dernière carte arrive, une dame. Cette carte ne change rien à mon jeu. À ce stade, il y a très peu de mains qui peuvent me battre, les probabilités que je remporte cette partie sont donc très élevées. La tension à la table est au plus haut, mon cœur palpite à une vitesse de dingue. Je balance mes cartes sur la table, fier de mon coup, et là, le mec me regarde et me dit : « Désolé, mais cette fois-ci, ce pot, il est pour moi ! » Il retourne ses cartes, AS 9. Bordel !! Avec un *full,* il me bat à plate couture et remporte la mise. Je comprends à l'instant que je suis dans la merde : les 10 000 dollars que j'avais empruntés viennent de partir en fumée. Il doit me rester environ

2 500 dollars sur mon compte à tout casser. La majorité de l'argent qui me passe entre les mains repart aussi vite qu'il arrive. Je suis pas le genre de mec à épargner de l'argent, je fais plutôt partie de ceux qui dépensent sans compter.

10 000 dollars de dette... Je sais pas si vous imaginez. Ce n'est pas énorme, certes, mais c'est tout de même 10 000 dollars. Et surtout, j'avais seulement dix jours pour payer ma dette. Ces mecs ne m'impressionnaient pas tant que ça et j'aurais pu leur mettre un coup de pression, mais j'avais quand même entendu pas mal d'histoires sur eux, et je savais que si j'en défonçais un pour qu'il éponge ma dette, j'allais m'attirer pas mal de problèmes. J'ai donc fait un des trucs les plus stupides de ma vie. J'ai appelé une de mes anciennes connaissances, un dealer de coke, et je lui ai expliqué la situation. Je lui ai demandé de me faire crédit de cent grammes de coke. Il avait une dette envers moi, alors il a rapidement accepté. Je savais qu'avec la clientèle huppée de la boîte dans laquelle je travaillais, je pouvais me faire un paquet de fric en leur vendant ça très cher. En une semaine max, j'allais pouvoir tout écouler. J'avais tout prévu, en me faisant 100 dollars de bénéfices sur chaque gramme vendu, j'allais facilement pouvoir rembourser ces 10 000 dollars. Et je savais que je pouvais écouler ce stock très rapidement, car j'avais déjà foutu à la porte quelques dealers du coin qui venaient refourguer tout un tas de produits aux clients.

J'ai donc attaqué dès le lundi soir en glissant le mot à deux ou trois personnes qui, je le savais, seraient intéressées. Les mecs bourrés ne réfléchissent généralement pas trop et sautent sur tous les produits que tu leur proposes. Le lundi soir, j'avais vendu dix-neuf grammes, c'était un bon début. Puis le mardi soir, vingt-quatre grammes. Ce n'était pas si simple, car je devais m'assurer que le reste du staff de la boîte ne me soupçonne pas.

Je savais rester discret et tout s'est déroulé comme prévu jusqu'au jeudi soir. Il me restait environ un tiers à vendre, et j'avais un peu plus de trente grammes sur moi, une quantité assez conséquente. Manque de bol, à deux heures du mat', descente des stups, une brigade d'au moins dix personnes surgit dans la boîte avec trois chiens. La totale ! Il leur a fallu moins de deux minutes pour commencer à renifler mon jean, et j'ai une nouvelle fois compris que j'étais dans la merde. Cette fois-ci, j'ai vraiment flippé : avec trente grammes de coke, je savais que j'allais prendre cher. Ce qui m'a encore plus mis dans la merde, c'est qu'ils en ont aussi trouvé sur d'autres personnes et qu'il a fallu moins de cinq minutes à ces enfoirés pour balancer qui les avait fournis. C'était fichu pour moi. Les flics m'ont mis les menottes et m'ont embarqué devant tout le monde. En même temps, c'était pas la première fois, je connaissais déjà la musique. Voilà comment j'ai atterri ici, fin de l'histoire.

Chapitre 2

LE VOYAGE

Ce matin, j'ai la gueule dans le cirage, et je me lève en découvrant une traînée de bave sur mon oreiller. Jimmy dort toujours, ce mec dort tout le temps, je ne sais pas comment il fait. Non seulement il dort beaucoup, mais il ronfle ! Oui, je sais, je vous l'ai déjà dit. Plusieurs fois par nuit, je lui mets des coups de coussin pour qu'il se calme, mais cinq minutes après, ça redémarre, c'est horrible. À part ça, on s'entend plutôt bien. Pour le moment, en tout cas.

Cette nuit, j'ai repensé à ce Billy que j'ai croisé hier, je pense que je vais aller le revoir. J'aime pas rester avec des questions dans la tête, et aujourd'hui j'en ai beaucoup. Je vais essayer de l'attraper ce matin pendant la promenade. Trente minutes pour se dégourdir les jambes, voilà un de nos privilèges ! C'est fou comme on se met à apprécier des choses insignifiantes quand on perd tout. Dans cette taule, tu perds ta liberté, tu perds tes repères et certains vont jusqu'à perdre la tête. Je ne pense pas que l'on ait été conçu pour vivre dans un si petit espace, enfermé toute la journée. Mais on ne va pas se mentir, une partie des gens ici sont des psychopathes, et mieux vaut ne pas les lâcher dans la nature, ce serait un véritable carnage ! Il devrait quand même exister une autre solution que de nous enfermer entre quatre murs... Attendre et attendre, voilà ce que je vais devoir faire ces prochains jours, jusqu'à mon procès et l'annonce de la sentence. Je m'imagine déjà menotté au tribunal, assis sur le banc des accusés à écouter quelqu'un prononcer cette phrase, mot pour mot : « Monsieur Bart

Miller, vous êtes reconnu coupable des faits qui vous sont reprochés... » Et c'est la suite de cette phrase qui va déterminer ce que je vais faire dans les prochains mois... Quelle pression ! Et tout ça parce que je me suis enflammé à une table de poker... Faut vraiment être con. Il serait peut-être temps de prendre de bonnes résolutions et de m'engager à ne plus jamais y jouer. Bref, oublions ça, car les bonnes résolutions, j'ai déjà essayé plus d'une fois, et malheureusement, ça n'a jamais tenu très longtemps. Des exemples, j'en ai plusieurs ! Je vous en donne un, juste au hasard. Il y a cinq ans environ, après ma rupture avec Julia, j'étais avec une dénommée Emily. On est restés six mois ensemble, je tenais vraiment à cette fille, puis est arrivé un jour où malheureusement, je l'ai trompée avec une de ses cousines et l'info est très vite arrivée à ses oreilles. Bordel, c'est aussi un peu de sa faute : toutes ses cousines sont des bombes atomiques. Quand elle me les a présentées, l'une d'entre elles m'a dévisagé toute la soirée avec le genre de regard qui en dit long. À la fin, elle me balance un clin d'œil avant de partir aux toilettes. À ce moment-là, ma tête fonctionnait encore à peu près et je savais qu'il ne fallait pas que j'aille la rejoindre. Mais une autre partie de mon corps a très vite gagné la bataille et je me suis levé. Elle était dans un petit couloir, juste avant l'entrée des toilettes. Je suis arrivé à sa hauteur, elle m'a donné un bout de papier avec son numéro de téléphone, puis elle m'a dit « appelle-moi » juste avant de s'enfermer dans les toilettes. La soirée s'est terminée, et deux jours plus tard, après une embrouille avec Emily, je l'ai appelée. Je sais, je sais, j'aurais pas dû... Nous nous sommes rejoints le soir même dans un petit bar dans lequel je me rendais souvent, à trente minutes d'Atlanta. Quand je suis arrivé, elle était déjà là, assise au comptoir en train de siroter un des meilleurs cocktails de James, le barman.

On a pas mal discuté, enfin, plus ou moins, disons vingt minutes... Puis j'ai coupé court pendant qu'elle parlait de je ne sais plus trop quoi. À vrai dire, je m'en tapais totalement, j'ai pris sa main, je l'ai attrapée par les hanches, je l'ai soulevée et je l'ai embrassée en plein milieu du bar. J'ai payé l'addition, puis on est allés dans un motel juste à côté, et je lui ai fait l'amour toute la nuit. Je ne m'en souviens plus trop, mais je me souviens qu'elle était infatigable, et je crois que j'ai été programmé pour ne pas pouvoir refuser les avances d'une fille ! Surtout quand celle-ci a un corps de déesse, comme elle. Bref, je m'égare un peu, mais tout ça pour vous dire qu'après cet événement, et surtout quand Emily l'a appris, j'ai décidé de prendre une bonne résolution et je me suis dit que je ne referai plus jamais ça. En même temps, quel genre de fille a envie de se taper le mec de sa propre cousine ? Emily a tout de même réussi à me pardonner après des heures de négociation. Sauf que deux semaines plus tard, j'étais en vadrouille, cette fois-ci avec des potes. On est entrés dans un bar et on s'est enfilé quelques pintes. Manque de bol, je croise une ex à moi avec laquelle j'avais dû passer deux nuits mémorables... D'accord, on peut pas vraiment appeler ça une relation, je sais. On discute un peu et, vu que je commençais déjà à être un peu bourré, je l'ai attrapée dans les toilettes du bar. Pas vraiment le lieu approprié, mais c'est pas comme si c'était la première fois. En rentrant le soir, j'étais tellement bourré que j'ai tout dit à Emily, et cette fois-cis elle ne m'a pas pardonné et elle s'est barrée. Je la comprends. J'ai été triste pendant quelques jours, puis je me suis rapidement remis en selle. Que voulez-vous, si une grosse majorité des filles qui croisent mon chemin ont envie de coucher avec moi, est-ce ma faute ? Bon, peut-être que je le cherche un peu parfois, mais après tout, si je suis resté fidèle à mon ex-femme Julia, c'est sûrement un signe. Ah ! L'alarme retentit dans les couloirs, c'est le moment de la pause.

En marchant en direction de la cour, je commence à chercher du regard « l'homme mystère », je crois que ça va être son nouveau surnom. Dans la cour, c'est comme à table, les clans se divisent très vite. L'équipe la plus solide, après la nôtre bien sûr, c'est celle de Barly, un sexagénaire un peu allumé, suivi par une dizaine de personnes plongées dans le même délire. Il parle de Dieu et d'autres trucs. Les mecs de sa bande sont assez solides pour la plupart d'entre eux et ils sont plutôt assez respectés ici. Barly était déjà là la dernière fois que je suis venu et on s'est déjà parlés à plusieurs reprises. Il avait tenté de me dissuader de rejoindre l'équipe des gros bras, pour venir l'écouter parler de Dieu. Autant vous dire que je n'ai pas eu besoin de réfléchir longtemps, mais je ne sais pas pour quelle raison, je l'ai toujours respecté. Ensuite, en dehors des clans, il y a les perdus, c'est comme ça qu'on les appelle ici. Ils sont généralement tout seuls et certains d'entre eux ont complètement perdu la tête ou sont vraiment, vraiment spéciaux. J'ai l'impression que c'est un peu le cas de notre homme mystère. D'ailleurs, en parlant de lui, je viens de l'apercevoir sur le côté gauche de la cour. Apparemment, il est en train de jouer une partie d'échecs avec un autre détenu que je n'ai jamais vu. Je vais aller le voir, puis je rejoindrai les autres ensuite.

Lorsque j'arrive à sa hauteur, il me salue :

— Comment vas-tu aujourd'hui, bien remis de tes émotions d'hier ?

Je le regarde en fronçant un peu les sourcils avec un petit sourire au coin des lèvres :

— Oui. On va dire ça. T'as deux minutes ?

— Désolé, mais comme tu peux le voir, je suis en pleine partie d'échecs avec mon ami.

— Ouais, j'ai vu, mais je me disais qu'on pouvait quand même aller s'asseoir vite fait pour discuter.

— Au risque de me répéter, je suis actuellement en pleine partie et c'est très impoli de nous déranger, n'est-ce pas ?

Il interpelle son ami, mais celui-ci reste muet, je pense que la taille de mes bras immobilise sa mâchoire.

— Écoute, mec, hier je t'ai pourtant prévenu de ne pas trop prendre la confiance avec moi, et aujourd'hui tu continues, tu cherches quoi, là ?

— Je cherche rien, comme je te le dis, je suis en train de disputer une partie d'échecs et j'aimerais la terminer, repasse me voir dans dix minutes. Si j'ai du temps à t'accorder, je le ferai.

— OK, je repasse dans dix minutes.

— Je devrais pouvoir t'accorder un peu de temps.

« T'accorder un peu de temps ? » Mais pour qui il se prend sérieusement ? Je décide de la fermer cette fois-ci et je repars en direction de mon pote Rendy. Puis, dix minutes plus tard, je retourne le voir.

— Monsieur a-t-il de la disponibilité ?

Il me regarde, puis acquiesce d'un sourire. On marche, puis on s'assoit sur un banc un peu à l'écart des autres groupes.

— Écoute, j'ai repensé à ce que tu m'as dit hier. La première chose que j'aimerais savoir, c'est comment ça se fait que t'es nouveau ici ?

— Des prisons, j'en ai connues plusieurs, quatre pour être exacte. J'ai été transféré ici il y a dix mois. Avant, je me trouvais dans le Kentucky, mais ils sont en train de rénover l'endroit. Possible que je bouge de nouveau quand ils auront fini les travaux.

— Je vois, t'as de la famille qui te rend encore visite ?

— Non, les premiers mois tu sais les gens viennent te voir, les deux premières années aussi, mais au bout de tant d'années, les gens t'oublient. C'est comme ça, je ne leur en veux pas, j'aurais certainement fait pareil à leur place.

— Mais comment t'arrive à supporter la taule depuis tant d'années ?

— Tu t'y habitues, tout simplement. Tu répètes une routine jour après jour et le temps passe.

— Je pense qu'à ta place, je me serais déjà tiré une balle.

— Combien de temps tu vas rester ici ?

— Bonne question, j'attends le jugement, je vais être fixé bientôt.

— T'as une drôle de mine.

— Quoi ?

— Oui, t'as une mine bizarre aujourd'hui.

— Écoute, j'ai pas de miroir sous la main pour confirmer tes propos, mais quand je regarde ta tronche, mec, je remercie quand même le ciel de ne pas avoir eu la même.

— Merci, j'ai remarqué que t'avais un don particulier pour flatter les gens.

— Je suis comme ça, que veux-tu. On ne me changera pas maintenant.

— À vrai dire, si, c'est possible. Tu te rappelles hier quand je t'ai pris la main ?

— Et comment que je m'en souviens ! C'était quoi ce bordel ?

Je regarde ma montre et vois qu'il ne nous reste plus que dix minutes.

— On va aller à l'essentiel l'ami, car il ne nous reste plus beaucoup de temps. Alors accouche, c'était quoi ce truc ?

— Malheureusement, si je te le dis, tu ne vas pas me croire.

— Essaye toujours !

— Je te propose plutôt autre chose, les paroles c'est bien, mais si tu le vis, c'est encore mieux. Je te demanderais juste de ne pas avoir peur.

Ne pas avoir peur ! Non mais il est taré ce Billy.

J'ai même pas le temps de répondre qu'il me rattrape la main gauche avec ces deux mains. Sauf que cette fois-ci, j'ai même pas le temps de l'enlever qu'il se passe un truc très bizarre. Les choses autour de moi commencent à se déformer. La tête de Billy en face de moi devient comme un tourbillon, je n'arrive même pas à enlever ma main de la sienne et je me fais aspirer dans une sorte de tunnel. Je ne comprends rien à ce qui m'arrive et je n'ai absolument aucun contrôle là-dessus. Je me frotte les yeux avec mon autre main et je commence à me demander si je ne suis pas en plein rêve. Le tourbillon en face de moi s'accélère, je suis aspiré dedans, j'ai l'impression que le temps s'est arrêté. J'aperçois encore quelques personnes dans la cour, mais tout est immobile. Billy et sa tête se déforment de plus en plus. J'aurais jamais dû m'approcher de ce type ! C'est à cause de ça, qu'il a dû moisir en taule ! J'essaye de me débattre, je gesticule dans tous les sens, mais rien à faire, je suis de plus en plus aspiré, jusqu'à complètement entrer dans un tunnel, rempli de couleurs extrêmement vives. Je me mets à tourner dans tous les sens et à crier de toutes mes forces :

— Je vais te buter, sale enculé, qu'est-ce que t'es en train de foutre !!!

Je viens de complètement quitter la cour, pour être entièrement à l'intérieur du tunnel dans lequel je continue de tourner.

Mais qu'est-ce qui m'arrive ?

Je ne vois plus rien, le noir complet, des palpitations se font ressentir dans tous mon corps, j'ai le cœur qui bat à toute vitesse, j'ai les mains et les pieds tendus comme jamais.

La seule chose que j'entends est mon souffle, puis d'un coup, une voix :

— Bart, on va être en retard.

Je suis où là ? C'est quoi ça ? J'ouvre alors les yeux, et je me vois dans un lit. Je me redresse et regarde autour de moi. Je me trouve dans ma chambre d'ado, je ne sais même plus quel âge j'ai à l'époque de cette chambre, peut-être quinze ou seize ans… Mais qu'est-ce que je fous là ?

Il y a pas trente-six solutions, soit je suis vraiment en train de rêver, soit Billy m'a drogué. Après réflexion, je pense que je suis vraiment en train de rêver. Droguer les gens en leur touchant la main, je veux bien être ouvert d'esprit, mais y'a quand même des limites. Si tout cela est faux, c'est quand même le rêve le plus réaliste de toute ma vie.

Ma chambre est toute petite, un lit une place, un petit bureau, quelques posters de joueurs de catch au mur et quelques magazines *Playboy* planqués sous mon matelas si mes souvenirs sont bons.

Waouh ! Je viens de me regarder dans la glace, et bordel, je vois le corps de mauviette que j'avais quand j'étais ado ! Je fais un bond de deux mètres devant la glace, puis j'entends une voix :

— Bart, je t'ai dit qu'on allait être en retard, dépêche-toi !

C'est la voix de ma grand-mère. J'ai vécu chez elle quelques mois, avant de partir vivre chez mon oncle. À ce moment-là, ma mère pouvait pas vraiment s'occuper de moi. Je me regarde de nouveau dans la glace, j'étais vraiment gringalet à l'époque. Je m'approche de la glace et je vois tout un tas de boutons sur mon front. Horrible, je me demande comment j'arrivais à choper des gonzesses avec cette gueule. Tout d'un coup, la porte s'ouvre :

— Mais qu'est-ce que tu fais encore en caleçon, tu es au courant que l'on doit partir ?

Ma grand-mère vient de rentrer dans ma chambre. Je ne sais pas quoi dire, je suis bouche bée ! Elle est décédée environ deux ou trois ans après cette époque, il me semble. J'ai envie de la prendre dans mes bras, mais en même temps, je suis un peu déstabilisé par tout ce qui m'arrive. Je décide d'enfiler un pantalon que je trouve par terre et un pull. Je descends les escaliers, c'est incroyable, tout est là, comme dans mes souvenirs. La petite cuisine en bois, la cour avec Rot, le chien fétiche de mon grand-père, un colosse qui doit faire ma taille quand il me saute dessus ! La petite cour devant, dans laquelle je fumais mes clopes en cachette et où j'invitais parfois quelques potes. Je suis resté environ un an chez eux, avant de partir vivre avec mon oncle. Ensuite, ça a été une ambiance un peu différente. Mon oncle était le genre de mec qui aimait profiter de chaque journée, mais à sa manière. Un déjanté ! Mais je vous en ai déjà parlé.

Ma grand-mère m'attrape le bras et je n'ai même pas le temps de comprendre ce qui m'arrive que je suis déjà dans sa voiture. On roule pendant de nombreux kilomètres, traversant des champs à perte de vue. Puis j'arrive en ville, la ville de Kellington. Je me les gèle, il doit faire au moins -10° C et je ne suis parti qu'avec un pull ! Dans la voiture, j'ai acquiescé sans décrocher un seul mot à tout ce que disait ma grand-mère. Je suis vraiment content de la revoir, mais je suis aussi complètement paumé.

On arrive devant un grand bâtiment, je me rappelle alors de ce jour particulier. C'est le jour où j'ai dû décider, devant un avocat, si je voulais rester vivre avec mes grands-parents ou si je partais vivre chez mon oncle. Et j'avais fait le choix de partir chez mon oncle. Mes grands-parents avaient eu du mal à l'encaisser, je m'en souviens. Mais pourquoi suis-je en train de revivre cette journée ?

On monte des marches, puis on demande à l'accueil le bureau de maître Granut. Direction l'ascenseur, puis le premier étage. On entre dans son bureau, je regarde tout autour de moi, il me salue, je ne sais pas quoi dire ni quoi faire.

Il parle pendant quelques instants, sans que j'écoute, puis il s'adresse à moi et me demande si j'ai fait mon choix :

— Heuuuuuu.

Ma grand-mère me regarde et je me souviens parfaitement de sa tête quand j'ai annoncé que j'avais choisi mon oncle. Je pense que je l'avais profondément blessée. Si je revis ce moment, c'est peut-être pour faire les choses différemment, pour voir ce que ça pourrait donner si je choisissais l'autre option. Après tout, si je regarde bien, même si j'adore mon oncle, c'est avec lui que j'ai tenu ma première arme à feu, c'est avec lui que je me suis bourré la gueule à maintes reprises, que j'ai fumé une quantité de drogue impressionnante et que je me suis tapé un paquet de putes quand elles venaient à la maison pour lui rendre visite. J'étais souvent le deuxième sur la liste, c'était un cadeau de sa part…

Arfff, c'est vraiment crade quand j'y repense.

Bon, je vais pas énumérer la liste de tout ce que j'ai pu faire avec lui, je risquerais de vous choquer, mais on peut dire que ma vie a bien basculé une fois que je suis arrivé chez lui.

Voyons ce qui se passe si je fais le choix inverse. Je regarde ma grand-mère, droit dans les yeux, puis j'annonce :

— Je veux rester vivre chez mes grands-parents.

Je vois alors un large sourire se dessiner sur son visage. Je signe quelques papiers, ma grand-mère également, et on sort du bureau environ quinze minutes plus tard. Je fais une accolade à l'avocat en sortant, ce qui le surprend légèrement. Je me demande toujours si je suis en train de rêver. Je ne comprends pas grand-chose à ce que je suis en train de vivre. Malgré ce corps de gringalet, je dois dire que je prends plaisir à être dehors, un sentiment de liberté m'envahit sur le chemin du retour.

Arrive le soir, mes grands-parents et moi, nous nous retrouvons à table. Ma grand-mère me prend la main, puis mon grand-père me prend l'autre main. Waouh, je ne suis vraiment plus habitué à ça ! J'essaie de paraître naturel, car c'est un rituel chez eux avant chaque repas. Ma grand-mère tenait à remercier le Ciel pour la journée qui venait de se dérouler. Et cette journée était vraiment particulière pour eux, ils venaient d'obtenir officiellement la garde de leur petit-fils. Ils m'ont quasiment fait chialer à table. Je crois que ce corps me rend fragile. Si je reste coincé ici sans me réveiller, je vais vite aller me détruire les bras à la salle plusieurs heures par jour, pas question de rester dans ce corps de puceau ! Bon, ça fait au moins douze heures que je suis ici, ça fait belle lurette que ma demi-heure de pause est terminée, ce rêve commence à bel et bien devenir réel... Quand est-ce que je me réveille ? C'est une blague tout ça ou quoi ?

Pourtant, la soirée continue et il ne se passe rien. Vient le moment où je dois aller me coucher et, avant de rentrer dans ma chambre, je prends quelques minutes pour regarder mes grands-parents assis dans le canapé, comme tous les soirs, devant leur feuilleton préféré. Je m'engouffre dans mon lit, puis j'ai une idée. Voyons voir si la cachette des magazines *Playboy* est toujours là. BINGO ! La Playmate du mois de mars en couverture, je donnerais cher pour qu'elle soit dans mon lit en ce moment ! En même temps, je pense pas qu'elle ait envie de se retrouver avec un puceau de quinze ans qui habite chez ses grands-parents. Quinze minutes plus tard, je ferme les yeux, puis, j'entre dans une espèce de transe. C'est quoi encore ce truc ? Ça ne s'arrête jamais ! Je vais le buter, ce Billy ! Mon corps tremble de partout, j'ai carrément l'impression de sortir de lui, comme si j'étais en lévitation. Ce n'est pas possible, ils m'ont drogué en taule ou quoi ! J'avoue qu'à ce moment-là, je commence vraiment à flipper. J'aperçois de nouveau le tunnel qui m'a amené ici, dans lequel je suis entré depuis la cour de la prison. Je me fais aspirer une nouvelle fois dedans. Il y a encore tout un tas de couleurs, mais cette fois-ci, je vois également comme des écrans, partout, qui tournent autour du tunnel. Je me vois dans plein de situations différentes, à des âges différents. Je me vois chez mes grands-parents, puis je me vois dans une maison avec... Une piscine en terrasse ! Je n'ai jamais vécu dans une maison avec une piscine sur ma terrasse, c'est génial, ça doit être un attrape-gonzesses, ce truc. Je me vois ensuite en costume. C'est quoi ce truc ? Moi, en costume ? La dernière fois que j'en ai mis un, c'était pour l'enterrement de vie de garçon d'un copain, et j'ai malheureusement fini la soirée à poil pendant que mes potes brûlaient mes fringues car j'avais perdu un pari. J'ai littéralement dû traverser une bonne partie d'Atlanta complètement nu. Je me vois dans une autre maison, avec une femme, accompagné d'enfants. Je me vois prendre un des enfants dans mes bras, je me vois jouer avec eux, puis leur lire un livre au pied de leur lit. Ce sont mes enfants, ça ? Pendant près de cinq minutes, les images défilent devant mes yeux et j'avoue que, même si cette vie n'a pas l'air d'être l'éclate totale, je pense que c'est quand même mieux que la taule. Tout un tas d'images défilent les unes après les autres, des années entières que j'ai le temps de voir avec une remarquable précision. Je peux contempler toutes ces images, elles se trouvent là, devant moi, comme si on me montrait un autre moi dans une autre vie. Si demain je parviens à inventer une drogue qui permet aux gens d'avoir des trips de ce genre, je deviens milliardaire à coup sûr ! Pendant tout ce temps, qui me paraît court mais en même temps très long, je ressens un bien-être m'envahir complètement, je me sens léger, je me sens libre, je ressens une énergie incroyable qui me traverse de la tête aux pieds. Puis, TROU NOIR. J'arrive dans un gouffre complètement noir, et je me fais aspirer une nouvelle fois. Cette fois-ci en arrière à toute vitesse, je n'ai, encore une fois, aucun contrôle sur ce qui se passe. Tout d'un coup, je revois Billy en face de moi et les choses commencent à tout doucement se calmer. Je reprends connaissance et j'entends sa voix :

— Alors, dis-moi, Bart, comment était ton premier voyage ?

Chapitre 3

LE JUGEMENT

Difficilement, je reviens à moi. Je n'ai plus du tout d'énergie.

Je regarde Billy, assis en face de moi. J'ai envie de le pulvériser. Mais en même temps, grâce à lui, je viens de vivre l'expérience la plus incroyable de ma vie !

— Mec, va falloir que t'aies une bonne explication à me donner pour que je comprenne ce qui vient de se passer.

— Calme-toi, je veux bien t'expliquer ce que tu viens de vivre mais promets-moi de rester calme.

— Déballe les infos et dépêche-toi !

— Tu m'as questionné tout à l'heure sur la capacité que nous avons ou non de pouvoir changer. Je t'ai répondu que, contrairement à ce que tu croyais, c'était possible, et je viens juste de te le démontrer.

— QUOI ?

— Je ne sais pas ce que tu viens de vivre exactement, mais ce que je peux te dire, c'est que tu as vécu un moment crucial, un moment où la décision que tu as prise a changé toute ton existence et tous les événements qui sont survenus par la suite.

— Attends, attends, tu veux me faire croire que c'est toi qui a fait ça ? Tu m'as envoyé dans le passé pour que je puisse me balader, tranquille, après avoir traversé des tunnels, pour ensuite revenir dans cette cour ? C'est bien ce que t'es en train de me dire ?

— Oui.

Je prends une grande bouffée d'air. Je ne sais vraiment plus comment réagir avec ce mec.

— Pour ton information, il nous reste moins de cinq minutes.

— OK, alors partons du principe que tout ça est vrai. Comment tu fais ça ?

— Comment je fais quoi ?

— À ton avis ! Comment tu m'as fait vivre ce truc de dingue ?

— C'est simple, j'ai pris ta main.

— Ça, j'avais remarqué, ça fait deux jours consécutifs que tu me chopes la main. La prochaine fois, tu veux pas m'astiquer tant que tu y es ? Tiens d'ailleurs, comment ça se fait qu'hier, je ne suis pas parti dans ce délire de tunnels comme aujourd'hui ?

— Disons qu'hier, j'ai été surpris par ta réaction, c'était trop court pour que le processus commence.

— Le processus ?

— Tu viens de faire un voyage spatio-temporel, Bart. Un voyage qui t'a permis de revivre une journée que tu as déjà vécue, en ayant le libre arbitre de pouvoir faire tes propres choix et de pouvoir, peut-être, faire un choix différent de celui que tu avais fait dans le passé. Généralement, tu revis un moment clé de ton existence. Si tu fais un choix différent, tu as alors la possibilité de visualiser, lors du chemin retour, l'évolution de ta vie et comment les choses auraient pu être si tu avais fait ce choix à l'époque.

— Un voyage spatio-temporel, putain, mais on se croirait dans une connerie à la Harry Potter ! Tu sais quoi, mon pied pourrait aussi faire un voyage en plein dans ta paire de couilles, mec. Question pour toi : si j'ai fait un voyage spatio je ne sais quoi, comment ça se fait que je me retrouve maintenant en taule, vu que j'ai changé le cours des choses en faisant un choix différent ?

— Tu ne l'as pas changé, tu l'as juste visualisé. Le choix que tu as fait à l'époque, il est fait, on ne peut pas le changer. De ce choix, a découlé toute une série d'actions dans ta vie, jusqu'à ce moment que nous sommes en train de vivre, là, maintenant.

La sonnerie retentit :

— Merde, j'ai encore une tonne de questions à te poser !

— Nous avons le temps, ne t'en fais pas.

— Cet après-midi, oublie ta partie d'échecs. T'es à moi, mec.

— L'avenir nous le dira !

Je n'ai même pas le temps de lui répondre qu'il est déjà en train de marcher vers le hall où nous devons tous nous mettre en rang, avant de rentrer de nouveau dans nos cellules. Je me sens encore vraiment faible, comme si toute mon énergie avait disparu. En arrivant dans le hall, Rendy et des mecs de la bande me dévisagent. L'un d'eux m'interpelle :

— Tu t'es fait un nouveau pote ?

— Ça va, ça va, on se détend, les gars, je vous ai trop manqué ou quoi ? Vous êtes déjà perdus sans moi ?

— Dans le rang !

Jim, un des gardiens, s'approche de nous. Je ne lui ai même pas demandé s'il avait reçu mon petit colis. En même temps, ce n'est pas trop le moment. Tu peux passer quelques deals avec les gardiens, mais il faut le faire de manière discrète. C'est toléré en quelque sorte, mais il vaut mieux éviter de trop en parler. Du coup, je rentre dans ma cellule et tombe comme une masse sur mon lit. Jimmy essaie de me parler de sa vie avant la taule et de sa femme, mais je ne suis vraiment pas d'humeur. Je l'écoute à moitié, puis au bout de cinq minutes, je lui demande de la fermer. La patience n'est pas mon fort.

Je repense à cette expérience que je viens de vivre. Et bien sûr, impossible de parler de ça à qui que ce soit, on va me prendre pour un allumé. En même temps, ils n'auraient peut-être pas tort. Est-ce que je suis vraiment en train de perdre la boule ? Un voyage spatio-temporel, sérieusement ? Ce Billy aurait quoi, des super-pouvoirs avec lesquels il envoie des gens dans le passé ? On nage en plein délire ! Je m'endors cinq minutes plus tard, puis me fais réveiller par Jimmy qui se met à tousser juste en dessous. Je regarde ma montre, il est midi, je suis vraiment dans le cirage. Une petite séance de sport serait bienvenue, ça va peut-être me réveiller. Une centaine de pompes, une centaine d'abdos, voilà qui devrait me remettre sur les rails.

Ici, t'as vraiment le temps de prendre soin de ton corps, vu que t'es enfermé la plupart du temps. Limite, t'as que ça à faire. Tu as juste l'espace pour pouvoir t'allonger à côté des couchettes. Les pompes sont donc une pratique commune pour environ un tiers des détenus. Le problème avec moi, c'est que même si je me tape trois cents pompes par jour, je vais fondre à vue d'œil. J'ai l'habitude de manger énormément, puis d'aller à la salle exploser chaque muscle de mon corps, un vrai travail d'artiste ! Ici, on a bien quelques appareils, mais les trente minutes de pause sont insuffisantes pour faire de bonnes séances… Bref, ce n'est pas le plus important. Ce qui me prend la tête, c'est la sentence qui va être prononcée lors du procès et j'espère vraiment que la peine ne sera pas trop longue. Encore quelques jours à attendre et je serai fixé.

À la pause déjeuner, je cherche Billy du regard, mais rien, impossible de le trouver, il n'est pas là. Je demande à Jim, le gardien, s'il l'a vu et il me répond que non. Il en profite pour me donner une bonne nouvelle : ma commande a été reçue, elle sera déposée dans ma cellule dans l'après-midi. Génial !

Vous vous demandez sûrement l'objet de ma commande. Des cigares de chez Tesda, une célèbre fabrique de cigares amérindienne. Je les adore ! Bien sûr, impossible d'allumer ça en cellule, mais on est autorisé à fumer dans la cour. Soyons honnêtes, si tu me croises un jour avec un cigare à la bouche, option numéro 1 : tu es un homme et la jalousie va rapidement s'emparer de toi ; option numéro 2 : tu es une femme, et dans ce cas tu voudras probablement m'épouser.

Il est passé où ce Billy ? Je parcours toute la cantine, et rien, il n'est pas là. En retournant à la table de mes potes pour déjeuner, je croise Barly, vous vous souvenez, le sexagénaire un peu allumé ? Il vient me faire une accolade :

— Salut, l'ami!

— Barly !

— J'ai vu que tu traînais avec Billy ces derniers temps ?

— Tu le connais ?

— Oui et non. Je veux juste te prévenir de faire attention, mon ami.

— Faire attention ?

— Écoute, depuis qu'il est là, il s'est passé de drôles de choses ici.

— Tu peux développer ?

— Un mec de ma bande a commencé à le fréquenter et il a mal fini.

— Il est toujours avec vous ?

— Non, c'est ça le problème, il a complètement perdu la tête du jour au lendemain et a été transféré dans un service spécialisé, un asile de fous, si tu préfères.

— Merde !

— Éloigne-toi de lui, l'ami !

— Merci du conseil.

En même temps, ce qu'il vient de me dire ne me choque pas vraiment après ce que je viens de vivre, qui sait ce que ce mec est capable de faire…

Je mange avec Rendy et quelques détenus de notre groupe. On a un petit jeu bien à nous, on se met à fixer du regard différents détenus tous ensemble, jusqu'à ce qu'ils se sentent vraiment mal à l'aise. Aujourd'hui, notre cible, c'est un petit jeune, environ la vingtaine, il est là depuis hier apparemment. Au bout de cinq minutes, on explose de rire, et on change de cible. On a vraiment des jeux à la con, mais y'a pas grand-chose à faire ici pour se marrer un peu. Il y a deux jours, on a pu être aux premières loges d'une petite embrouille qui s'est passée juste ici, dans la cantine. Un mec s'est levé et a commencé à frapper un autre détenu avec son plateau. C'était magnifique, un bon gros coup de plateau en pleine gueule, l'autre détenu pissait le sang, mais ça ne l'a pas empêché de se relever et riposter avec une droite. Les gardiens sont intervenus tout de suite et les deux mecs se sont fait *taser* sous nos yeux. Tu n'as pas intérêt à manquer ton premier coup car, en général, tu n'as pas le temps pour un deuxième. Depuis, ils sont tous les deux au trou ! Une cellule où il fait quasiment noir complet et aucune pause pour sortir. Tu manges dans ta cellule et tu peux dire adieu à tes deux promenades de la journée. Autant vous dire que tu as le temps de réfléchir à la connerie que tu viens de faire. J'y suis allé moi aussi quand j'ai pété le nez de mon voisin de cellule. J'y suis resté une semaine complète. Quand vous en sortez, vous êtes calmé et vous n'avez vraiment pas envie d'y retourner. C'est un des moyens qu'ils ont trouvés ici pour faire régner l'ordre : personne n'a envie de finir au trou, surtout quand t'y as déjà fait un séjour. Malgré ça, toutes les semaines, il y a au moins une ou deux bagarres qui éclatent. Quand vous enfermez des centaines de mecs ensemble, dont certains sont des psychopathes, en même temps, il ne faut pas s'attendre à autre chose. Il y a toutes sortes de problèmes ici, ça part d'un regard mal placé qui dégénère, jusqu'à des mecs qui se font violer dans les douches. Oui, oui, ça ne se passe pas que dans les films, ici aussi, dans la vraie vie, ça arrive. Ça arrive souvent aux plus faibles, ceux qui sont souvent sans défense. Personnellement je porte peu d'estime à tous ces connards qui profitent de la faiblesse des autres. Lors de mon premier séjour, j'ai pris la défense d'un jeune détenu qui se faisait tabasser ou violer au moins une fois par semaine. Il y a toujours quelques endroits stratégiques dans cette taule pour éviter d'être à la vue des gardiens, les douches en font partie. Il y avait deux ou trois types qui ne le lâchaient pas, je suis allé les calmer. Le jeune me faisait pitié. Je sais aussi me montrer d'humeur serviable quand je le veux, croyez-le ou non. Je suis venu en aide à plus d'une personne dans ma vie, ça m'a parfois attiré des emmerdes, mais je me sentais de le faire. Même si avec mon groupe, on intimide certains détenus, c'est juste pour le délire, jamais je ne me suis mis à cogner quelqu'un sans raison, juste pour le plaisir.

Où est passé Billy ? Vraiment étrange qu'il ne soit pas ici. En espérant avoir plus de chance cet après-midi. Je tiens vraiment à le voir ! J'ai failli parler de Billy à mon pote Rendy, mais j'ai vite fait marche arrière. Et je crois que j'ai bien fait, je ne pense vraiment pas que ce soit une bonne idée, il va se foutre de ma gueule pendant des années si je lui raconte ça.

La pause du repas dure environ quarante-cinq minutes. La bouffe était encore infâme ce midi, je ne sais pas où ils ont recruté leur cuistot, mais ils ont clairement un problème. Généralement, on finit de manger en quinze / vingt minutes et on se fait une partie de cartes juste après. Parfois ça dégénère légèrement, c'est fou comme les mecs gonflés de testostérone sont mauvais perdants ! Je crois que notre ego en prend un coup, et comme la majorité des mecs de ma bande doivent tout le temps se montrer plus forts que les autres, toutes les occasions sont bonnes à prendre pour essayer de s'imposer. Personnellement, j'ai pas besoin de tous ces artifices. J'ai pas besoin non plus de me montrer plus fort que les autres, car c'est déjà le cas, point final. Bref, ce midi, c'est Dalton, un des mecs de la bande qui nous a tous plumés.

Retour dans nos cellules, puis je fais une sieste, je suis encore KO. Je pars très vite dans mes rêves et je repense à Julia. Qu'est-ce qu'elle est belle, je deviens fou à chaque fois que je la vois. Mais surtout, j'aime cette fille.

— Hey, Jimmy, tu dors ?

— Il est deux heures de l'aprem, non, je dors pas.

— En même temps, c'est vrai, je t'entendrais déjà ronfler comme un porc.

— Va te faire foutre !

— Moi aussi, je t'aime ! Dis-moi, je me posais une question : ça t'est déjà arrivé de penser à une fille et de te dire que c'est elle, que c'est elle la bonne pour toi ?

— Putain, mais t'as carrément rien écouté de ce que je t'ai dit t'à l'heure ou quoi ? Bien sûr que si, c'est ce dont je t'ai parlé ce matin, quand je t'ai parlé de ma femme.

— Ha oui, j'avais déjà oublié, désolé. Mais c'est ennuyant à mourir quand tu commences à vouloir parler de choses sérieuses. J'ai l'impression que la plupart des mots qui sortent de ta bouche ne sont pas cohérents, comme si t'essayais d'être intelligent, mais que malheureusement, t'étais pas armé pour.

— T'es vraiment une raclure.

— C'est possible, ouais. T'as déjà eu envie de tromper ta femme ?

— Bien sûr que oui !

— Tu l'as déjà fait ?

— Malheureusement, oui, une fois.

— Je vois, je vois... C'est comme si on appréciait les choses seulement quand on les perd, c'est quand même dommage. Il faudrait peut-être que ma prochaine femme fasse semblant de me quitter toutes les semaines, comme ça je me battrais pour la récupérer, on passerait de la joie à la tristesse continuellement, mais il y aurait toujours l'euphorie de la récupérer, après avoir cru la perdre. T'en penses quoi toi, est-ce que le niveau de la conversation est trop élevé pour toi ou t'as quand même réussi à suivre ?

— J'en pense que tu te poses trop de questions.

— Ouais, je pense que t'as pas tort, mais je suis quand même resté fidèle à mon ex, il y a forcément une raison à ça, non ?

— Tu veux une médaille ?

— Moi, je pense que le jour où je serai avec la bonne, la tête chercheuse à plaisir prendra des vacances. On verra. Au fait, ta femme elle ressemble à quoi ?

— Mmmm, oublie ça, si je te montre sa photo, t'es tellement taré que tu serais capable de te masturber dessus.

— T'es malade ou quoi ? Il y a quand même quelques règles, la femme des potes, on touche pas.

Jimmy se lève de son plumard et me tend une photo.

— Ah, ouais, sympa quand même! Tu vois, j'aurais jamais cru que ta gueule aurait réussi à choper un truc comme ça.

— Le truc s'appelle Ashley, alors montre-lui un peu de respect.

— Ashley, si tu m'écoutes, tu es la femme la plus courageuse que je connaisse dans ce monde.

— Pourquoi tu dis ça ?

— T'as déjà essayé de sortir avec une réplique de toi-même ? Si tu le fais un jour, tu comprendras le sens de ma phrase.

En finissant cette phrase, Jimmy tente de me mettre un coup sur l'épaule.

— Arrête, Arrête, tu vas te casser un bras mec.

Je l'aime bien ce Jimmy. Il est pas très futé, mais il a une bonne répartie. D'un coup, j'entends la matraque d'un des gardiens taper dans les barreaux de notre cellule.

— T'as de la visite Bart, bouge-toi !

— De la visite, maintenant ? Putain, mais c'est la pause dans dix minutes, il ou elle ne peut pas repasser ?

— Bouge-toi !

— OK, OK, j'arrive !

Je sens que la promenade de cet après-midi va sauter pour moi. En traînant les pieds, je me dirige vers la salle des visites, en espérant au fond de moi qu'il s'agisse de Julia, mais j'en doute car ce n'est pas le jour des visites aujourd'hui. En arrivant, je vois la gueule de mon avocat, on va bien s'amuser ! C'est un mec dans la trentaine, le visage très fermé, jamais un sourire, rien, le calme plat.

— Monsieur Miller, je voulais vous faire part de quelques nouvelles à propos de votre dossier.

— Je vous écoute.

— Le jugement va se passer demain matin...

— Demain matin, waouh ! Mais on devait pas attendre dix jours à la base ?

— En effet, il y a eu un petit changement dans le calendrier. J'ai été informé ce matin que l'on pouvait passer dès demain matin. Je peux, si vous le souhaitez, faire une demande pour prolonger le délai ?

— Non, non c'est parfait, allons-y pour demain matin. Ce sera à quelle heure ?

— On démarre à 8 h 45.

— Vous pouvez prévenir ma famille ?

— C'est déjà fait.

— Vous êtes prêt à défendre mon dossier, comme s'il s'agissait du vôtre ?

— Ne vous inquiétez pas, je ferai de mon mieux, M. Miller.

C'est justement ce qui m'inquiète ! J'ai l'impression que ce mec a tiré un jour un ticket gagnant dans une boîte de Playmobil avec indiqué : « Vous avez gagné le droit d'être avocat, félicitations. » Autant vous dire que je ne suis vraiment pas serein. Premièrement, mon dossier n'est pas le plus facile à défendre et deuxièmement, j'ai l'impression que je ne suis pas tombé sur une lumière. En même temps, je n'ai pas d'argent en ce moment pour me payer un bon avocat. Chaque consultation m'aurait coûté 500 dollars + les frais à droite à gauche + le temps passé sur le dossier. En tout, ça m'aurait coûté minimum dans les 5 000 dollars. On verra demain. Ça passe ou ça casse.

Après environ trente minutes de discussion, je retourne dans ma cellule. L'avocat m'a baratiné sur tout un tas de choses incompréhensibles, sur la procédure et les éléments du dossier qu'on va pouvoir mettre en avant. Il a quand même réussi à trouver quelques points positifs à mon dossier. Au moment des faits, j'avais un job sérieux, j'étais tranquille et la justice n'avait plus entendu parler de moi depuis près de deux ans. Ensuite, il m'a expliqué qu'on allait la jouer « cartes sur table » en dévoilant ce qui c'était passé avec la partie de poker, que j'avais été contraint de rembourser une somme que je n'avais pas. Voilà comment je m'étais retrouvé avec trente grammes de coke dans la poche. Autant dire toute la vérité, en effet, enfin presque, on évitera quand même quelques détails, la situation est déjà assez compliquée comme ça. On va éviter de balancer le nom de toute l'équipe de tocards qui m'a entraîné dans ce merdier. Si je peux éviter d'être attendu par l'équipe de Radjanov avec des battes de baseball quand je sortirai de ce trou, c'est préférable.

Quand je retrouve ma cellule, qu'est-ce que je vois posés sur mon lit ? Mes cigares ! Les meilleurs cigares de cette foutue planète ! Ils sont là, à m'attendre tranquillement dans un joli paquet avec mon nom dessus. Et je ne vais même pas pouvoir m'en allumer un, la pause vient de me passer sous le nez ! Avant de quitter la salle des visites, j'ai pris deux petites minutes pour expliquer à mon cher avocat les horaires de pause, histoire qu'il s'organise en fonction de celles-ci pour la prochaine fois. Il avait l'air un peu surpris par ma demande, mais en même temps, il n'a qu'à venir me remplacer dans cette taule, et je pense qu'il va vite comprendre ! Ici, tu vis pour les pauses, tu n'attends que ça toute la journée, comme un gamin le soir de Noël qui reste cloué au sapin pour voir ses cadeaux. En cellule, t'as pas vraiment l'embarras du choix, soit t'es assis sur ton lit, soit t'es allongé, soit tu fais des pompes par terre, soit t'es assis sur le trône. Autant vous dire que quand tu sors de cet enfer, ne serait-ce que quelques minutes, ça fait un bien fou.

En dehors de l'arrivée des cigares, je remarque un truc étrange. J'ai l'impression que quelqu'un est venu ici. Mes affaires ont été déplacées et celle de Jimmy aussi. Je l'interpelle alors qu'il est en train de bouquiner.

— C'est toi qu'as touché à mes affaires ?

— Fouille des gardiens, mec, juste quand t'es parti. Apparemment, y'a un mec qui s'est fait planté dans la section B tout à l'heure. On a eu que cinq minutes de pause, ils ont décidé de fouiller toutes les cellules juste après.

— Tu sais qui s'est fait planter ?

— Apparemment, un mec de la bande de Yadira.

Ça ne m'étonne pas, ce mec est une raclure homophobe qui passe ses journées à envoyer de la haine à toutes les personnes qu'il croise. Il s'est constitué une petite bande ici. Ils sont dix environ à en faire partie, ils étaient déjà là lors de mon dernier passage ici. Ils s'appellent entre eux « les protecteurs de la race humaine », du grand délire ! Yadira, le chef de la bande, on peut dire qu'il ne passe pas inaperçu ! Il a une gueule qui pourrait faire débander un ours, j'ai jamais vu ça, mi-homme mi-monstre.

Après le dîner, la soirée passe assez vite entre les discussions avec Jimmy, une petite partie de cartes, une nouvelle série d'une centaine de pompes et mes pensées qui occupent tout mon esprit. Demain, c'est le grand jour ! Je n'en reviens toujours pas. À 8 h 45, je serai devant la juge et une heure plus tard, je serais fixé sur mon sort !

La nuit a été courte, je n'ai pas arrêté de penser à la journée qui m'attend. Je me suis réveillé à 5 h 30 et je vais avoir le droit à un traitement de faveur : comme j'ai un rendez-vous important, je vais pouvoir passer avant tout le monde pour la toilette du matin. Du coup, je suis tout seul dans les douches, quel pied ! J'en profite pour me raser ; ma barbe commence à devenir un peu trop crasseuse. Je me mets même un petit coup de gel dans les cheveux et j'enfile des vêtements plus ou moins corrects que ma mère m'avait fait parvenir pour le grand jour. Je suppose qu'elle aurait préféré préparer ça pour une occasion plus joyeuse, comme mon mariage par exemple. Un jour peut-être…

Juste avant de quitter les sanitaires, je me regarde dans la glace, j'inspire un bon coup et je commence à implorer je ne sais quoi, pour que tout se passe bien aujourd'hui.

Faites que ça se passe bien, faites que ça se passe bien, promis, c'est la dernière fois que je mets les pieds ici...

Il est 8 h 15 quand je monte dans le véhicule de police. Je suis sur le siège du milieu, un gardien de chaque côté et deux à l'avant. Putain, les gars, vous m'avez pris pour Escobar ou quoi ? On roule, on roule... Et plus l'on roule, plus la pression monte. Enfin, on arrive à bon port, au palais de justice. Je monte les marches, toujours encadré par un policier de chaque côté. Au loin, j'aperçois ma mère et Julia. Elles s'approchent de moi, et elles me serrent toutes les deux dans leurs bras. Putain, que ça fait du bien !

J'ai vraiment de la chance que Julia soit là pour me soutenir et soutenir ma mère, même si on est séparés. Cette promesse que j'ai faite tout à l'heure, je vais la tenir. Plus jamais ! Plus jamais je ferai de trucs aussi stupides.

Mon avocat est là aussi et vient me saluer. On attend notre tour dans un petit hall, juste devant l'entrée. Toute la journée, il y a des mecs comme moi qui passent ici. Des gens qui n'ont commis que des petits délits, et d'autres qui sont accusés d'homicide.

Il est 9 h 00 quand nous sommes tous appelés. Je rentre dans la pièce et m'assois à côté de mon avocat. La juge, que je n'avais jamais vue auparavant, commence à énumérer les faits. J'ai une sale mine quand elle résume la situation. Mon avocat commence à plaider ma cause et balance toute la vérité, comme nous en avions parlé hier. Pour le moment, ça a plutôt l'air de bien se passer, il n'est peut-être pas si mauvais que ça après tout. Avant de clôturer, la juge me demande si je souhaite prendre la parole. C'est la procédure habituelle. Heureusement qu'hier nous avions un peu travaillé sur ce que j'allais dire avec mon avocat. J'ai commencé par m'excuser, j'ai enchaîné sur le fait que j'avais bien compris la leçon cette fois-ci, et que je souhaitais avancer et me construire une nouvelle vie. Ils ont certainement l'habitude de ce genre de bla-bla habituel donc j'ai été plutôt franc, je leur ai dit que mon comportement avait été stupide, que je n'avais jamais dealé de drogue auparavant et que c'était la première et la dernière fois. J'ai un peu menti sur ce coup-là, mais auparavant, ça avait toujours été des petits deals, seulement de la marijuana, rien de bien méchant. Environ trente minutes plus tard, je me sens assez confiant, j'ai l'impression qu'on a plutôt bien assuré. La juge s'en va pour délibérer pendant quelques minutes. Je sais que, quand elle reviendra, elle prononcera la peine. Je me retourne, et je regarde Julia. Elle me regarde aussi, puis elle me sourit. Malgré tout ce qu'elle a traversé avec moi, elle est encore là, elle assure vraiment cette fille.

La juge revient trois ou quatre minutes plus tard, mon cœur bat à toute vitesse. Mon avocat n'en mène pas large non plus à ce que je vois. Même si pour lui, ça ne changera pas grand-chose...

— Monsieur Bart Miller, vous êtes reconnu coupable des faits qui vous sont reprochés. Le tribunal de grande instance vous condamne à dix-huit mois de prison ferme.

Le « dix-huit mois » résonne dans ma tête, comme si je venais de prendre un coup de massue en plein visage. Je n'ai même pas le temps d'écouter la fin de sa phrase que je l'interromps :

— Attendez, attendez, vous pouvez répéter ? Vous avez dit dix-huit mois ? Vous n'avez pas entendu ce que je vous ai dit avant ou quoi ?

— Si j'étais à votre place, j'éviterais d'aggraver votre cas, Monsieur Miller.

Putain, mais va te faire foutre ! Je le pense très fort dans ma tête et il s'en est fallu de peu pour que je le balance à voix haute. Je regarde mon avocat qui ne comprend pas non plus ce qui vient de se passer. Dix-huit mois, putain !

Je me retourne et aperçois ma mère qui se met à pleurer dans les bras de Julia. J'ai la pression qui monte et je me mets à exploser.

— BORDEL DE MEEEEERDE, je tiendrai pas dix-huit mois dans ce trou à rats ! Allez tous vous faire foutre ! Vous pensez vraiment que me laisser croupir dix-huit mois dans cette taule va faire de moi une meilleure personne ???

— Monsieur Miller, calmez-vous !

J'ai à peine le temps de finir ma phrase que deux gardiens viennent m'attraper. J'aurais eu envie de mettre un coup de tête à l'un d'eux, mais autant signer mon arrêt de mort. Je continue à hurler comme un dingue dans la salle, les gardiens m'embarquent aussitôt. Je vois bien que ma mère et Julia sont choquées par ce qui vient de se passer, je n'ai même pas le temps de leur dire au revoir ! Je vais rester plus d'un an et demi à moisir dans cette prison. Je ne comprends vraiment pas ce qui m'arrive, j'ai du mal à réaliser. Les gardiens me serrent les poignets puis me menottent, ce qui fait encore plus monter la rage en moi. Une fois sortis du tribunal, ils m'embarquent dans un petit fourgon.

— Tiens-toi tranquille, Bart, ou tu vas passer un sale quart d'heure, crois-moi.

— Enlève-moi ces menottes et crois-moi que c'est ta gueule qui va passer un sale quart d'heure !

— La ferme !

J'ai à peine le temps de digérer la nouvelle que l'on est déjà en train de rouler en direction de l'endroit où je vais passer les dix-huit prochains mois de ma vie.

Chapitre 4

LE GRAND-PÈRE

Dix-huit mois. Je ne peux toujours pas réaliser, je ne m'attendais vraiment pas à ça. Même dans mes rêves les plus sombres, six mois c'était le grand maximum. Le verdict est tombé, ils ont apparemment décidé de faire de moi un exemple. Le fait que ce soit ma deuxième fois ici n'a clairement pas arrangé les choses. Je ne sais pas quoi dire, quoi penser, quoi faire. J'ai l'impression de vivre un véritable cauchemar, sauf que celui-ci est bien réel. En descendant du fourgon, j'aperçois trois gardiens qui m'attendent, venus prêter main-forte aux deux qui m'encadraient déjà.

— Les gars, vous avez si peur que ça ? Cinq pour m'escorter, vous êtes sérieux ?

— Si tu veux pas déguster un coup de *taser*, si j'étais toi, je la fermerais.

— *Taser*, y'a que ça qui te vient à la bouche ? Perso, j'ai pas besoin de *taser* pour t'éclater ta petite gueule de puceau !

— Avance !

À ce moment précis, je rêve d'être enfermé dans une cage avec ces cinq bouffons. Ce serait une véritable boucherie !

J'arrive de nouveau dans ma cellule, là où je vais passer les dix-huit prochains mois de ma vie. Vous imaginez tout ce que j'aurais pu faire dehors pendant un an et demi ? Au lieu de ça, je vais passer les trois quarts de mon temps allongé sur mon lit, à regarder le temps passer, en attendant impatiemment que l'alarme retentisse pour pouvoir sortir prendre l'air pendant seulement quelques minutes. C'est une sacrée vie qui m'attend !

Pendant tout ce temps, il est clair que ma Julia aura largement le temps de reconstruire sa vie avec un mec plus stable que moi, et elle aura certainement bien raison. Dommage pour moi ! On s'était bien rapprochés ces derniers temps et je pense qu'il ne manquait plus grand-chose pour que l'on se remette ensemble. Là, c'est même plus la peine d'y penser !

En arrivant dans ma cellule, un des gardiens me fait la morale : je n'ai pas intérêt à m'emporter de nouveau comme ça. J'acquiesce d'un signe de tête pour éviter de lui dire d'aller se faire foutre.

Jimmy me bombarde de questions dès mon arrivée, mais je crois qu'à ma tête il comprend rapidement que ça ne s'est pas vraiment passé comme prévu. Quand je lui annonce la nouvelle, lui aussi reste sans voix. À peine le temps de m'allonger cinq minutes et de commencer à digérer la nouvelle que la sonnerie retentit, c'est l'heure du repas. J'ai pas vraiment faim, mais je vais quand même y aller. Ils nous laissent le choix pour les repas et pour les pauses, de pouvoir rester dans nos cellules. Quel privilège ! Généralement, les mecs qui restent dans leur cellule, ce n'est pas vraiment bon signe. Dans la plupart des cas, ils ne veulent plus manger, ils sont en dépression et ils n'ont qu'une envie : en finir. Si tu veux te suicider ici, c'est compliqué, tu n'as rien à disposition pour pouvoir le faire. En dernier recours, tu peux payer quelqu'un pour qu'il le fasse à ta place. Oui, oui, ce n'est pas une blague. Il y a déjà des mecs qui se sont fait payer ici pour étouffer un autre détenu avec un oreiller par exemple, c'est une des méthodes les plus utilisées.

Quand j'arrive à la cantine, j'aperçois Billy au loin. Deux options s'offrent à moi : soit je rejoins ma bande de tocards habituelle pour jouer les gros durs en disant que je n'en ai rien à foutre de ce verdict, soit je vais manger avec Billy. Ni une ni deux, je fonce sur Billy. S'il y a bien quelque chose qui m'excite encore un peu dans ce monde, c'est bien lui. Enfin, quand je dis qu'il m'excite, n'allez pas avoir l'esprit mal placé. Vous m'avez compris, hein ?

J'arrive à sa hauteur et je m'assois.

— Bonjour Bart, petite mine ?

— Salut mec, oui on peut dire ça. Je sors du tribunal.

— Ah, le jour du jugement ! Qu'est-ce que ça a donné ?

— Ça a donné que je vais passer dix-huit mois dans cette galère. Rien qu'à le prononcer, j'ai déjà envie de me pendre, putain !

— Je comprends, j'ai ressenti la même chose le jour de mon jugement, et pourtant comme tu le vois, je suis toujours là.

— Ouais, bah, je sais pas comment t'as fait pour rester autant d'années enfermé.

— Ah, comment… Je pourrais te l'expliquer si tu le souhaites.

— Je préfère éviter le sujet pour le moment. Il faut que je digère la nouvelle par je ne sais quel moyen. Tu sais, j'ai repensé une bonne partie de la nuit à ce que tu m'as fait hier. En fait, j'arrive carrément pas à me sortir ça de la tête. Merde, c'était quand même complètement dingue !

— En effet, c'est dingue comme tu dis.

— Depuis quand tu sais faire ça ? T'as d'autres choses de ce type à me montrer ? Tu peux le faire en illimité ?

— En illimité, peut-être pas. Comme tu l'as certainement ressenti hier, tu as perdu beaucoup d'énergie lors de ton retour, aussi il faut éviter de partir trop souvent.

Les voyages provoquent une sorte d'addiction, il faut être vigilant. Lorsque tu pars ainsi, tu sors de la réalité, pour repartir dans des souvenirs parfois beaucoup plus agréables que le présent. Plus tu pars, plus tu as envie de partir. Je n'aurai pas le temps de tout te détailler maintenant, mais il faut bien veiller à ce que tu fais pendant ces voyages. Il faut aussi prêter attention à comment tu te sens et aux émotions qui te traversent.

— C'est quoi, une sorte de don, de la magie ?

Il se met à rire devant moi, ce qui me fait péter un plomb :

— Écoute, choisis bien ton jour avant de te marrer comme ça, parce que, là, tu choisis clairement pas le bon !

— Non, ce n'est pas de la magie. J'ai découvert ça quand j'avais neuf ans. Mon grand-père me l'a montré, il pouvait lui aussi faire faire des voyages de ce type aux personnes qu'il a croisées tout au long de sa vie. Il m'a transmis des choses qui m'ont permis dans les vingt-cinq premières années de ma vie de faire tout un tas de choses assez incroyables. J'ai passé l'autre moitié de ma vie enfermé mais, pas plus tard que ce matin, j'étais à Venice Beach, allongé sur la plage en train de contempler un coucher de soleil.

— T'étais à Venice Beach ce matin ? Est-ce que tu t'écoutes parler des fois ? T'es sérieux ou tu te fous complètement de ma gueule ? Et je te rappelle que c'est pas le moment !

— Je suis tout à fait sérieux.

— Je suis tellement en plein pétage de plombs que j'ai presque envie de te croire.

— Tu n'es pas obligé, mais je t'ai fait vivre hier une expérience qui, je pense, restera gravée à tout jamais dans ta mémoire.

— Ça, je veux bien te croire. Donc toi, Billy, ici présent, tu étais à Venice Beach ce matin ?

— C'est ça.

— Combien de temps t'es resté sur cette plage ?

— Pendant deux heures environ, je suis aussi allé manger une glace et j'ai fait un tour de vélo jusqu'à Santa Monica si tu veux tout savoir.

— OK, bon, on est clairement dans une discussion qui n'a aucun sens, mais continuons, j'espère au moins que t'as pu mater un tas de jolis petits culs là-bas.

— Ce n'était pas l'objectif.

— Règle numéro 1 : le matage de boule, c'est toujours l'objectif. Si on passe un peu de temps ensemble, va falloir que je t'apprenne deux ou trois choses sur la vie.

— Crois-moi, Bart, je me sens très bien comme ça.

— OK, alors j'ai des milliards de questions, mais commençons par celle-ci, qu'est-ce que tu peux faire pour moi ? Est-ce que dans tes super pouvoirs, y'a un truc qui pourrait faire en sorte que je revienne en arrière pour changer mes conneries et éviter de moisir ici pendant dix-huit mois en train d'imaginer des petits culs dans ma tête au lieu de les avoir dans mon lit ?

— Alors, si tu le souhaites, je peux t'enseigner ce qui va te permettre, quand tu vas sortir d'ici, d'avoir la vie que tu as toujours rêvé d'avoir. Tu pourras faire absolument tout ce que tu désires. Et pour les dix-huit mois qui viennent… eh bien, y a bien un moyen, oui, mais non sans risque.

— Un moyen ? Là, mec, t'es carrément en train de m'exciter !

— Ravi de l'entendre.

— Allez, crache le morceau, je t'écoute.

— Dans une certaine mesure, le changement que tu opères dans le passé peut avoir un impact sur le présent.

— Attends, attends, laisse-moi digérer ta phrase. Dans une certaine mesure, ce que j'ai fait dans le passé peut avoir un impact sur le présent. Bordel, t'es en train de me dire que je pourrais retourner au jour où je me suis fait coffrer et changer les choses ?

— Oui et non.

— Merde ! Pourquoi c'est toujours compliqué avec toi, c'est oui ou c'est non ?

— D'après mon grand-père, il y a quelques personnes qui font des voyages et qui ne reviennent pas. Le cours des choses a été modifié pour eux et ils reviennent dans un moment présent différent, en fonction du changement qu'ils ont opéré dans leur vie. Je ne peux te le garantir malheureusement, car même si c'est arrivé à des personnes qui ont voyagé avec moi, comme nos chemins ne se croisent plus lorsque nous revenons dans le présent, alors j'oublie jusqu'à la rencontre avec eux.

— Carrément dingue ! Je peux choisir les moments que je vais revivre ?

— Ah, ça, non. Je n'ai aucun pouvoir là-dessus. Je peux juste contrôler ce que je vis personnellement, mais pas pour les autres.

— Mais, attends, ça se trouve, c'est pour ça que t'es tout seul ici. En fait, tu t'es fait plein de potes, mais ils sont tous sortis de cette taule grâce à toi et, toi, tu t'en souviens même plus ! Il faut absolument qu'on passe un maximum de temps ensemble. Je pourrais te parler toute la journée, je crois. Mais on n'a que trente minutes à chaque fois, bordel !

— Ne t'en fais pas pour ça, on aura tout le temps qu'il nous faut, des semaines entières si tu le souhaites.

— Quoi ? Des semaines entières ?

— Je peux te faire venir dans mes souvenirs, Bart. Comme je peux contrôler ce que je vis, je peux aussi amener quelqu'un à le vivre avec moi.

— Whooooooo ! Le pied absolu ! T'es en train de me dire que moi aussi, je peux aller à Venice Beach ?

— C'est ce que je dis, oui.

— Y'a un truc que je pige pas là : si tout ce que tu me dis est vrai, pourquoi me le dire et pourquoi vouloir m'aider ?

— Bonne question. Je sens les gens qui ont besoin de moi et je sens que tu pourrais en faire partie, c'est tout.

— Est-ce que t'as aussi senti ça pour un des mecs de la bande de Barly qui apparemment a fini dans un asile de fous ?

Bim, je pense que celle-là, il l'a pas vue venir.

— Tu dois parler de Colin. J'ai essayé du mieux que je pouvais de l'aider, il a fait de nombreux voyages avec moi. Sauf qu'il l'a très mal vécu, il a commencé à en parler à tout le monde. C'était une très mauvaise expérience pour moi et c'était la première fois que ça m'arrivait. Il a parlé à la psychologue d'ici pour lui dire qu'il remontait le temps et qu'il allait quitter cet endroit. Ils ont alors décidé de le changer de section. Du coup, on ne pouvait plus se parler et, au bout de deux ou trois semaines, il a perdu goût à la vie.

— Je vois, je vois. Je vais essayer de te croire.

— Veux-tu voyager de nouveau ?

— Là, maintenant ? Et comment que je le veux !

— Évite de prendre peur comme la dernière fois.

— Va vraiment falloir que t'arrêtes avec ces conneries, la peur c'est pour les autres quand ils croisent mon chemin, pas pour moi.

J'ai même pas le temps de finir ma phrase qu'il m'attrape une nouvelle fois la main.

— Laisse-toi faire, j'ai quelque chose à te montrer.

Comme la première fois, le temps s'arrête autour de nous, tout commence à se figer, je me fais embarquer dans un tourbillon, puis dans un tunnel. Cette fois-ci, les couleurs sont vraiment différentes de la première fois. Je tourne aussi beaucoup moins vite, tout est plus calme, plus lent. Je reste complètement scotché à ce qui est en train de m'arriver, je me fais complètement aspirer par ce tunnel et je tourne sans avoir aucun contrôle. Au bout de quelques minutes, je suis plongé dans le noir total, je ne vois plus rien. Puis, tout d'un coup, lumière ! Un énorme tracteur surgit face à moi, avec un type à l'intérieur.

— Bart, monte à bord !

J'émerge tout doucement, le soleil tape vraiment fort et mes yeux ont du mal à s'ouvrir. Je regarde alors en direction du tracteur.

— Quoi, c'est toi ? Billy ?

— Oui c'est moi, qui veux-tu que ce soit ?

— T'étais quand même moins dégueulasse avant, t'as quel âge, là ?

— Dix-neuf ans.

Incroyable, je découvre Billy avec une quarantaine d'années en moins. Je regarde tout autour de moi, nous sommes apparemment dans un champ de maïs. Du maïs à perte de vue !

— Mec, je sais pas si tu connais le même Venice Beach que moi, mais ça y ressemble pas trop, là... Elles sont où les gonzesses ?

— Nous sommes dans le Missouri, mon grand-père était agriculteur, je vais te le présenter.

— OK, tout ça c'est cool, mais comment t'as pu choisir ce champ au lieu de Venice Beach ?

— Tu veux peut-être retourner à la cantine ? Je peux t'y ramener tout de suite si tu le souhaites !

— OK, OK, on se détend, gamin. N'oublie pas que t'as dix-neuf piges ! Mais, j'y pense, à quoi je ressemble ? J'ai quel âge, moi ?

— Tu n'as pas bougé, c'est toujours toi, nous sommes dans un de mes souvenirs, pas dans le tien, ça ne bouge pas pour toi.

— Tant mieux. Dis-moi, il y a pas une salle de sport chez ton grand-père que j'aille me faire péter les biceps ?

— Pas vraiment, non, et puis ça ne servirait à rien, le travail que tu y ferais serait perdu en rentrant.

— Ça servirait quand même à ce que je me sente bien. Dis-moi, y'a des femmes dans le coin ?

— Bart ! On est pas là pour ça, on va dîner avec mon grand-père ce soir. Tu sais, celui qui m'a tout transmis. Je vais te le présenter, alors tiens-toi un minimum ou je te ramène et tu n'entendras plus jamais parler de moi.

— T'as perdu ton humour dans le maïs ou quoi ? C'est pas parce que t'es perché sur ton tracteur que je peux pas t'en coller une.

— Justement, monte à côté de moi, on va le ramener dans la cour.

Je suis une fois de plus perdu dans tout ça. Le truc le plus dingue, c'est que ça ne me choque même plus. Il va falloir que j'admette que ce Billy a des aptitudes particulières, à moins que je sois encore en train de rêver et que les dix-huit mois que je me suis pris ce matin font aussi partie de ce rêve. Ce qui serait quand même une sacrée bonne nouvelle ! Mais, malheureusement, je crois que tout ça est bel et bien réel. Un vrai film de science-fiction.

Après avoir roulé pendant plusieurs minutes, nous arrivons dans une grande cour avec une vieille bâtisse en pierre. Billy gare le tracteur dans un petit espace derrière la cour et, à peine descendu, un chien qui fait au moins ma taille me saute dessus.

— Biscus ! Comment tu vas ? T'es beau mon chien, allez, calme-toi, laisse notre ami tranquille.

— Ce chien est énorme !

— J'ai passé une bonne partie de mon adolescence avec lui, je l'adore.

— Tu l'as fait voyager, lui aussi ?

— Je n'ai encore jamais fait voyager un chien, ce serait un peu étrange.

— Étrange, tu dis ? Parce que ce qu'on fait là, pour toi, c'est normal ?

— En quelque sorte, oui, ça fait partie de ma vie maintenant, depuis très longtemps. Allez, viens, je vais te présenter mon grand-père.

Nous arrivons devant une grande porte vitrée et Billy appuie sur la sonnette. Un vieil homme ouvre la porte.

— Alors, ce tracteur, il a fait le job ? C'est qui, lui ?

— Oui, oui, t'en fais pas. Je voulais te présenter mon ami Bart, grand-père.

— Tu l'as trouvé où, dans le champ ?

Il se met à rire.

— On vient du futur.

— Oui, je m'en doute, à chaque fois que tu me présentes un ami qui a au moins vingt ans de plus que toi, t'es pas obligé de me le préciser. Je l'ai su à la seconde où j'ai ouvert la porte.

Cette famille est complète barge. « Salut, papi, on vient du futur. — Ha, oui, bien sûr, entre mon petit... »

J'avais des discussions légèrement différentes avec mes grands-parents.

— Comment tu t'appelles, monsieur biceps ?

Monsieur biceps, ce grand-père me plaît déjà !

— Moi, c'est Bart, Monsieur !

— OK, Bart, appelle-moi Grand-père, ça ira très bien. Vous venez d'où exactement ?

Billy me met discrètement un petit coup sur l'épaule.

— J'ai rencontré Bart au travail, Grand-père. Dans une entreprise de reconditionnement d'outils.

Il doit vouloir éviter de lui dire qu'il est enfermé dans une taule avec des centaines de psychopathes, violeurs, tueurs…

— A-t-il déjà voyagé tout seul ?

— Une fois, hier.

— Alors c'était comment, mon grand ?

— Du grand délire, papi !

— Est-ce que je t'ai demandé de m'appeler papi ?

— Désolé, Grand-père, au temps pour moi. C'est marrant, parce que je suis retourné à un moment de ma vie où j'étais avec mes grands-parents. Un moment plutôt crucial où je devais choisir entre vivre avec eux ou avec mon oncle.

— Tes parents, tu les as perdus ?

— Mon père s'est barré quand j'avais deux ou trois ans. Ma mère est toujours là mais, à cette période, elle avait un suivi psychologique assez sévère, elle s'est droguée pendant plusieurs années, elle avait donc perdu ma garde. Aujourd'hui tout va bien, elle s'est remise.

— Je vois, ça a pas dû être facile pour toi.

— Ça n'a pas été une partie de plaisir tous les jours, en effet.

On avance dans le hall de la maison, puis on entre dans la salle à manger ou je me pose tranquillement pendant que le grand-père de Billy nous prépare un café. Il revient vers nous au bout de quelques minutes, et me fixe du regard en me tendant une tasse.

— Dis-moi, qu'as-tu retenu de ton voyage d'hier ?

Je réfléchis quelques secondes avant de lui répondre.

— Je dois avouer que ce qui m'a le plus troublé, c'est la peine que j'ai fait endurer à mes grands-parents quand j'ai choisi de vivre avec mon oncle. Le fait de les voir heureux de ma nouvelle décision, m'a fait beaucoup de bien, je pense.

— Bien, c'est une bonne chose, mais, à titre personnel, avec quoi repars-tu ? Parce que je suppose que si Billy t'a amené ici pour me voir aujourd'hui, c'est que la vie que tu mènes actuellement ne te convient pas. Je me trompe ?

— Tu vises dans le mille, Grand-père ! Ma vie est une succession de montagnes russes, faite de hauts et de bas, mais je suis malheureusement plus souvent en bas qu'en haut !

— Je vois, je vois. Et le choix que tu as fait hier, t'a-t-il permis de visualiser une vie différente ?

— Et comment ! Je me suis vu avec une femme, des enfants, une baraque de fou avec une piscine, un costume et des amis qui avaient l'air respectable… À des années lumières de ma vie actuelle.

— Que retiens-tu de tout ça, alors ?

— Ce que j'en retiens ? Bah, que j'ai certainement fait une connerie en allant vivre chez mon oncle.

— Oui, il est possible que ce ne fut pas le choix le plus judicieux.

— En même temps, j'avais pas de super-pouvoirs pour aller voir dans le futur ce qui se destinait à moi en faisant ce choix.

Le grand-père regarde Billy, lui sourit, puis me regarde de nouveau.

— Il y a une façon de choisir sans avoir besoin d'aller dans le futur.

— Vous voulez dire qu'il y aurait un moyen de savoir à l'avance si un choix est bon ou non ?

— Oui, c'est ce que je veux dire.

— Du pur délire ! On fait ça comment ? Est-ce qu'il faut que je me fasse encore aspirer dans des tunnels, puis recracher dans des champs de maïs ?

— Ha, ha, rien de tout ça, c'est beaucoup plus simple et accessible à tout le monde.

— Ah ouais ?

— Tu dois simplement écouter ton corps, et non ta tête.

— Écouter mon corps ?

— C'est bien ça.

— Y'a bien une partie de mon corps que j'écoute assez souvent, mais je suis pas certain qu'elle m'ait fait déjà faire les bons choix…

— Je ne parlais pas vraiment de cette partie-là, Bart. Il y a ce que tu penses et il y a ce que tu ressens. La prochaine fois que tu es face à une situation de ce type, pense à ce que je viens de te dire et essaie de suivre ce que tu ressens. Ce que tu dois apprendre de cette expérience, c'est que les choix que tu fais dans ta vie engendrent les résultats que tu as actuellement, les belles choses comme les mauvaises. Chaque expérience que tu vis est une suite logique d'événements, qui eux-mêmes sont arrivés dans ta vie, suite aux actions que tu as menées et aux décisions que tu as prises.

— En même temps, c'est pas tous les jours qu'on a à se décider pour un choix aussi décisif.

— Tu n'as pas bien saisi. Cet exemple, tu l'as vécu pour que tu comprennes, mais tu n'as pas besoin de grande décision de ce type pour changer le courant de ta vie. Tout ce que tu fais jour après jour, ainsi que tout ce que tu dis, le moindre de tes petits gestes, a une répercussion dans ton futur. Tu es loin d'imaginer ce que l'effet cumulé de simples petites actions peut créer dans ta vie.

— OK, OK, je suis assez ouvert d'esprit en général, je veux bien vous croire.

Pendant quelques minutes, Billy et son grand-père se remémorent d'anciens souvenirs qu'ils ont vécus et je les écoute, ma tasse de café à la main, en train d'imaginer ce que je ferais si j'avais les mêmes pouvoirs qu'eux. J'ai trouvé !

Je crois que je voudrais revivre le jour où j'ai rencontré Julia. C'était au Bowling, un dimanche. J'étais de sortie avec ma bande, elle était avec des copines. Je l'ai rapidement repérée. Un de mes potes voulait aller la voir, mais je lui ai dit de laisser tomber, qu'elle était pour moi. Je ne voyais plus qu'elle, je n'arrivais même plus à jouer tellement je la regardais. Puis elle m'a regardé et m'a souri. C'était la confirmation que j'attendais. Je suis donc allé la voir, je me suis présenté, j'ai fait le mec sympa, quoi. Elle était encore avec toutes ses copines, elles étaient six ou sept. J'ai commencé par la phrase la plus débile qu'il soit : « Je me présente, Bart. Est-ce que tu peux arrêter d'être aussi jolie ? J'arrive plus à me concentrer sur mon jeu. » Toutes ses copines ont éclaté de rire, je venais de griller ma chance. Elle m'a salué, m'a dit son prénom, puis m'a répondu que je n'avais qu'à pas la regarder. Elle dégageait une certaine confiance en elle qui ne m'a pas laissé indifférent. Je suis allé me rasseoir avec mes potes, puis j'ai continué à la dévisager. En sortant du bowling, mes potes sont allés boire un verre dans un bar du coin, et moi, j'ai attendu dehors qu'elle sorte et je suis revenu à la charge. Il m'en faut bien plus pour me décourager, alors je lui ai proposé d'aller boire un verre. Elle a accepté, et nous sommes tous les deux partis. Pas dans le même bar que mes potes, bien sûr, je me serais fait chambrer toute la soirée. En même temps, pour la plupart d'entre eux, mis à part mater, ils ne savaient pas faire grand-chose. Combien de fois l'un deux voulait approcher une fille, sans jamais oser lui parler. D'accord, ils n'ont pas mon physique, mais quand même, bordel ! Prends ta paire de couilles et bouge-toi, sérieux ! Qu'est-ce que t'as à perdre, un refus ? Si tu te prends un vent, *next*, tu passes à la suivante, c'est aussi simple que ça. Combien de fois je le leur ai dit ? Leur réponse ? Toujours la même : ouais, mais c'est facile pour toi, bla bla bla. C'est facile, car je le rends facile, point final. Le premier soir a été soft, on a bu deux ou trois verres, on a parlé de nos vies, pas de feu d'artifice dans mon lit ni dans le sien. Le deuxième soir, cependant a été un peu plus mouvementé…

Au bout de quelques minutes, le grand-père de Billy nous conseille de « rentrer ». Selon lui, je devrais éviter de voyager deux jours d'affilée. Il m'explique les dangers que cela peut avoir sur ma santé si je pars trop souvent. Il m'explique également que chaque expérience que je vais vivre sera pour moi comme une prise de conscience, qui m'aidera ensuite à faire de meilleurs choix. À ce moment-là, je décide de lui reparler de ce qui m'intéresse le plus :

— J'ai une petite question pour vous, Grand-père.

— Je t'écoute.

— Billy m'a dit qu'il y avait un moyen pour que les nouveaux choix que je fais dans le passé aient une répercussion sur le présent. Il a dit vrai ?

— Ah, il a dit ça ?

Il regarde Billy d'un air légèrement contrarié et je comprends que la question le dérange un peu.

— Disons que oui, il arrive parfois que certaines personnes ne reviennent pas dans le présent qu'ils ont quitté au moment du voyage, mais qu'ils atterrissent dans un nouveau présent, un présent façonné par les événements qu'ils ont changés dans le passé.

— Et comment ont-ils fait ? Y a-t-il un moyen pour le savoir ?

— Malheureusement, non. Il y en a peut-être un, mais je ne le connais pas. Après avoir réalisé des milliers de voyages, je n'ai jamais réussi à le reproduire, je sais juste que quelques personnes y sont parvenues.

— Vous êtes plusieurs à faire ça ?

— À ma connaissance, uniquement des membres de notre famille.

— Y'a pas moyen que vous me transmettiez le don, Grand-père ?

— Et non, ce n'est pas quelque chose que tu peux transmettre. Tu l'as à ta naissance ou tu ne l'as pas. Chez Billy, ça s'est déclenché vers l'âge de neuf ans, mais j'ai su dès le début qu'il allait lui aussi pouvoir voyager.

— Vous avez une sacrée chance, les gars !

— Allez, allons marcher un peu dehors.

Sur ces mots, le grand-père se lève et se dirige vers la cour, me laissant avec une tonne de questions en suspens.

Chapitre 5

LA DESCENTE AUX ENFERS

Calme total et des champs à perte de vue. J'aperçois quelques maisons sur la colline d'en face, elles doivent être sympas les fêtes de quartier ! J'imagine déjà la scène : cette année, un nouvel habitant vient d'arriver, nous sommes maintenant huit à vivre dans un trou paumé au milieu de nulle part, que la fête commence !

— Cette terre a été achetée et cultivée par mon père, j'ai ensuite pris la relève.

— Désolé, mais m'occuper d'un champ de maïs, c'est pas vraiment ce qui me fait rêver.

— Les choses qui te font rêver ne sont pas forcément les choses qui te rendront heureux, tu sais. J'ai vécu une vie incroyable ici.

— Si vous le dites, je suis prêt à vous croire.

On ne doit tout simplement pas avoir la même définition du mot « incroyable ».

— Tu te rappelles, Billy, quand ton arrière-grand-père te faisait monter sur son tracteur ? Tu devais avoir quoi ? Cinq ou six ans ?

— Oui, Grand-père, je m'en souviens.

— Et toi alors, être agriculteur, ça t'éclatait pas ? T'as pas pris la relève ? je demande à Billy.

— Il est parti d'ici quand il avait vingt ans, pour suivre une autre voie. Tu sais, on a tous un chemin différent à suivre. L'important, c'est d'accepter le chemin des autres, sans émettre de jugement, m'explique le grand-père.

T'aurais mieux fait de le verrouiller à double tour dans une cave, je crois, parce que quelques années plus tard, ton

Billy, il va finir enfermé avec une centaine de taulards, dont quelques-uns auront certainement envie de l'attraper dans les douches. Il faudra d'ailleurs m'expliquer comment il a atterri en prison un jour. « L'art de faire des choix », OK, pourquoi pas, je veux bien écouter, mais bon, faut être un minimum crédible, les mecs !

Quelques secondes plus tard, je me lance :

— J'ai une question. Du coup, je fais comment pour faire un choix la prochaine fois que j'ai une décision importante à prendre ?

— Très bonne question, veux-tu lui répondre Billy ?

— Avec plaisir. Tu dois apprendre à écarter ce que te dicte ta tête et à écouter plutôt ce qui se passe dans ton corps.

Son grand-père ajoute :

— De ce que j'observe de toi, la première chose que tu dois apprendre, apparemment, c'est le non jugement.

— Le non jugement ?

— Tu portes très vite un jugement sur des situations ou des choses que tu ne connais pas, je me trompe ? Tes jugements viennent bien sûr de tes expériences et de tes croyances. Malheureusement, ils peuvent avoir tendance à limiter tes possibilités. Aussi je te conseille de ne pas juger les choses que tu ne connais pas, de toujours rester ouvert d'esprit. Laisse entrer la magie dans ta vie. C'est aussi ce qui te permettra de prendre des décisions plus éclairées. Et ce que je te dis vaut aussi pour les personnes que tu croises ou côtoies. Quand tu émets un jugement sur quelqu'un, il se base sur ce que tu vois à l'extérieur. Mais l'être humain est beaucoup plus complexe que ce que permet de voir une simple observation extérieure, il est difficile et surtout très toxique pour toi d'émettre un jugement à l'égard d'une personne que tu ne connais pas, surtout quand ce jugement est négatif.

— Bon, j'ai du boulot je crois. En y réfléchissant un peu, c'est vrai que j'ai tendance à juger tout ce qui bouge et souvent de manière pas très positive.

— Le fait que tu en deviennes conscient, c'est le premier pas vers le changement. Enfin… je fatigue, je vais devoir vous laisser, je vais rentrer me reposer. Je te laisse poursuivre avec Billy. Il va sans doute pouvoir t'aider à répondre à tes prochaines questions.

Je continue de marcher avec Billy, jusqu'à arriver à hauteur d'un grand hangar où est entreposé du matériel. Ça fait un bail que je n'ai pas vu toutes ces choses. Il est clair que je suis plus un homme de la ville. Je ne sors pas beaucoup des quartiers bien peuplés comme ceux d'Atlanta où j'ai passé la majeure partie de ces dernières années. Il y a toujours un truc nouveau dans les grandes villes : restaurants, personnes, bars, soirées, potes… Et je crois que c'est ça qui me plaît. En tout cas, tu as un peu moins de chances de t'ennuyer qu'en étant perdu au milieu de nulle part.

— Il a pas des cigares par hasard ton grand-père ?

— J'ai bien peur que non.

— Bon, je ferai sans alors. Dis-moi, quand tu dis qu'il faut écouter son corps, t'es vraiment sérieux ?

— Bien sûr que je l'étais ! Quand on a une décision importante à prendre, on a tendance à aller chercher la réponse dans le côté rationnel, on se creuse alors les méninges, notre mental tourne à plein régime pour savoir quel choix on doit faire, de manière logique. C'est la première chose que les gens font. La deuxième, c'est d'aller demander de l'aide à l'extérieur en questionnant leurs proches, leurs amis et en posant des questions du type « si t'étais à ma place, tu ferais quoi » ?

— Ouais, je suppose que tu dis vrai pour la plupart des gens, mais perso, c'est pas forcément mon cas.

— En effet, car tu as un niveau de confiance en toi supérieur à la normale, et c'est un très bon point. Tu assumes tes choix et tu n'es pas effrayé par le regard des autres, c'est une grande force que beaucoup de personnes n'ont pas. Des millions de personnes vivent une vie qui n'est pas la leur, ils vivent leur vie en fonction des autres.

— Je peux aller tenter de les réveiller si tu veux, avec une bonne grosse claque !

— Pas sûr, malheureusement, que cela provoque les changements attendus ! La prise de conscience doit venir de soi, on ne peut pas forcer quelqu'un à changer si cela ne vient pas d'une décision intérieure. Cela nous amène donc à une question que je souhaite te poser depuis tout à l'heure. Veux-tu changer, Bart ?

— Est-ce que je veux changer ? Bah, disons que ça dépend, quoi. J'ai des choses à améliorer chez moi, mais je pense que je me débrouille pas trop mal sur d'autres points.

— Ah bon ?

— Comment ça, « ah bon » ? Est-ce que t'as vu une seule personne venir m'emmerder dans cette taule depuis que je suis là ?

— Non, mais ce ne serait pas mieux si t'étais à l'extérieur ?

— Ouais, ouais, tu marques un point, gamin ! Désolé, mais te voir avec cette tronche, ça t'enlève quand même pas mal de crédibilité. Heureusement qu'y a personne dans ce patelin, on va me prendre pour un pédophile.

— Je te repose la question une dernière fois, il y a beaucoup de gens qui ont besoin de moi et je ne perdrais pas de temps avec toi si tu n'es pas prêt à changer.

— OK, OK, on se détend, relax, c'est bon, je suis prêt. J'ai pas grand-chose à perdre après tout.

— Parfait. Comme je te le disais, quand tu as une décision importante à prendre, l'idée est de faire l'inverse de ce que tout le monde fait. Les gens vont chercher la réponse dans leur mental, or je veux que tu ailles la chercher dans ton corps. Les gens vont chercher la réponse à l'extérieur, je veux que tu ailles la chercher à l'intérieur.

— Bordel, c'est philosophique, tes phrases !

— Tu es un être d'émotions. Malgré tes gros bras, tu ressens des choses, que tu le veuilles ou non. Tu le caches certainement, pour ne pas te montrer vulnérable aux yeux des autres, mais ces émotions, elles sont là et elles seront toujours là. Tu peux être à l'écoute de cette partie de toi ou tu peux faire semblant qu'elle n'existe pas, à toi de voir. Mais, ce que je te garantis, c'est que plus tu y prêteras attention, plus tu pourras choisir avec tout ton être et non simplement avec ta tête.

— Attends, attends. Prenons un exemple. Je pense à ce choix que j'ai dû faire entre partir vivre chez mon oncle ou rester chez mes grands-parents. En gros, ce que tu me dis, c'est qu'à l'époque j'ai fait ce choix avec mon mental, c'est ça ?

— C'est bien ça. Pourquoi, à ton avis, tu as opté pour cette direction ? Décider de partir chez ton oncle t'a semblé peut-être logique sur le coup. Ce choix était certainement plus attirant pour toi.

— Ouais, disons que je savais que j'allais bien m'éclater avec lui.

— OK, maintenant revenons sur ce que tu as vécu hier au moment où tu as dû faire un choix. Pourquoi as-tu décidé autre chose ?

— Bah, j'avais déjà vécu l'option avec mon oncle, alors je me suis dit « autant choisir l'inverse » !

— Il n'y a rien d'autre qui t'a fait changer d'avis ?

— Ouais, allez, peut-être le regard de ma grand-mère au moment où j'allais cracher ma réponse.

— Tu n'arrives pas encore à mettre des mots là-dessus. Mais si tu avais coupé ton mental ce jour-là et si tu t'étais concentré sur ce que te disaient ton corps, ton âme, ton cœur, tu aurais alors certainement fait le choix de rester vivre chez tes grands-parents, malgré le fait que ce choix te paraissait beaucoup moins attractif sur le moment. Nous savons tous, généralement, ce que l'on doit faire, en étant vraiment à l'écoute de nous-mêmes. La réponse est là, elle est toujours là, il faut simplement lui permettre d'arriver à ton esprit de manière consciente.

— Tu m'as légèrement embrouillé avec cette phrase interminable mais, dans les grandes lignes, on va dire que je te suis.

— On va bientôt devoir rentrer. Mieux vaut écouter Grand-père : il faut être prudent, tu n'es pas encore habitué aux voyages, il faut éviter d'y passer trop de temps.

— Déjà ! Mais j'ai encore plein de trucs à te demander ! Par exemple, si tu sais si bien choisir, pourquoi t'es enfermé depuis plus de quarante ans ?

— Je t'expliquerai ça plus tard. Ne prête pas attention à ce genre de détail et concentre-toi sur toi-même.

— Ouais, mais un moment donné, va quand même falloir balancer l'info !

— Je le ferai, ne t'en fais pas.

— Alors t'as passé une partie de ta vie ici ?

— Oui. Je suis parti à dix-huit ans faire des études en géologie, j'ai quitté cet endroit pour suivre un cursus universitaire.

— Des études de quoi ? Géologie ? Je sais même pas ce que c'est, ce truc. Je sens que t'étais du genre premier de la classe, toi, non ?

— Pas vraiment, mais je me débrouillais, ça allait. Tu vois la maison là-bas au loin ?

— Ouais.

— C'est celle de mon ami Davis, enfin celle de ses parents. On a passé une bonne partie de notre enfance ensemble, on était une bande de dix à habiter pas très loin les uns des autres.

— Waouh, ça devait être la fiesta ! Vous faisiez quoi au juste ? Tu lui lançais du maïs au visage en criant « c'est moi le plus fort » ?

— Tu sais que t'es insolent quand tu t'y mets ? J'ai connu beaucoup de monde ces dernières années, mais toi, faut te supporter !

— On se détend, gamin, tu devrais te regarder dans la glace avant de m'adresser la parole. Alors, dis-moi, tu vas m'emmener à Venice Beach un jour ?

— On verra, s'il y a quelque chose d'intéressant à y faire, oui. Mon but n'est pas de te divertir mais de te transmettre des connaissances.

— On peut partir tous les jours comme ça ? Y'a pas moyen que le temps continue de défiler pendant qu'on est là ? Car c'est bien beau tout ça, mais je viens de me prendre dix-huit mois ferme !

Avec cette histoire de dingue que je suis en train de vivre, j'avais presque oublié ce détail. Détail qui va bien me pourrir la vie et la tête ces prochains jours...

— Quand tu reviens d'un voyage, tu reviens toujours au moment où tu as commencé ce voyage, il n'y a aucun moyen de faire autrement.

— Dommage ! Ça aurait été carrément d'enfer... Donc malgré tes voyages je ne sais où, tu as quand même passé plus de quarante ans de ta vie enfermé ?

— C'est bien ça.

— Désolé, je me répète, c'est juste que j'en reviens toujours pas.

— Crois-moi, il y a pire dans la vie.

— Pire ? T'es un grand malade, toi. Quarante ans de taule, c'est ça le pire pour moi. Bon, on oublie le fait de se faire attacher les bras et les jambes sur des motos pendant qu'un groupe de bikers enclenche la marche avant et finissent par briser tous tes os.

— Ça sort d'où toutes ces histoires que tu racontes ?

— Ha, ça, j'ai vu ça dans un film, une série même je crois. « Narco » tu connais ? C'est sur Netflix.

— Non, pas vraiment, je n'ai jamais rien regardé sur Netflix de toute ma vie. Tu sais, quand j'ai été incarcéré, ça n'existait pas.

— Pas de Netflix ? t'as sérieusement manqué un truc.

— Il y a bien des choses que j'ai manquées, mais certainement pas le fait de passer du temps devant un écran.

— Bordel, je viens de réaliser que tu connais même pas Internet et…

Je n'ai même pas le temps de finir ma phrase qu'il m'attrape la main et, tout autour de nous, le temps commence à se figer de nouveau. Toujours la même chose, sauf que cette fois-ci, il n'y a pas de passage devant une série d'écrans qui me montre à quel point ma vie aurait pu être belle. Au moins, le retour sera moins frustrant. Cette fois, tout est devenu noir très vite. Puis quelques secondes plus tard, lumière ! Nous voilà revenus à la cantine. Ça change de décor et ce n'est plus tout à fait la même tête que j'ai en face de moi. C'est toujours Billy, bien sûr, mais avec quarante ans de plus au compteur.

— Pourquoi t'as fait ça ?

— Comme je te l'ai dit, cela fait deux jours de suite que tu voyages, c'est beaucoup. Tu n'es pas encore habitué et ça te demande beaucoup de ressources. Tu vas être très fatigué jusqu'à demain.

— T'as même pas dit au revoir à ton grand-père, t'assure pas sur ce coup-là !

— Mon grand-père ?

Il me regarde avec un sourire en coin.

— Qu'est-ce qui te fait sourire comme ça ?

— Je vais dîner avec lui ce soir, comme presque tous les soirs de la semaine.

— Ah oui, je comprends, normal quoi, je suis censé le deviner peut-être ? Vous êtes une belle famille de barjos, tu le sais ça ? Tu devrais contacter Netflix pour qu'ils créent une série sur ta vie. Je vois déjà le titre d'ici : « Mon grand-père et moi, on remonte le temps et on aime jouer dans le maïs. »

— Très drôle, profite de ce repas, je dois aller voir quelqu'un.

— Le mec me laisse en plan, t'es sérieux là ?

— On vient de passer près de trois heures ensemble.

— Pas faux. Mais normalement, c'est moi qui me lève de table et qui pars ailleurs, c'est pas les autres. Quand est-ce qu'on voyage de nouveau ?

— Je te le ferai savoir, sois patient.

En finissant sa phrase, il se lève et part s'installer quelques tables plus loin, avec deux autres personnes que je ne connais pas. Je sens que ce Billy me cache pas mal de trucs. De nouveau, j'ai vécu une expérience folle. Je viens de revoyager dans le passé et, en plus de ça, dans les souvenirs de quelqu'un d'autre. Carrément d'enfer. J'espère que Billy a assisté à des fiestas dignes de ce nom dans sa vie et qu'il pourra m'y emmener, malheureusement, j'en suis pas vraiment convaincu. En espérant qu'il y ait quand même un truc croustillant dans ses souvenirs. En tout cas, faites-moi confiance pour le cuisiner là-dessus.

Je me lève et rejoins la table de mon pote Rendy. Pas de place à côté de lui, mais une place en face de Dalton, le mec qui nous a dépouillés hier midi aux cartes. Cette fois-ci, j'ai pas eu le droit à une seule remarque. La nouvelle de mes dix-huit mois ferme a déjà tourné je pense, et ils doivent savoir que ce n'est pas le bon jour pour moi.

Dalton me demande comment j'encaisse. Je ne sais pas par qui, mais ils savent également que j'ai pété un câble devant la juge au tribunal.

— La nouvelle, je la digère pas encore, je dois vivre avec, c'est tout.

Ce qu'ils ne savent pas, c'est que je viens de passer trois heures en pleine campagne et que ça m'a clairement permis de penser à autre chose.

À la fin du repas, pendant les cinq minutes restantes, on fait une partie de cartes. Au moment où je me lève pour rejoindre ma cellule, un des mecs de la bande de Yadira vient se coller à moi.

— Alors le costaud, dix-huit mois, tu fais un peu moins le fier, non ?

Putain, pour qui il se prend, cet enfoiré !

— Écoute, je te connais pas, mais toi et toute ta bande de dégénérés, c'est la première et dernière fois que vous me dites un truc de travers.

Mon pote Rendy se met entre nous deux et intervient :

— Si tu veux pas alourdir encore plus ta peine, je te conseille d'éviter cet abruti.

— Ouais, tu devrais écouter ton pote, réplique le mec qui est venu m'accoster.

Je sens la pression monter progressivement, mais je décide d'écouter Rendy. Comme il le dit, si j'en mets une à ce type à la vue des gardiens, je vais prendre cher. Mais il faudra bien à un moment que je défonce un des mecs de leur équipe. Comme je vais apparemment passer dix-huit mois ici, je dois commencer à leur montrer qui je suis.

Je retourne dans ma cellule, et contemple le plafond, en me disant que j'ai vraiment, vraiment merdé sur ce coup-là. Dire que je pourrais être dehors en ce moment. Quand tu perds ta liberté, ta seule obsession, c'est de la retrouver. J'ai toujours cherché à être libre dans ma vie, au niveau de mes mouvements, de mon temps, de mon argent. Malheureusement, ça ne s'est pas vraiment passé comme prévu. On ne va pas se mentir, l'argent est quand même un facteur déterminant si tu veux être libre. Au vu de la triste gestion des billets qui passent entre mes mains, aujourd'hui, mon compte affiche rouge, malgré le fait d'avoir quand même plutôt bien gagné ma vie à certains moments. Je repense alors à ce que m'a dit le grand-père de Billy. Mes choix déterminent mes résultats. Serait-il possible que je prenne aussi de meilleures décisions ici ? Certainement, mais encore faudrait-il savoir lesquelles. Ça paraît facile quand tu l'entends, mais dans la pratique, ça l'est beaucoup moins.

Bizarrement, le reste de la journée passe plutôt vite. Je reste longtemps perdu dans mes pensées. Je suis partagé entre la rage que je ressens au fond de moi et l'envie de me détendre par je ne sais quel moyen. Vient l'heure de la promenade et je prends le temps de me griller un cigare, puis un autre. Un vrai bonheur. Retour à la cellule, puis le repas du soir arrive rapidement. De son côté, Billy s'est volatilisé. Je ne sais pas ce qu'il fait, mais ça me paraît quand même très bizarre qu'un mec ne veuille pas sortir de sa cellule. Je lui poserai directement la question la prochaine fois que je le verrai. En attendant, j'ai d'autres choses à penser. Qu'est-ce que je vais faire de ces dix-huit prochains mois ? Si je suis ce que m'a dit le grand-père, pourquoi je ne profiterais pas de ce temps pour essayer de faire quelque chose de concret ? Je suis enfermé dans une cellule, donc les choix sont limités, mais il doit bien y avoir quelque chose à laquelle je pourrais me consacrer et qui pourrait m'être bénéfique à la sortie ? Je vais tâcher d'y réfléchir. Je ne sais pas si j'arriverai à tenir tout ce temps ici, mais je ferai de mon mieux. On verra le résultat. Inutile de me plaindre et de chialer comme un gamin, je dois affronter ça, point final. C'est une nouvelle grosse épreuve qui se présente à moi et on verra ce que la vie me réserve pour la suite. Qui sait, peut-être que si je suis les conseils de cette famille d'allumés, je pourrais mieux m'en sortir ?

Le lendemain matin, on ne peut pas dire que je me lève du bon pied. Jimmy tente de me parler, mais je coupe très vite court à la discussion, je n'ai pas envie de parler. J'ai surtout envie de crier ! À croire que je vivais chez les bisounours hier tellement j'ai bien pris la nouvelle ! Aujourd'hui, ça a l'air de me rattraper. Pendant la pause du matin, j'aperçois Billy. Je n'ai pas trop envie d'aller le voir, j'ai vraiment envie de parler à personne, mais je décide quand même de me diriger vers lui. Sait-on jamais, il va peut-être réussir à me redonner un coup de boost ? Alors que j'avance vers lui, un membre du groupe de Yadira, assez costaud, enfin plus imposant que le tocard d'hier, passe à côté de moi et met son épaule contre la mienne pour m'empêcher de passer. Qu'est-ce qu'ils ont ces mecs, sérieux, ils veulent quoi ?

— Je te conseille de t'enlever de mon chemin et de le faire tout de suite.

— Ah ouais, et tu vas faire quoi ? Yadira veut te dire un mot, suis-moi !

— Yadira ? Qu'est-ce qu'il me veut ? Dis-lui qu'il peut aller se faire foutre et dis-lui aussi que j'ai envie de gerber à chaque fois que je vois sa tronche.

— Tu te crois malin peut-être ? Quand Yadira demande quelque chose, on obéit, point final.

Je me mets à rire, mais c'est surtout nerveux. Je sens qu'il ne faudrait vraiment pas grand-chose pour que j'explose.

— C'est moi qui te fais rire comme ça ?

— Ouais, toi et ce que tu dis ! Ton boss est une sous merde et je m'en bats les castagnettes de ses demandes. Si tu veux ramper à ses pieds, continue, mais oublie-moi et oublie-moi vite.

— Dix-huit mois ici, crois-moi, on va pas te lâcher, enfoiré.

Il vient clairement de dépasser les limites. J'ai les nerfs qui se crispent et mon poing commence à se serrer. Je regarde droit devant moi et décide de continuer mon chemin, dans la direction de Billy, qui vient de m'apercevoir et me regarde. L'autre se remet en travers de mon chemin et me redonne un petit coup d'épaule.

Je regarde Billy et je sens qu'il faut que je me calme, car je risque de perdre le contrôle. J'essaie par tous les moyens de me calmer, je regarde Billy et repense à ce que son grand-père m'a dit hier sur les choix et leurs résultats. Mais j'arrive tout simplement pas à me calmer, la rage prend possession de moi et je me mets à exploser ! Je lui colle une grande baffe dans la gueule, puis je l'attrape à la gorge. Il essaye de me mettre une droite que j'esquive.

Je le plaque au sol et, au moment où il arrive à terre, je prends tout mon élan et lui colle mon poing en plein dans la face. Sa tête part en arrière et percute le sol, son nez est en sang. Je n'ai même pas le temps de lui en mettre une deuxième que je me fais *taser* par un des gardiens. Puis un autre surveillant arrive à ma hauteur et me balance un deuxième coup de *taser*. Il essaye de me menotter, mais je me débats dans tous les sens, je crie de toutes mes forces en regardant dans la direction de Yadira :

— YADIRA, sale fils de pute, c'est la dernière fois que t'envoies un de tes clébards, la prochaine fois, je vous massacre, toi et toute ta bande de tocards !

Deux autres gardiens arrivent à ma hauteur et réussissent à me plaquer au sol. Quant au mec que j'ai défoncé, il est toujours à terre. Il a apparemment du mal à comprendre ce qui vient de lui arriver. Je pense qu'il ne s'attendait pas à ça. Ils vont y réfléchir à deux fois maintenant avant de venir me voir. Faut dire qu'ils ont vraiment pas choisi le bon jour. Les quatre gardiens me relèvent et me crient dessus pour que je la ferme. Je suis dans un cauchemar, un cauchemar vivant, à cause d'une stupide partie de poker, ça me fout encore plus la rage. Les quatre gardiens me conduisent directement au trou. Ils me balancent dans une cellule encore plus minuscule que la mienne, tout est noir, ça pue la pisse, c'est horrible et le sol est à moitié trempé. Il y a un matelas au sol et une cuvette de chiotte, rien d'autre. Ils m'enferment ici et je suis en train de réaliser que je vais y passer les sept prochains jours, voire plus, et que je viens peut-être, par la même occasion d'alourdir encore plus ma peine. En tout cas, je peux dire au revoir à une réduction de peine pour bonne conduite. Je ne sais pas comment réagir, mais je dois vous avouer qu'à ce moment précis, j'ai juste envie d'en finir, trouver un moyen pour m'ouvrir les veines ou me pendre, de quoi me libérer de tout ce bordel. Cela rendra peut-être tristes certaines personnes, mais au final, elles seront mieux sans moi.

Qu'est-ce qui m'arrive ? Ça faisait deux ans que tout allait à peu près bien et j'ai tout foutu en l'air ! Je ne peux pas le croire, je me sens vide, je me sens perdu, dans le noir total. Je décide de m'allonger et commence à réfléchir à comment je pourrais en finir, là, maintenant, tout de suite. Je ne supporterai pas ça, je ne peux pas, je ne peux plus, je ne veux pas de cette vie, j'abandonne. J'essuie mon poing, car le sang de cet enfoiré a giclé sur ma main, j'ai probablement dû lui briser le nez. J'ai rarement réussi à mettre un coup d'une telle violence à quelqu'un, il va avoir du mal à s'en remettre, ça, c'est certain. Comment réussir à passer les prochains jours ici, sans aucune lumière, dans le noir total ? Même quand ils vont m'apporter ma bouffe, je serai dans le noir le plus complet. La première fois que je suis venu ici, ça m'a rendu presque cinglé. D'autant plus qu'il y avait un autre détenu enfermé dans une cellule à côté, qui hurlait toute la nuit.

Après quelques secondes, je décide de prendre quelques grandes inspirations, Julia m'avait montré cet exercice un jour pour m'aider à me calmer. Je ne sais vraiment pas quoi faire d'autre, alors j'inspire, j'expire, j'essaye de me relaxer, je ne vois que ça comme solution pour le moment. Incroyable, même quand je marche tranquille dans la cour de cette taule, il faut qu'il y ait des types qui viennent me chercher des noises. Ce Yadira pensait peut-être que j'allais rejoindre sa bande. Non mais, il est sérieux, lui ! De toute façon, tout ça n'a plus d'importance, pour le moment, j'ai plus envie de continuer. À quoi bon ? J'ai envie de me libérer, partir pour toujours et avoir peut-être la chance de redémarrer une nouvelle vie. J'ai regardé un reportage assez troublant un jour sur la vie après la mort, des dizaines de personnes qui témoignaient de leurs expériences à l'hôpital ou lors d'un accident, ils se sont sentis partir, ont eu l'impression de quitter leur corps, puis ils sont revenus. Ça m'avait vraiment troublé, ça avait l'air vraiment crédible et je dois dire que ça me soulage un peu. Si j'en finis maintenant avec cette vie, je me dis qu'il y a peut-être une suite qui m'attend quelque part. Et si une nouvelle vie m'est donnée, j'arriverais peut-être à être moins con.

Petit à petit, la respiration commence à faire effet. Je décide de m'allonger sur le minuscule matelas installé dans ma cellule et j'essaie de fermer les yeux pour m'évader dans mes pensées. Les prochains jours vont être un supplice, à moins que je trouve un moyen dès maintenant d'en finir, mais je ne sais même pas comment je pourrais faire. Essayer de m'étouffer moi-même, peut-être ? Ou me fracasser la tête contre les barreaux de la cellule ? Même pas sûr que ça marche. Par contre, ils m'emmèneraient à l'infirmerie pour quelques heures. Et, une fois à l'infirmerie, je pourrai peut-être trouver quelque chose pour en finir... Je vais y réfléchir. Je suis vraiment au plus bas. Quand la seule pensée qui te vient à l'esprit, c'est d'essayer de trouver un moyen pour te buter, on peut dire que ce n'est pas la joie, mais c'est pourtant ma réalité... Je vais essayer de fermer les yeux un moment et de m'endormir. En même temps, ce n'est pas comme si j'avais autre chose à faire ici.

Chapitre 6

UNE OPPORTUNITÉ

Je rouvre les yeux ; j'ai dû m'endormir. Peut-être que quelques heures ont passé. Je me sens un peu plus calme, mais je suis toujours enfermé dans le noir complet sans savoir combien de temps je vais moisir ici. Tout d'un coup, j'entends la porte du couloir s'ouvrir, un gardien s'approche lentement. La lumière du couloir étant allumée, je peux l'apercevoir. Il s'agit de Mike, un des gardiens qui m'a conduit ce matin au tribunal.

— Le directeur veut te voir. Tu vas me suivre.

— Le directeur ? Qu'est-ce qu'il me veut ?

— Écoute, fais pas d'histoire, il veut juste te parler.

Au même moment, un des collègues de Mike s'approche. Je pense qu'ils préfèrent être à deux, au cas où je pète un plomb.

— OK, allons-y, ce sera toujours mieux que d'être ici.

— Je vais ouvrir, si tu fais le moindre geste brusque, on t'enferme ici pendant un mois. T'as compris ?

— C'est bon, c'est bon, je me suis calmé, ouvre-la, ta porte.

Les deux gardiens ouvrent la porte et m'attrapent chacun par un bras. On longe le couloir jusqu'à un sas avec de grands escaliers par lequel je ne suis jamais passé auparavant. Après avoir monté les escaliers, on arrive au troisième étage. Un long couloir nous mène jusqu'à une grande porte en bois. Une fois passée la porte, on entre dans un bureau. Je suppose que c'est le bureau du directeur, pas vraiment celui de mes rêves. Cette taule est vraiment misérable, même le directeur a droit à un espace miteux. Les deux gardiens me font asseoir sur une chaise en face du bureau, puis m'enchaînent les deux jambes ensemble.

— Monsieur Datermise sera là dans cinq minutes.

Quelques minutes plus tard, un homme assez âgé entre dans la pièce. Je dirais qu'il a dans la cinquantaine, les cheveux blancs assez longs et une grande barbe blanche ; il a un peu une tête de professeur des écoles. Après s'être assis tranquillement devant moi, il me fixe droit dans les yeux et demande à Mike et son collègue de sortir de la pièce. Me voilà en tête-à-tête avec lui.

— Monsieur Miller, c'est bien ça ?

— Oui.

— Je vois que ça fait tout juste une semaine que vous êtes là, mais que les problèmes ont déjà commencé.

— Je suis passé en jugement et les nouvelles n'ont pas été bonnes, je me suis donc légèrement emporté dans la cour tout à l'heure.

— Légèrement emporté ? Monsieur Staros à une double fracture du nez et, si les dossiers que j'ai sous les yeux disent vrai, c'est la deuxième fois qu'un incident de ce type se produit, n'est-ce pas ?

— Oui, mais la première fois, c'était il y a plusieurs années.

— Deux ans et sept mois pour être exact à ce que je vois ici. Un accident avec votre voisin de cellule cette fois-ci ?

— Vous avez raison, mais savez-vous ce qu'il avait fait ?

— Non, et je ne veux pas le savoir. Peu importe ce qu'il a pu faire, vous savez bien que la violence n'est pas la solution.

Pas tout à fait d'accord avec lui sur ce point, je pense que son monde est très loin du mien et que nous n'avons clairement pas grandi dans les mêmes conditions.

— Vous m'avez fait venir pour me dire ça ?

— Non, je vous ai fait venir car j'ai parlé de vous avec votre avocat, et il m'a également dit des choses plutôt positives sur vous.

Pour une fois que ça penche en ma faveur...

— J'aimerais vous aider Monsieur Miller.

— M'aider ?

— Oui, vous avez bien entendu, vous aider. Le problème, c'est que votre comportement me rend la tâche difficile. Vous allez passer les dix-huit prochains mois ici, alors j'aimerais savoir quel est votre objectif.

— Mon objectif ?

— Vous souhaitez aggraver votre cas et alourdir votre peine ou vous souhaitez sortir en homme libre dans dix-huit mois ? C'est à vous de choisir, mais il va falloir y mettre un peu du vôtre si vous voulez que votre détention se passe dans de bonnes conditions.

Il n'a pas tort sur ce point. Mais je ne me vois tellement pas tenir un an et demi ici que c'est très difficile d'imaginer la suite.

— Je répète donc ma question, quel est votre objectif ?

Je réfléchis cinq secondes, puis décide d'aller dans son sens. Qui sait, il veut peut-être vraiment m'aider ? Je repense à ce que m'a dit le grand-père de Billy, mes choix, mes résultats, etc. Essayons de faire le bon choix maintenant.

— Mon objectif, c'est de sortir d'ici le plus vite possible et de retrouver ma famille et mon ex.

— Très bien, on progresse. Vous savez que pour ça, vous n'avez plus le droit à l'erreur ?

— Oui, je suppose.

— Nous avons visionné l'enregistrement vidéo de votre altercation, et nous avons constaté que Monsieur Staros était venu vous provoquer juste avant l'altercation, c'est exact ?

— C'est exact. Je me dirigeais tranquillement pour aller voir un ami, et il s'est mis en travers de mon chemin en me demandant de venir avec lui.

— Je vois, certainement une demande de son chef de bande. Je n'aime pas tellement ces types non plus, mais ce n'est pas une raison pour justifier ce que vous avez fait.

— Je comprends, je m'en excuse.

Ce directeur a l'air pas si mal, en fin de compte. Mise à part sa tête de premier de la classe, j'ai vraiment l'impression qu'il souhaite faire quelque chose pour moi.

— Du coup, je peux sortir du trou et passer la nuit dans ma cellule ?

— Pas si vite, ce soir vous dormirez au trou. Mais si vous acceptez ma proposition, il se pourrait que vous puissiez regagner votre cellule dès demain.

— Votre proposition ? C'est-à-dire ?

— Nous allons lancer un programme de remise en forme : quarante-cinq minutes de sport le lundi, mercredi et vendredi avec les détenus qui le souhaitent. C'est un nouveau programme qui va voir le jour la semaine prochaine et nous cherchons quelqu'un pour donner ces cours. À en voir votre carrure, vous avez certainement déjà passé quelques heures dans une salle de sport, n'est-ce pas ?

— Affirmatif, Monsieur !

— Seriez-vous intéressé par donner ces cours ?

— Donner des cours à tous ces tocards et endurcir un peu leurs corps de mauviette ? Sérieux ?

— Surveillez un peu votre langage, monsieur Miller.

— Excusez-moi, je me suis un peu emballé. Oui, bien sûr, ça m'intéresse.

— Parfait. Je ne vous promets rien pour l'incident d'aujourd'hui, mais si vous vous investissez dans ce cours, que tout se déroule bien et que la suite de votre séjour se passe sans encombre, je ferais mon possible pour qu'il n'y ait pas de répercussions sur la durée de votre incarcération.

— Merci, je vais essayer de faire de mon mieux.

— N'essayez pas, monsieur Miller, faites-le ! Si vous dérapez une nouvelle fois, vous pouvez oublier cette proposition et je peux vous assurer que votre peine sera prolongée de plusieurs mois...

Je crois que ce mec a réussi à me cerner et a compris comment me parler. La situation n'est toujours pas des plus séduisantes, mais elle vient sérieusement de s'améliorer, alors je vais tâcher de prendre sur moi et de ne plus me faire remarquer. En même temps, vu la violence avec laquelle j'ai éclaté la tronche de ce type, je ne pense pas qu'il y ait quelqu'un d'assez con pour venir une nouvelle fois me chercher. Mais on ne sait jamais, certaines personnes ici sont tellement stupides que ça ne m'étonnerait même pas. Je souffle un grand coup, ça va déjà un peu mieux, je suis heureux d'avoir eu cet échange.

— Je vous propose de faire de nouveaux le point dans deux semaines et de voir comment les choses ont alors évolué.

— Ça me convient, merci, Monsieur.

Le directeur se lève d'un coup puis demande à Mike et son collègue de me ramener au trou pour y passer la nuit. Je m'en tire vraiment bien. Sans cette rencontre, j'aurais pu y rester sept jours entiers.

Les gardiens me ramènent, je vois à la tête de Mike qu'il ne partage pas mon enthousiasme. Il ne doit pas vraiment apprécier ce traitement de faveur après ce qui s'est passé ce matin et cet après-midi.

Me revoilà au trou, la nuit va être longue….

Je repasse dans ma tête le film des sept derniers jours et je me rends compte qu'ils ont été complètement dingues ! Mon incarcération, ma rencontre avec Billy, deux voyages dignes d'un film de science-fiction, le jugement de ce matin et maintenant… le noir total. Waouh. D'habitude, j'aime l'aventure, mais là, le problème, c'est que la moitié des événements jouent vraiment en ma défaveur. Évidemment, je ne parle pas de la rencontre avec Billy qui, je dois bien l'avouer, est plus que positive. Elle est même incroyable. Si le mec de tout à l'heure ne s'était pas présenté sur mon chemin, qui sait si, à l'heure actuelle, je ne serais pas à Venice Beach ou dans un champ de maïs ? Un peu moins excitant, mais toujours cent fois mieux qu'ici ! Ou pourquoi pas dans un de mes souvenirs ? Il y a tellement de moments que j'aimerais revivre !

Malgré la glauquitude du lieu, cette nuit me permet de réfléchir à tout ce qui vient de se passer et aux différents choix que j'aurais pu faire par le passé. Lors de mon premier voyage comme dit Billy, c'est incroyable ce que j'ai vu. C'est comme si la personne que j'ai découverte, cette version de moi qui avait choisi de vivre avec ses grands-parents, était tout autre. La vie de ce mec était radicalement différente de la mienne et, pourtant, cet homme, c'était moi. Enfin, ça aurait pu être moi.

Conclusion : il faut vraiment que j'essaye de passer plus de temps avec Billy. À la fois pour en apprendre plus sur lui et pour voir comment il peut m'aider. Ce sera quand même la note positive de mon séjour ici : faire des voyages dans mes souvenirs. Non mais quel truc de cinglé quand même ! J'ai toujours du mal à y croire, je n'en reviens toujours pas, mais ça avait tout de même l'air bien réel. Le problème, c'est la durée de ma peine qui n'arrête pas de me revenir en tête. J'essaye de me concentrer sur autre chose, mais c'est impossible : tout ce sur quoi je porte mon attention s'évapore pour laisser place à comment je vais gérer la situation ici, comment je vais supporter de rester enfermé pendant si longtemps. On parle quand même d'un an et demi de ma vie. Vous imaginez tout ce qu'on peut faire pendant ce temps-là ? C'est fou.

Au petit matin, je me rends compte que je n'ai quasiment pas fermé l'œil de la nuit. Les pensées se sont succédé sans s'arrêter et je n'ai malheureusement pas trouvé de réponses à mes nombreuses questions. À 7 h 00, les gardes viennent me chercher pour me ramener dans ma cellule, et c'est déjà une bonne chose. Une seule nuit au trou après avoir explosé la face d'un autre détenu, autant dire que je suis vraiment chanceux sur ce coup-là. Et ce n'est pas comme si cela arrivait régulièrement. Quand j'arrive dans ma cellule, Jimmy est encore en train de ronfler. Pour une fois, je suis content de l'entendre ! Et je ne pensais pas dire ça une fois dans ma vie ! Je vais quand même vite le réveiller, pour lui dire que Papa est rentré à la maison : j'attrape mon coussin et lui mets un petit coup dans la jambe. Aucune réaction. Je décide donc d'y aller un peu plus fort et lui mets un petit coup sur la tête. Aussitôt, il se lève en sursaut, avec une traînée de bave sur le menton. Dégueulasse !

— Qui est là ? Qu'est-ce qui se passe ?

J'éclate de rire.

— Mec, j'aurais dû filmer cette scène, t'as tellement flippé, c'était magique.

— Je t'emmerde, Bart, qu'est-ce qui te prend et qu'est-ce que tu fais là d'ailleurs, t'es déjà sorti ?

— Eh oui, déjà, je voulais te faire un petit coucou.

— Tu pourrais me faire un coucou en douceur, non ?

— Mmmm, possible ouais, mais quand j'ai vu ta tronche, c'était trop tentant.

— J'en peux plus de toi.

— Mais si, mais si, tu m'aimes et tu le sais. On va sûrement passer les prochains mois de notre vie ensemble, donc il va falloir qu'on se supporte.

— Hier, t'as vraiment dérapé, mec !

— Oui, je sais. Enfin, oui et non, cette bande de tocards de Yadira devrait maintenant se calmer.

— Y'avait une mare de sang après, je crois que tu lui as pété le nez.

— Et comment que je lui ai pété le nez ! Le directeur m'a dit qu'il avait une double fracture du pif, je savais même pas que c'était possible ... Je suis assez fier de moi sur ce coup-là.

— T'es un grand malade, tu le sais ça ?

— Ouais, tu devrais être content. Vu que t'es mon voisin de cellule, on devrait pas venir te chercher des noises.

— Ah, tu m'as accepté dans ton cercle de relations proches, content de l'apprendre. C'est qui d'ailleurs le type avec lequel tu passes du temps dernièrement ?

— Un mec, rien de spécial, j'apprends à le connaître, on a quelques trucs en commun.

— OK, c'est pas vraiment le genre de type qui a l'air de t'attirer normalement, mais passons.

— D'où tu sors ça, toi ? Tu me connais depuis une semaine, l'oublie pas, je suis plein de surprises.

— Ça va mieux aujourd'hui à ce que je vois !

— Bizarrement, oui, c'est pas si mal aujourd'hui, malgré le fait que j'ai quasiment pas fermé l'œil de la nuit et surtout malgré la mauvaise nouvelle d'hier.

— Donc, t'as rencontré le directeur ?

— Oui, tu le connais ?

— Je l'ai vu une fois il y a un mois environ, il était plutôt cool, on a parlé de mon avenir et de comment je voyais les choses.

— Il m'a proposé de donner des cours de sport trois fois par semaine, tu le crois ça ?

— Sérieux ? Des cours de gym ? Ici, aux détenus ?

— Et oui ma poule, ICI ! Je compte sur toi pour être mon meilleur élève…

— Ouh la, le sport et moi, c'est pas une histoire d'amour !

— À voir le truc dégueulasse qui te sert de corps, t'as l'air de dire vrai !

— Tu peux pas être gentil des fois ?

— Allez, mec, utilise le temps que t'as ici pour faire quelque chose dont tu seras fier à la sortie. T'as quoi à perdre ?

— T'as peut-être pas tort… J'irai à ton premier cours et on verra comment ça se passe.

— T'inquiète, je vais faire de toi une machine de guerre, un guerrier sans peur ni limite, une boule de testostérone, un rouleau compresseur qui va faire chavirer les cœurs…

— J'ai une femme, l'oublie pas !

— Ah oui, c'est vrai, bah pense à elle quand tu vas sortir et qu'elle verra ton nouveau corps de champion.

— Je pense en effet qu'elle ne sera pas mécontente, mais y'a du boulot.

— T'inquiète, j'ai vu pire ! En même temps, avec la bouffe qu'ils te servent ici, je suis sûr que t'es déjà un peu moins gras que quand t'es arrivé !

— Merci du compliment.

— Je t'en prie. Alors, partant ?

— On va essayer.

Je continue un peu de discuter avec Jimmy, puis la cloche sonne pour le petit déjeuner. Je fais un rapide saut à la table des gros bras pour leur annoncer la nouvelle des cours de gym, mais mon objectif n'est pas de traîner là très longtemps. Ce que je veux, c'est trouver Billy au plus vite. Après quelques mots échangés avec Rendy et la bande, je le croise enfin du regard. Il s'est installé tout seul à quelques tables de là où je suis.

— Les gars, je vous laisse un peu, je reviens.

— Quoi, déjà ? Tu vas encore rejoindre ce type là-bas ?

Rendy va commencer à se poser des questions, mais je ne peux rien lui dire, il ne comprendrait pas.

— Ouais, ça te pose un problème ?

— Non, mais bon, je pensais juste que ta bande, c'était nous, pas un sexagénaire sorti de nulle part qui est enfermé depuis plus de quarante ans.

— Ça va, ça va, je vais pas disparaître, n'oublie pas que je suis ici pour un bon petit paquet de temps. Je vais en avoir du temps pour écouter tes conneries et toi les miennes.

De loin, je sens sur moi les regards de la bande de Yadira. Ils ne doivent pas trop comprendre pourquoi je suis déjà sorti du trou. Quand je pense à leur tête lundi, quand ils vont voir que je dirige des cours de sport !

Je me lève et marche en direction de Billy. Cette fois-ci, personne ne devrait venir s'interposer entre nous. J'arrive à sa hauteur, il me regarde d'un air distant, puis me fait signe de m'asseoir. J'avais pas vraiment besoin de son approbation, mais si ça peut lui faire plaisir.

— Salut, Billy!

— Alors, comment c'était le trou ?

— T'y es déjà allé ?

— Jamais

— Jamais, jamais ?

— Non, jamais.

— OK, bah, c'est noir, petit et crado, ça résume bien les choses, je crois.

— Je vois, je vois. Tu t'es donné en spectacle hier, dis-moi !

— On peut dire ça. Disons que j'ai remis à sa place quelqu'un qui s'était égaré.

— Tu sais que ce type de comportement, c'est ce qui te ramènera toujours ici ?

— Ça va, c'est juste une petite embrouille, pas la fin du monde !

— C'est pas la petite embrouille comme tu dis le problème.

— Ah bon, et c'est quoi alors ?

— Le problème, c'est que tu as laissé tes émotions prendre le dessus, tu n'étais plus maître à bord. Je t'ai vu me regarder, juste avant que tu défonces la tête de ce type, tu étais proche de pouvoir te contrôler, mais tu as fini par céder, tes émotions ont pris le dessus.

— C'est possible. Il m'a bien poussé à bout, en même temps. Et finalement, j'ai passé qu'une nuit au trou. Et puis, figure-toi que la semaine prochaine, je vais commencer à donner des cours de sport. Donc, je m'en sors pas si mal.

— C'est ce que j'ai entendu dire, oui. Tu t'en tires très bien même. Mais, dis-toi qu'à chaque fois que tu agis sous le coup d'une émotion négative, tu le regretteras dans la majorité des cas. Avant de prendre une décision, prends le temps de te poser, de respirer, de sortir de l'émotion, pour ensuite décider en pesant le pour et le contre, ça t'évitera de faire des bêtises de ce type.

— OK, OK, je vais essayer, mais c'est pas si évident que ça.

— Tu auras peut-être l'occasion de t'y entraîner bientôt.

— M'y entraîner, comment ?

— Tu verras, je te laisse la surprise.

— J'aime pas trop les surprises, mais passons. Avec tout ce que j'ai vécu ces dernières heures, tu penses pas qu'un saut à Venice Beach serait bien mérité pour moi ?

Billy me regarde d'un air pensif.

— Non, je ne pense pas que ce soit ce dont tu as besoin.

— Ah bon, et de quoi j'ai besoin alors ? Du champ de maïs ? Je ne suis pas vraiment fan, mais bon, pourquoi pas, une petite escapade me fera le plus grand bien.

— Ce dont tu as besoin, c'est de mettre en pratique. Aujourd'hui, tu seras tout seul, à toi de te débrouiller.

Billy termine à peine sa phrase qu'il m'attrape la main et, comme d'habitude, tout commence à se déformer autour de moi. Cette fois-ci, c'est beaucoup plus lent, tout est plus calme, comme si c'était au ralenti. Après un petit moment, je vois toujours le même type de tunnel dans lequel je suis aspiré et c'est là que la partie flippante commence. Quand je suis « aspiré », tout s'accélère, je me fais trimballer dans tous les sens, sans pouvoir rien contrôler. Il y a plein de couleurs qui apparaissent mais aucune image, rien que je puisse vraiment distinguer. Je ne vois que des couleurs très vives. Je crie comme la première fois, comme un dingue. Puis, au bout d'un moment, c'est le noir complet. Mais j'entends de la musique. Quelque chose frappe ma tête, une fois, deux fois, trois fois. C'est quoi ce bordel ? Je reprends difficilement mes esprits, puis j'entends une voix :

— Bart, bordel, tu dors ou quoi ? T'es déjà bourré ?

Je relève tout doucement la tête et aperçois Marco, un pote d'école, avec qui j'ai passé pas mal de soirées, en face de moi. Il s'apprête à me remettre une tape sur la tête quand il me voit reprendre mes esprits. À notre table, Jim, un autre pote d'école que je connais aussi depuis un petit moment, est également là. Mais ce n'est pas tout : je découvre deux déesses plutôt mignonnes qui, à première vue, ont l'air de s'enfiler des shots de tequila avec nous.

On se trouve dans un bar assez connu d'Atlanta, le Hipster. J'y ai passé beaucoup, beaucoup de soirées, peut-être un peu trop d'ailleurs. Le bar est rempli, comme c'était le cas la plupart du temps. J'ai les idées pas très claires, un gros mal de tête et j'ai du mal à atterrir, j'essaye alors de réfléchir à pourquoi je me trouve ici.

— Hey, Bart, mais qu'est-ce qui t'arrive ? T'es avec nous ou pas ? Tu parles plus depuis cinq minutes.

Marco m'interpelle une deuxième fois.

— Je suis là, je suis là, je me sens juste un petit peu bizarre.

— Bizarre, mais on vient d'arriver, t'as bu que deux bières et un shot !

— T'inquiète pas, ça va déjà mieux.

Je commence tout doucement à reprendre mes esprits. À chaque fois, ces voyages sont violents, mais c'est la première fois que je me sens aussi mal.

— Je vous laisse deux minutes, je vais prendre l'air et je reviens.

Je décide d'aller aux toilettes rapidement pour voir ma tronche, ça me donnera déjà une petite idée de l'âge que j'ai.

J'ouvre la porte et me trouve en face d'un grand miroir. Waouh, c'est plutôt récent ça, je pense que ça doit être il y a cinq, six ou sept ans en arrière, je dois avoir vingt-cinq ans environ et je dois dire que je me trouve encore plus beau gosse que maintenant. Je me souviens maintenant, je comprends pourquoi je suis là, ça doit être la soirée où Marco et moi avons fini au poste, après avoir eu une embrouille avec une autre bande. Cette soirée m'avait d'ailleurs attiré pas mal de problèmes. Je dois être ici pour expérimenter cette histoire d'émotions dont m'a parlé Billy juste avant que je parte ! Complètement délirant. À en croire Marco, on vient juste d'arriver ; il doit être assez tôt. Si mes souvenirs sont bons, on a dû finir au poste vers trois ou quatre heures du mat', ça me laisse donc un peu de temps pour éviter que ça parte en couille avec ces mecs. Je me balance de l'eau sur le visage, reprends mes esprits ; j'ai quand même bien l'intention de profiter de la soirée. Je veux bien apprendre, mais bordel, je vais quand même m'enfiler quelques bières et shots et délirer autant que je le peux. En évitant, bien sûr, cette fois-ci, que ça dérape. Que la fête commence !

Chapitre 7

MISE EN PRATIQUE

J'imagine la tête de mes potes si je leur disais :

« Hey, au fait les gars, au moment où je vous parle, je suis en taule. Si vous me voyez, c'est que je suis en fait en train de voyager dans mes souvenirs. Une sorte de voyage spatio-temporel. Et ce soir, si on change rien, on va tous finir au poste et s'attirer pas mal de problèmes. Oh, et puis au fait, Marco, dans deux ans, ta femme Alexia va te larguer, après t'avoir trompé avec un de tes potes qui est peut-être là dans les parages d'ailleurs. » Je me souviens que j'avais dû le ramasser à la petite cuillère après cet épisode. Il s'était pointé à mon appartement en me racontant toute l'histoire, il avait passé la nuit sur le canapé et il avait fallu que je le retienne de ne pas aller éclater la tronche du mec en question. En l'occurrence, c'était aussi un de nos potes, donc ça avait foutu un sacré bordel dans notre équipe. Puis, petit à petit, Marco s'était remis. Après tout, c'est la vie, il y a des hauts et des bas, faut encaisser.

Je dois dire qu'en ce moment, je traverse un sacré bas, mais si Billy est capable de me faire évader comme ça régulièrement, ce sera un peu moins dur, j'imagine. Difficile à dire, parce que la peine dont j'ai écopé est quand même sacrément longue !

Quand je m'approche de la table, Marco est toujours là avec un autre pote du nom de Derby et deux charmantes demoiselles, Katrina et Angélique. On avait passé quelques soirées avec elles si mes souvenirs sont bons, et je crois bien qu'une des deux, Katrina, avait fini dans mon lit. Et il me semble que c'était justement après cette soirée.

Voyons si je peux accélérer les choses… Je serais pas contre une partie de jambes en l'air entre deux verres !

— Bart, t'es dans tes pensées ?

Comme par hasard, Katrina m'interpelle.

— Oui, en fait je pensais à toi !

— Ah bon, et tu pensais à quoi exactement ?

Mmmm, est-ce que je lui dis vraiment ce qu'il vient de me passer par la tête ? Pas sûr que ce soit une bonne idée. Et puis, merde, bien sûr que je lui dis ! J'ai quoi à perdre ? Après tout, je suis pas vraiment ici, mon vrai moi, si je peux dire ça, est ailleurs à l'heure actuelle.

— Pour être honnête, je pensais à comment j'allais t'envoyer au septième ciel quand tu auras fini ton verre !

Tout le monde éclate de rire et Marco me met une tape dans le dos :

— J'hallucine, toi t'es vraiment mon pote. Plus cash que toi, ça n'existe pas !

— Que veux-tu, je suis honnête au moins !

Katrina est devenue toute rouge, mais n'a pas l'air si choqué que ça.

On enchaîne les pintes et les shots pendant que Katrina et moi continuons à nous rapprocher et à nous lancer des regards assez éloquents. Je regarde l'heure sur la grande horloge accrochée au comptoir du bar : minuit et demie. Il me semble que l'incident a eu lieu bien plus tard. Aussi, je me dis que j'ai encore le temps. Je décide de passer à la vitesse supérieure avec Katrina. Je passe ma main sous la table et la pose sur sa cuisse, elle me regarde, sourit du coin des lèvres, me prend la main et la remonte légèrement. C'est le signal que j'attendais. Je me lève d'un coup et dis à voix haute que je vais aux toilettes. Je fais un signe à Katrina pour lui faire comprendre de me rejoindre dans quelques minutes, histoire de pas être grillés par tout le monde. Je me lève de la table et me dirige vers l'entrée des toilettes. C'est blindé de monde, le bar est plein à craquer. Comme je l'avais prédit Katrina, me rejoint.

— Qu'est-ce que tu fais devant les toilettes, cow-boy ?

Et elle me met sur la tête le chapeau qu'elle portait.

— Cow-boy, ça me plaît plutôt bien ! je lui réponds en la plaquant contre le mur.

Je soulève sa jambe avec ma main droite, m'approche de sa bouche et commence à l'embrasser pendant de longues minutes ; ça devient chaud bouillant. Je décide de lui prendre la main et ouvre la porte des toilettes.

— Arrête, arrête on va pas aller dans les toilettes quand même !

— Fais-moi confiance.

Je me mets à tousser très fort puis à crier à tout le monde que je suis malade.

— Poussez-vous, poussez-vous ! Je vais gerber, poussez-vous.

Je dépasse tout le monde tout en tenant la main de Katrina. Un mec s'apprêtait à aller dans un des deux W.C., je le bouscule gentiment et prends sa place, puis on rentre dedans avec Katrina en riant aux éclats.

— T'es vraiment un dingue, toi, tu sais !

— Dingue de toi, oui !

Bon d'accord, je devrais à ce moment-là ne penser qu'à Julia en me disant que c'est elle la femme de ma vie, mais c'est pas tous les jours qu'on peut s'évader de prison en toute légalité ! Et puis, je vous le rappelle, à cette date-là, je ne connais pas encore Julia !

Je continue d'embrasser Katrina, puis descends vers son cou, avant de lui enlever son chemisier. Je vous épargne les détails, mais la suite a été… stratosphérique !

Après quinze minutes environ, quelqu'un toque à la porte.

— C'est pas un baisodrome ici, sortez de là, y'a des gens qui attendent !

Après environ vingt minutes passées ensemble, on se rhabille tout doucement.

— C'est bien la première fois qu'un mec m'emmène dans les toilettes. Peut-être qu'on pourrait continuer chez toi ce soir ? Qu'est-ce que t'en penses ?

— Il faut une première à tout, ma belle. Les expériences, c'est ce que t'emporteras avec toi lors de ton dernier soupir (c'est une phrase que mon barjo d'oncle me répétait constamment). Bien sûr que l'on va filer chez moi tout à l'heure. Rejoignons les autres, puis on s'éclipsera dans quelque temps.

En espérant que je ne finisse pas ma soirée au poste ou que je ne me fasse pas aspirer par un tunnel !

— J'aime ce plan !

Quand on rejoint l'équipe, il y a trois ou quatre nouvelles têtes autour de la table. Impossible de s'asseoir, on est plusieurs à être debout. Il ne faut pas très longtemps au reste de la bande pour commencer à nous charrier. Pas la peine de faire un dessin, tout le monde sait ce qui s'est passé. On se met à rire tous les deux, Katrina et moi. On est plutôt complices, je trouve. Un bon match, je dirais même ! Rien à voir avec ma Julia, mais quand même chouette. Le temps passe, les verres défilent, l'ambiance est hystérique dans le bar, avec de la musique country en fond sonore. Le bar se remplit de plus en plus, il est maintenant quasiment impossible de circuler.

— Hey, Bart ! Regarde ces mecs là-bas, c'est eux qui m'ont viré de chez Racho l'autre soir.

Et merde, je sens que les embrouilles commencent. Pour tout vous expliquer, Racho, c'est un petit bar à deux pas d'ici.

— Comment ça, ils t'ont viré ?

— J'étais avec une gonzesse dimanche dernier, ils sont arrivés et voulaient la table sur laquelle on était. J'ai dû dégager, j'étais tout seul et eux cinq. Mais maintenant, on pourrait aller leur piquer leur table, elle a l'air plus confortable que la nôtre !

Je jette un coup d'œil à la bande et reconnaîs en effet les mecs avec lesquels on avait fini au poste. L'histoire était partie en énorme baston générale. Je sais que si on va les voir, je ne pourrai certainement pas enrayer ça... En même temps, j'ai pas vraiment envie de décevoir Marco, et comme j'ai déjà un bon coup dans le nez, je crois que ça n'arrange pas les choses. J'essaie de reprendre mes esprits et de réfléchir : d'un côté, je m'en fous totalement que ça parte en baston, mais comme je suis là pour apprendre et faire de meilleurs choix, ce serait quand même dommage de pas faire le moindre effort. Donc, c'est quoi le plan ? Soit je dis à Marco de laisser tomber en inventant un prétexte, soit on va quand même les voir et j'essaie de calmer la tension une fois à leur table... Bon, la première option me paraît quand même plus raisonnable.

— Laisse tomber, mon pote. Si on va les voir, ça va partir en couille, c'est clair, et il y a des chances qu'on se fasse virer d'ici ou pire, qu'on finisse au poste.

— Je m'en tape de ça, mec. Ces types m'ont littéralement manqué de respect. Allez, Bart, regarde, ils sont que trois, on demande à Djerko de venir avec nous et cette fois-ci ce sera trois contre trois.

Djerko est un de nos potes et il a l'air déjà bien bourré aussi.

— Je suis partant, les gars.

Bien sûr qu'il est partant, bordel ! Comment j'arrange ce truc ? Je ne suis pas magicien non plus !

— Écoutez, les gars, on peut y aller, mais c'est clair que ça va mal finir, donc j'ai une question pour vous... Vous avez envie de continuer à profiter de la soirée ou vous souhaitez qu'on se fasse virer tout de suite avec des chances de ne plus jamais pouvoir revenir ici et de dormir ce soir au poste ?

Je crois avoir trouvé la bonne question pour qu'ils se calment. Mais, d'un coup, Djerko lève sa bière et se met à crier :

— On manque pas de respect à mes potes, je vais éclater ces petits cons !

Et merde !

Marco me regarde, puis se lève également.

— J'y vais avec ou sans toi, Bart !

Les filles essaient de les faire revenir à la raison, mais rien à faire, ils commencent à se diriger vers les mecs en question. Je crois qu'on va devoir passer à l'option deux.

Je me lève également, regarde Katrina et lui dis que je n'en ai pas pour longtemps. En espérant que je dise vrai…

J'arrête juste à temps Djarko et Marco avant qu'ils n'arrivent à leur table.

— Je viens avec vous, les gars, mais vous me laissez parler en premier, compris ?

— Ça me va.

Ils acquiescent tous les deux.

On arrive à la fameuse table. Je découvre trois mecs avec un style de bikers : boucles d'oreilles, piercings, tatouages… Je me souviens parfaitement du mec sur la droite avec sa barbe, je me souviens surtout lui avoir mis un coup de tête qui avait déclenché toute la baston.

— Salut les gars, vous vous souvenez de lui ?

Je montre Marco du doigt.

— T'es qui, toi ? Dégage de là.

La conversation commence plutôt mal.

— Écoute-moi avant de faire le guignol. Il y a trois jours, t'as viré mon pote de sa table chez Racho.

— On a viré personne, cassez-vous de là.

Si mes souvenirs sont bons, c'est lorsque le mec à la barbe, qui vient de prendre la parole, a prononcé sa deuxième phrase que je lui avais mis un énorme coup de tête, ce qui ne lui avait pas vraiment plu, comme vous pouvez vous en douter. Bon, cette fois-ci, jouons-le d'une autre manière, ces mecs doivent avoir un énorme ego, un peu comme moi et, si je leur lance un challenge, il y a des chances qu'ils mordent à l'hameçon.

— Écoute, on voudrait récupérer votre table. On va la coller à la nôtre, comme ça on aura plus de place.

— Tu peux rêver mec. Je t'ai pas déjà dit de te barrer d'ici ?

Marco et Djerko commencent à se chauffer et Marco prend la parole.

— C'est toi qui vas te barrer ou on t'éclate la gueule ici et maintenant !

— C'est à moi que tu parles, là ?

Le mec à la barbe se lève et ses deux potes le rejoignent d'un même élan. Soit je trouve un truc maintenant, soit ça va partir très vite.

— On se calme, tout le monde, j'ai un truc à vous proposer.

— Non, mais t'as pas compris, on veut que tu te barres nous, c'est tout.

— Malheureusement, cette option n'en est pas une, je vous propose un combat à la loyale… Je prends deux d'entre vous aux bras de fer, à la suite. S'il y en a un qui est capable de me battre, on se barre et, en prime, on vous paye vos verres de la soirée. Si je gagne, vous dégagez et votre table est à nous ! Qu'est-ce que t'en penses ?

Il regarde ses potes et ils se mettent à se marrer.

— Tu penses vraiment que tu vas nous battre ?

— C'est pas ce que je pense, c'est ce qui va se passer.

Marco me regarde avec l'air de douter, il ne doit pas vraiment reconnaître mon comportement. Où est passé le Bart qui aurait dégainé un coup de tête direct ? Il acquiesce quand même et se met à crier à tue-tête :

— Concours de bras de fer !

Marco aurait bien voulu en être aussi, je pense, mais à mon avis, il est déjà trop bourré pour espérer gagner, ces mecs ont quand même l'air costaud.

— OK, donc ce sera moi et mon pote Djilo juste ici.

Le barbu désigne un de ses potes, le plus carré des deux, et reprend la parole.

— Amène-toi. Commence par mon pote Djilo et ensuite tu auras affaire à moi.

— Ça me va !

On débarrasse tout ce qu'il y a sur la table, et Katrina et toute notre équipe nous rejoignent. Il y a au moins trente personnes autour de nous. Toute notre bande commence à crier « Bart, Bart, Bart, Bart ». Marco, me regarde.

— Éclate-le !!

Je ne suis pas encore complètement sûr que ça ne dégénérera pas, mais je crois que mon plan est plutôt pas mal pour le moment. Je m'assois à la table avec le fameux Djilo en face de moi. Il a l'air assez musclé aussi, mais je ne me fais pas trop de souci, je devrais pouvoir le rétamer. On s'est entraîné au bras de fer pendant des années avec mon oncle, on lançait souvent des concours de ce type dans des bars qu'on sillonnait, donc c'est loin d'être une première. Et il était assez rare que je perde ! Mais c'est quand même arrivé une fois. Je me souviens de ce jour comme si c'était hier. On avait challengé une équipe d'Australiens dans le Kentucky, et l'un d'eux m'avait plié en moins d'une minute. Pareil pour mon oncle d'ailleurs, ce qui n'était pas vraiment dans son habitude !

Je saisis la main du mec en face de moi, pendant que Marco me crie dans les oreilles comme un dégénéré. Je sens la présence de Katrina juste à côté de moi ; c'est le genre de truc qui va me booster encore plus.

Le mec barbu s'approche et pose ses mains sur les nôtres.

— À mon top, vous pourrez démarrer !

Je sens déjà la main de l'autre qui commence à forcer, je le regarde droit dans les yeux, puis je referme aussi ma main avec un peu de pression pour lui faire comprendre qui est le patron.

— Vous êtes prêts ?

Le barbu regarde son pote.

— Je compte sur toi, Djilo !

D'un coup, il enlève sa main et lance : « C'est parti ! »

Je mets direct un coup de pression, mais pas à mon max, juste pour voir la retenue que le mec a. On est au milieu, aucun avantage pour lui, aucun pour moi. Il commence à forcer encore plus, je garde la même pression, ma main commence alors à faiblir un peu dans le mauvais sens…

— Bart, mais qu'est-ce que tu fous ? Allez, bordel !

À côté de moi, Marco est comme un fou. Je continue de fixer le mec droit dans les yeux. On est toujours légèrement penché sur le côté droit. Après quinze secondes, il comprend qu'il n'arrive plus à faire descendre ma main, je resserre alors encore plus la pression sur la sienne et commence tout doucement à mettre quelques coups de pression sur la gauche tout en continuant à le fixer droit dans les yeux. Son regard est fuyant, sa tête commence à se déformer, il fait tout un tas de grimaces. De mon côté, je reste quasiment de marbre. Je décide alors d'attaquer au max. On est déjà revenu au milieu et je desserre un peu la pression pour prendre mon élan, puis serre d'un coup et mets le max de pression. Sa main faiblit petit à petit, on penche tout doucement sur la gauche, je remets un dernier coup de pression, et… c'est la fin ! Je viens de lui éclater la main sur la table ! Djerko attrape sa pinte et la renverse sur sa tête en criant comme un psychopathe :

— Tu l'as niqué, tu l'as niqué !!!

Marco me prend dans ses bras et me félicite, l'ambiance est à son maximum, mais c'est pas fini, j'ai encore Tête-à-barbe à battre !

Il a d'ailleurs pas l'air très content de ce qui vient de se passer. Il regarde son pote, lui dit de se pousser, et s'assoit face à moi.

— Et si t'essayais de faire pareil avec moi maintenant ?

— Tu sais quoi, c'est exactement ce que je vais faire. Amène ta main par ici.

Pas le temps de souffler que ma main est déjà sur la table, je suis au taquet, prêt à l'exploser lui aussi. Il attrape ma main et la serre direct avec pas mal de pression. Cette fois-ci, c'est Marco qui donne le top départ.

— Allez, Bart, défonce-le !

Ma bande de potes continue de m'acclamer comme si j'étais un dieu et j'aime ça, bordel ! Quelle soirée de dingue ! J'en oublierais presque que mon vrai moi est enfermé en taule !

On attaque direct et je dois dire que le barbu a déjà plus de poigne que son pote. Il devient très vite tout rouge et je crois que moi aussi. Cette fois-ci, je suis quand même un peu moins serein. Nos mains sont toujours en plein milieu et font trembler la table. Aucun de nous deux ne bouge d'un poil. À côté, les gens commencent à crier pour nous encourager !

J'envoie tout ce que je peux mais il ne flanche pas. Je vois aussi à sa tête qu'il est à son max ! Bordel, il va faiblir ou quoi !

Je commence à crier comme un dingue :

— Je lâcherai pas, jamais !

Après environ une minute, j'ai une légère avance, ça penche légèrement sur la gauche, mais pas de quoi l'emporter. Le troisième pote du barbu se met à côté de lui et crie aussi à son oreille pour l'encourager. Cette scène est mythique, tout le monde est hystérique autour de nous. Ça continue à pencher un peu vers la gauche et encore un peu et encore... Je gagne quelques millimètres à chaque seconde. Je suis à bout, je donne absolument tout ce que j'ai, je serre sa main de toutes mes forces. Il me regarde avec un air d'enragé. D'un coup, je décide de lâcher un peu de pression pour prendre de l'élan et tenter de conclure. Nos mains reviennent alors au milieu, légèrement penchées à droite, puis je remets tout ce que j'ai avec de l'élan et on repenche à gauche. Cette fois-ci, je suis à mi-chemin, mais il résiste encore. Je dois dire qu'il est plutôt très bon. Il crie aussi et je comprends qu'il est à bout, il va bientôt lâcher. Je décide alors de remettre un énorme dernier coup de pression et sa main penche et penche, on est à deux doigts de toucher la table, mais il résiste encore. Et puis, d'un coup, il lâche complètement et j'écrase sa main sur la table.

Toute ma bande saute de joie et crie mon nom. Je regarde le barbu.

— Je crois que c'est terminé pour vous, les gars!

— Ouais, ouais, bien joué!

Je décide alors de lui serrer la main en signe de respect. Geste qu'il accepte. Leur groupe s'éclipse et nous laisse la table. Marco a l'air satisfait. La soirée avec Katrina et tous les autres, notamment Djerko qui ne tient définitivement plus debout, peut continuer !

Je crois que cette fois-ci, j'ai fait les bons choix !

La suite se déroule sans encombre et, même après cet événement, pas de tunnel, pas d'aspiration, rien ! C'est comme si c'était la vraie vie et que j'allais rester ici. Après une bonne heure, je regarde Katrina et lui demande si elle veut rentrer, elle me dit que oui. Je me lève et salue tous mes potes. C'est un peu particulier, car je sais que je ne suis pas près de les revoir. Je fais une grosse accolade à Marco et lui dit de bien faire attention à lui.

— T'inquiète, mon pote, je vais bientôt rentrer aussi.

Je regarde l'heure sur la grande horloge, 2 h 35 du mat', l'heure parfaite pour rentrer. Je prends la main de Katrina, on quitte le bar et on se retrouve dehors. Devant la porte, il y a encore pas mal de monde en train de fumer des clopes et de la weed. Je décide d'appeler un Uber. Mon appartement n'est pas si loin que ça, mais on n'est pas vraiment en état de marcher. Heureusement, le Uber arrive rapidement. Assez vite, on arrive dans la petite cour du building où j'ai mon appart, puis on arrive chez moi. Dès que j'ouvre la porte, on sent une forte odeur de clopes, pas vraiment des plus agréables, et une boule de poils se met à courir dans notre direction tout en aboyant comme un dingue. Botcus, mon chien ! Je crois qu'il est aussi barjo que son maître. Il saute sur Katrina et la fait quasiment tomber en arrière.

— Calme-toi, calme-toi, papa est rentré.

Je me dirige vers la cuisine et ouvre la porte d'une étagère. Si je me souviens bien, les croquettes sont ici. Bingo !

J'attrape une poignée de croquettes et la lance dans sa gamelle, voilà qui devrait le calmer un peu. Ça me fait vraiment plaisir de le voir, parce que dans la « vraie » vie, il est mort depuis déjà plusieurs années.

Je dis à Katrina de se mettre à l'aise pendant que j'essaie de faire disparaître le tas de fringues qu'il y a sur mon canapé. Bordel, c'est un vrai foutoir ici, je me souvenais plus que j'étais aussi désorganisé !

— Tu m'excuses pour le bordel !

— T'en fais pas, je suis pas là pour faire un contrôle des lieux.

Son petit air coquin me donne de nouveau envie de lui sauter dessus. Elle s'assoit sur le canapé et je commence à l'embrasser, je la déshabille tout doucement tandis qu'elle fait de même pour moi. On fait l'amour, puis je la soulève et l'emmène sur le comptoir de la cuisine, pour continuer la partie !

On finit ensuite dans mon lit. Quel pied, quelle soirée ! Je n'en reviens pas.

Le lendemain matin, je me lève, ouvre les yeux avec difficulté, j'ai la tête un peu en vrac. Je regarde mon portable, 9 h 30 : je commence à réaliser que je suis toujours ici et que le voyage continue. Je vais peut-être rester des jours, voire des semaines ici, qui sait. Imagine le truc de dingue ! Katrina est à côté de moi, elle dort toujours. Je me souviens que Julia est entrée dans ma vie quelque temps après. À cette époque, j'étais célibataire. Donc normalement, je n'ai pas besoin de me faire de souci, aucune nana ne va rentrer dans l'appart et faire une crise d'hystérie en découvrant Katrina dans mon lit ! Je la laisse dormir, me lève et réalise à quel point cette situation est bizarre. Je me dirige vers la salle de bain et décide de me brosser les dents, j'ai une putain d'haleine de chacal. Si Katrina se lève et décide de m'embrasser, il y a des chances qu'elle me gerbe dessus ! Pas très glamour, je sais. Je me pointe devant la glace pour regarder ma tête de déterré, attrape mon tube de dentifrice et me brosse les dents.

D'un coup, je fais un bond de deux mètres en arrière ! C'est quoi ce délire ? Je me retourne et qui je vois ? Billy !

— Mais qu'est-ce que tu fous là, toi ?

Chapitre 8

LES HABITUDES

— C'est grâce à moi si t'es là, il me semble, donc j'ai le droit de te rendre une petite visite, non ?

— Oui, mais bon, tu pourrais peut-être frapper à la porte. La salle de bain, c'est pas vraiment l'endroit idéal pour dire bonjour, si ?

— Je suis d'accord avec toi, Bart, mais je ne contrôle pas vraiment là où j'arrive, enfin pas précisément, on va dire.

— L'angoisse ! Ça veut dire que t'aurais pu atterrir dans mon pieu pendant que j'étais en train de m'occuper de la petite ?

— Ah, tu n'es pas tout seul alors ?

— Non, disons que la soirée a été… mouvementée !

— Et si tu me racontais ça ?

— OK, mais sortons de là, ça me fait flipper de nous voir tous les deux ici.

J'imagine la tête de Katrina si elle ouvre la porte de la salle de bain. Je me dirige vers le salon avec Billy et on s'assoit sur le canapé. Katrina dort toujours, je préfère ne pas la réveiller.

— T'aurais pas un café par hasard ?

— Tu t'es cru chez ton grand-père ou quoi ? En même temps, je crois que je te dois bien ça. Oui, j'ai du café, enfin, j'en sais rien en fait. Mais j'avais tout le temps des réserves avant, donc je suppose que oui.

Après avoir fouillé dans les placards, je nous prépare deux grosses tasses de café, pendant que Billy feuillette un magazine qui traîne sur la table.

— Alors, cette soirée ?

— Eh bien, hier soir, j'étais dans un bar. J'ai revécu une soirée que j'avais passée il y a plusieurs années avec des potes et qui avait dégénéré. On avait tous fini au poste. Mais, cette fois-ci, les choses se sont mieux déroulées.

— Génial. Et qu'est-ce que tu as fait de différent ?

— Je suppose que j'ai suivi tes conseils. J'ai réfléchi avant d'agir, et ça a apparemment marché. C'est un bon début, mais j'ai encore plein de choses à t'apprendre.

— Ah oui ? En gros, je suis officiellement devenu ton disciple ? Est-ce que je vais devoir me mettre à genoux aussi pour baiser tes pieds dès qu'on va se voir ?

— Tu peux arrêter de raconter des conneries parfois ?

— Ça fait partie de mon charme, non ?

On entend la porte de la chambre s'ouvrir, Katrina vient de se lever. Je me lève aussi pour aller la serrer dans mes bras.

— Salut, ma belle, comment tu fais pour être aussi jolie dès le matin ?

— Ha, Ha, j'ai plus l'impression que ma tête va exploser !

— En effet, on a fait assez fort hier soir, je t'offre un café ? Ah, faut aussi que je te présente. Voici Billy.

Katrina s'approche de Billy et lui serre la main. Elle n'a pas l'air plus étonnée que ça de découvrir un pote assez âgé chez moi. On échange pendant quelques minutes en buvant un café, puis elle part. Elle doit aider sa mère pour un déménagement. En lui disant au revoir, je me rends compte que je ne sais même pas si je la reverrai un jour… En même temps, ce ne serait pas vraiment une bonne idée, puisque c'est Julia que je veux, pas Katrina. Même si la nuit que je viens de passer sème un peu le doute dans ma tête...

Après son départ, Billy me propose d'aller marcher dehors.

— Allons-y ! On risque rien à rester autant de temps ici ?

— Disons que tu es un peu plus habitué et qu'on peut se permettre des voyages plus longs, mais il faut rester prudent, sinon, le retour sera très brutal.

— Ça veut dire quoi un peu plus long, genre une semaine, un mois ?

— Non, même pour moi, quelques jours c'est le maximum que je puisse faire.

— Le pied ! Je pensais que c'était juste quelques heures. Quelques jours, je prends volontiers !

— N'oublie pas que le temps ne défile pas dans la vie réelle, et que pour purger ta peine, ce sera en prison, pas ici.

— Ouais, ouais, je sais, mais bon, si je peux m'échapper de temps en temps, c'est finalement un peu comme si je n'étais pas réellement en prison ; c'est vraiment bizarre en fait. En tout cas, je voulais te dire merci. J'ai vraiment l'impression que ça va m'aider à surmonter cette épreuve. Et si en plus, maintenant, j'ai un gourou pour me remettre sur le droit chemin, que demande le peuple !

— Enlève toi ça de la tête, je ne suis pas ton gourou.

On arrive dans la cour du building et on décide de prendre une petite rue qui rejoint une grande place dans un parc sur laquelle il y a différents stands qui vendent de la bonne bouffe. J'ai passé des journées entières dans ce parc, juste à être posé sur la pelouse avec des potes, un pack de bières, et un bon burger. Il ne m'en fallait pas plus pour être le plus heureux du monde !

— Alors, t'as quoi d'autre à m'apprendre ?

— Un tas de choses, mais on va commencer par ce que Grand-père t'a dit la dernière fois : tes actions et tes résultats. Tu te souviens ?

— Bien sûr que je me souviens.

— La clé est là, la clé de tout ce qui va se passer dans ton futur et ta vie tout entière.

— Du calme, l'ami, tu peux développer ?

— Chaque jour, quand tu démarres ta journée, tu prends des centaines de décisions. Il y a bien sûr des décisions importantes comme ce que tu as fait hier soir ou ce que tu n'as pas fait d'ailleurs, ou encore ce qui s'est passé avec tes grands-parents, mais ça ne s'arrête pas là. Toutes les petites décisions que tu prends au quotidien ont une répercussion énorme sur ton futur.

— Tu veux dire que si on décide maintenant de poser nos deux culs sur ce banc, ça va changer ma vie ? Tu serais pas en train de te foutre de ma gueule, là ? je lui demande en pointant le banc d'en face avec mon doigt.

Billy se met à rigoler.

— C'est exactement ce que je veux dire.

— OK, donc tu te fous vraiment de ma gueule.

— Il serait temps de mettre en pratique un deuxième conseil que t'a donné Grand-père : arrêter de juger quelque chose que tu ne connais pas et essayer de le comprendre. Qu'en dis-tu ?

— Ouais, ouais, tu marques un point. Mais écoute-toi parler de temps en temps.

La journée va être belle, il fait déjà grand soleil et plusieurs personnes se promènent pour en profiter. J'espère simplement ne pas croiser trop de monde de ma connaissance.

— Allons donc nous poser sur ce banc et tu m'expliqueras comment ça va changer ma vie.

On se dirige vers le banc, puis on s'assoit. Juste devant nous, à quelques pas, il y a une petite fontaine. Trois enfants s'amusent en courant tout autour.

— OK, maintenant qu'on est assis, qu'est-ce qui se passe ?

— En fait, il ne se passe rien.

— Comment ça, il ne se passe rien ? Tu viens de me dire que cette action allait changer ma vie ?

— C'est pas exactement ce que j'ai dit. Ce type d'action que tu trouves sûrement insignifiante peut en effet changer ta vie.

— Ce que je veux savoir moi, c'est comment ?

— Je vais te donner un exemple très concret. On va prendre deux personnes que j'appelle Billy et Bart, comme nous. Billy prend la décision que dès demain, après son travail, au lieu de s'allonger dans son canapé comme il le fait d'habitude pour regarder la télé, il prendra avec lui un livre intéressant qui lui apprend différentes choses et il viendra s'asseoir dans ce parc trente minutes pour le lire tous les jours. Tu es d'accord qu'à première vue, rien ne va changer dans la vie de Billy dès demain ?

— Oui, c'est sûr, c'est pas parce qu'il va lire une demi-heure que sa vie va changer.

— Parfait, prenons maintenant Bart. Il a à peu près la même position que Billy, même salaire, il a aussi une femme et deux enfants comme Billy. Bart décide de continuer à s'allonger dans son canapé après le travail, généralement avec une bière et des chips, et il regarde ses séries favorites. En même temps, il le mérite bien, il a travaillé toute la journée !

— Bien sûr qu'il le mérite. Comme par hasard, c'est Bart que t'as choisi pour faire le flemmard. Bon, passons, c'est quoi la suite ?

— La suite, c'est qu'il ne se passe pas grand-chose pendant plusieurs semaines. Bart et Billy ont toujours le même job, leur famille... Bien sûr, c'est pas toujours l'osmose à la maison, mais c'est pas catastrophique non plus. Deux mois plus tard, de premiers légers petits changements commencent à apparaître. Billy a déjà pu lire six livres intéressants sur le développement personnel, les finances, les relations, comment atteindre ses objectifs. Et il vient de terminer un ouvrage pour se sentir en forme et faire le plein d'énergie tous les jours. Au bout de deux mois, il a notamment pris la décision avec sa femme de faire un point ensemble toutes les deux semaines pour partager tout ce qu'ils ont à se dire et toutes les questions qui se posent, sans tabou ni filtre. Ils ont déjà discuté deux fois ainsi et ils en ressentent déjà les bienfaits. Depuis deux semaines, Billy a également pris de nouvelles habitudes : il fait dix minutes de sport chaque matin. Ça ne paraît pas grand-chose, mais avec le temps, cela va finir par payer. La semaine dernière, il a demandé une augmentation de salaire en montrant à son patron l'impact qu'il avait dans l'entreprise. Eh bien, son patron ne lui a dit ni oui ni non, mais lui a promis d'y réfléchir. Autant de petites actions qui étaient assez simples à mettre en place. Après six mois, des résultats assez flagrants commencent à apparaître dans son comportement, sa manière de penser, d'agir, les relations qu'il a avec ses proches et les autres. Après douze mois, les résultats sont visibles. L'aspect physique de Bart et de Billy est notamment différent. En continuant avec dix minutes de sport par jour et trente minutes de lecture en rentrant du travail dans le parc à côté de chez lui, Billy s'est vraiment métamorphosé. Deux ans plus tard, les résultats sont stupéfiants. Bart et Billy ont une vie complètement différente. Billy a finalement décidé, même s'il avait réussi à obtenir une augmentation, de quitter son job pour se challenger dans un autre domaine et pouvoir continuer à évoluer. Il a quasiment doublé son salaire en deux ans, améliorer sa relation avec sa femme et ses enfants, entretenu son corps et il fait maintenant appel à un coach avec qui il fait trois séances de kickboxing chaque semaine. Un sport qui l'avait toujours attiré, mais vers lequel il n'avait jamais osé se tourner. Il s'est fixé des objectifs clairs et entrepris des actions pour les atteindre. Il a lu en deux ans plus de cinquante livres sur l'évolution personnelle et professionnelle, la santé, le sport, l'énergie, les finances, le développement personnel, et j'en passe. Toutes ses nouvelles connaissances lui ont permis d'implanter de nouvelles habitudes, de toutes petites habitudes, rien de bien sorcier, mais il a compris que toutes ces petites transformations sont en train de créer un grand changement pour son futur.

— OK, OK, je vois l'idée. Même si je trouve que c'est pas toujours évident d'installer une nouvelle habitude et surtout de s'y tenir. Laisse-moi deviner : Bart, lui, a une vie bien merdique et il est à deux doigts de se tirer une balle dans la tête ?

— Pas vraiment, il a une vie qui ressemble à celle qu'il menait deux ans plus tôt. On peut noter qu'il a quelques kilos supplémentaires, que la communication avec sa femme et ses enfants s'est un peu dégradée, et que la lassitude commence à prendre de plus en plus de place dans sa vie, notamment parce que son travail ne l'épanouit plus du tout.

— Et tout ça parce qu'au lieu de venir dans un parc trente minutes par jour, il a décidé de mater Netflix ?

— Oui. Enfin, je tiens à préciser que ce n'est pas juste d'arrêter quelque chose qui est important, c'est aussi par quoi tu le remplaces. L'idée c'est d'implémenter des petites actions quotidiennes qui sont bénéfiques pour toi.

— C'est sûr que si au lieu de mater Netflix en rentrant du boulot, il avait décidé d'aller boire cinq verres de Jack Daniel's avec ses potes, je suppose que la situation aurait été pire.

— Exact. En résumé, l'action que tu entreprends aujourd'hui n'a pas beaucoup d'importance sur le coup, mais elle commence à prendre une très grosse place dans ta vie quand tu la répètes chaque jour, jusqu'à créer des résultats qui peuvent être surprenants sur plusieurs années. La plupart des gens pensent qu'ils doivent trouver la décision ou le truc qui va tout changer pour eux du jour au lendemain, alors que la réponse se trouve sous leurs yeux. Il suffit de changer dès maintenant de toutes petites choses, des choses qu'il est facile de modifier. À ton avis, pourquoi la plupart des gens ne comprennent pas cela ?

— C'est simple, ils sont flemmards. Combien de fois je me suis retrouvé à la salle de sport tout seul alors que plusieurs de mes potes étaient censés me rejoindre. Ils avaient toujours de bonnes excuses !

— Ton exemple est parfait, mais la raison principale, c'est qu'ils veulent obtenir des résultats tout de suite. La plupart de tes amis savent que cela ne va quasiment rien changer s'ils vont à la salle un jour donné, ce qui va changer, c'est la répétition de cette action sur le long terme. Comme la plupart des gens veulent tout de suite des résultats, ils cherchent alors une baguette magique ou une pilule pour les obtenir immédiatement. Mais en règle générale, tu le sais bien, ça ne fonctionne pas.

— T'es pas si con que ça en fait !

— Merci du compliment ! Allez, il est temps de rentrer.

— Comment ça ? Non, attends, t'as dit qu'on pouvait rester plusieurs jours. J'ai encore plein de potes que j'aimerais voir !

— J'ai dit que je pouvais rester plusieurs jours. Mais pas toi, pas encore en tout cas.

— Attends, attends, donne-moi deux heures.

J'ai pas le temps de finir ma phrase que Billy m'attrape la main et que tout commence à tourner autour de moi. Bordel, je demandais juste deux heures de plus ! Cette fois-ci, les couleurs sont plutôt violettes. Je vois du violet partout, les éléments se déforment jusqu'à ce que je ne puisse plus du tout distinguer le parc dans lequel on était. J'y crois pas, on était à deux pas d'un stand de bouffe italienne qui fait des pizzas incroyables ! Tout continue à se déformer jusqu'à ce que je rentre dans le tunnel qui m'aspire d'un coup. Même si je l'ai déjà vécu plusieurs fois, je trouve ce truc toujours aussi étrange. Je ne m'y ferai jamais, je crois. Attends, c'est quoi ça ? Il y a des images qui commencent à défiler. Je me vois avec Marco dans un bar, je me vois aussi avec Katrina au bord de la plage. C'est où ça ? Je ne reconnais pas du tout l'endroit. Tout un tas d'images défile très rapidement, je n'ai même pas le temps de les distinguer correctement. D'un coup, tout devient noir pendant quelques secondes, puis une grosse lumière m'éblouit, j'ouvre tout doucement les yeux, et j'entends une voix.

— Bon retour dans la vraie vie, Bart !

Billy est en face de moi, comme si de rien n'était, il n'a pas l'air du tout secoué comme je le suis, moi. Ce voyage a été sacrément dingue, quel pied d'avoir pu vivre cette soirée et tout le reste. Maintenant, retour aux enfers !

— La prochaine fois, ce serait bien que tu me préviennes quelques minutes avant de me balancer dans tes tunnels !

Et voilà mon pote Rendy, avec qui je passe un peu moins de temps, qui s'assoit à notre table.

— Alors, tous les deux, c'est le grand amour ? Qu'est-ce que vous avez à vous raconter ?

— Détends-toi, mec.

— Tu me présentes pas ton pote ?

— Billy, voici Rendy. Rendy, Billy. Satisfait ?

— Mmouais, disons qu'ils commencent un peu à me les briser à la table, alors j'ai pensé à vous faire un petit coucou.

Si seulement il savait que je viens de voyager dans le temps pour vivre une soirée mémorable et passer la nuit avec une déesse venue d'un autre monde…

La situation est un peu tendue, je crois que Rendy a l'impression qu'on lui cache quelque chose et il a pas complètement tort. Il pose quelques questions à Billy, qui réussit à esquiver comme à son habitude. J'essaie de faire dévier la conversation sur des sujets anodins, mais il est clair que Rendy se doute que quelque chose ne tourne pas rond. Bon, je vais pas vraiment avoir le temps d'y penser puisque dans quelques jours, je serai le chef de la meute. Je vais transformer toutes ces mauviettes en machine de guerre. J'ai hâte de leur donner la première leçon, en espérant qu'il y ait des participants…

— Vous allez venir à mon premier cours tous les deux, hein ? Je peux compter sur vous ?

Billy prend la parole.

— Je suis plus tout jeune, mais un peu d'exercice ne me fera pas de mal, compte sur moi.

Rendy se lève de la table.

— Je vous laisse les gars, j'ai deux autres personnes à voir avant que cette satanée cloche retentisse. Compte sur moi pour ton cours ! Vous êtes pas très clairs tous les deux et on se reparlera bientôt, je n'en ai pas fini avec vous.

— Ouais, ouais, allez, file !

Billy me regarde d'un air détendu, absolument pas inquiet, ce mec paraît toujours serein. Je me demande s'il était aussi apaisé quand il a appris qu'il allait passer des dizaines d'années derrière les barreaux. Pour je ne sais quelle raison d'ailleurs, il n'y a aucun moyen de savoir pourquoi il s'est retrouvé ici, il ne veut pas cracher le morceau alors qu'il m'avait pourtant promis de me le dire. Je peux peut-être essayer d'avoir l'information autrement. Les gardiens ont généralement accès à ces informations et je pourrais tenter de me rapprocher de l'un d'eux. Ce qui va me demander du boulot car pour le moment, je ne peux pas dire qu'on est très amis eux et moi. Surtout Mike, qui n'a vraiment pas apprécié le traitement de faveur que j'ai reçu de la part du directeur. Bref, je verrai ce que je peux faire.

— Bon, dis-moi, tu vas faire quoi maintenant ? Me dis pas que tu repars pour mater des boules à Venice Beach ? Je demande à Billy.

— Non, je ne voyagerai pas pendant plusieurs jours, j'ai passé trop de temps de l'autre côté, il va me falloir un peu de repos.

— Je vois. Ça veut dire que moi non plus, je ne vais pas voyager avant un moment ?

— C'est exact.

— L'enfer ! Bon, en même temps, il va bien falloir que tous ces mois défilent. Merci en tout cas pour ce que tu fais pour moi, j'apprécie vraiment.

— Je savais qu'il y avait des mots sympas qui pouvaient sortir de ta bouche.

— Ça peut arriver, ouais, mais t'y habitue pas trop quand même ! Je te laisse, je vais aller faire un peu le tour des tables pour ramener un max de monde à mon premier cours.

— Je t'en prie !

Je me lève et je décide d'aller voir quelques groupes juste pour leur proposer de venir à mon cours. Tout devrait bien se passer. Avec ce qu'ils ont pu observer dans la cour l'autre jour, je pense que personne va la ramener.

Je commence par les vieux. Des mecs d'une cinquantaine d'année ou dans la soixantaine. Ils sont une petite dizaine et sont souvent ensemble. Je leur fais passer le message puis enchaîne avec le reste des tables, jusqu'à arriver à celle de Yadira, l'homme mi humain mi monstre. J'arrive toujours pas à croire qu'il a cette gueule ! Staros à qui j'ai défoncé le pif est là aussi, juste à côté de lui, avec un sacré bandage autour de la gueule. Bon, qu'est-ce que je fais, je vais les voir aussi ? Et puis merde, j'y vais, je veux juste leur dire de venir au cours, c'est tout. Je m'approche tout doucement de leur table, quand Mike, le gardien, commence à se rapprocher et finit par arriver à ma hauteur. Il a compris que j'allais dans leur direction.

— Bart, qu'est-ce que tu fous ?

— Rien, tranquille, je veux juste leur proposer de venir à mon cours.

— Si tu dérapes, cette fois-ci, t'auras pas de deuxième chance !

— Je sais, je sais, mais comme je te l'ai dit, je suis tranquille.

Il me regarde et je sens qu'il a envie de me dire plein de trucs, mais qu'il se retient. Je continue à me diriger vers la table de Yadira, qui n'est plus qu'à quatre ou cinq pas maintenant, puis j'arrive à leur hauteur.

— Salut, les gars !

Yadira prend la parole.

— Qu'est-ce tu fous là, toi ?

— En fait, je traînais dans le coin et je me suis dit que j'allais faire un petit coucou à vos gueules de puceau !

— Très drôle, tu sais que ce que tu lui as fait restera pas sans conséquences ?

Il pointe son pote Staros du doigt.

— Ça m'inquiète pas trop pour être honnête. Et je voulais juste que tu comprennes que je suis pas le genre de mec qu'on peut appeler dès qu'on a envie et surtout envoyer un de ses caniches pour passer les messages. Si t'as un truc à me dire, tu lèves ton cul et tu te comportes comme un homme, si tu sais ce que ça veut dire ?

Staros réagit aussitôt :

— C'est moi que tu traites de caniche, sale fils de pute ?

— C'est toi, ouais. La prochaine fois que tu m'insultes de fils de pute par contre, je t'éclate toutes tes dents de devant !

Yadira intervient.

— On se calme, je répète, qu'est-ce que tu viens foutre ici, qu'est-ce que tu veux ?

— À la base, j'étais venu pour vous dire de venir à mon premier cours de sport, que je vais organiser lundi. Il y a un mot dans le dictionnaire qui s'appelle « sport ». Je suis vraiment pas sûr que vous le connaissiez, mais je me disais que vous en aviez peut-être marre de vous trimbaler dans ces corps tout pleins de gras. En même temps, la nature est quand même bien faite, parce que si on y réfléchit bien, vos corps sont quand même assez cohérents avec vos gueules. On peut les résumer en un mot : dégueulasses !

— Très drôle, on viendra pas à ton cours, casse-toi de là.

— Du coup, tant que je suis là, tu pourrais peut-être en profiter pour me balancer ce que tu voulais me dire l'autre jour quand ton clebs a voulu venir me chercher ?

D'un coup, Yadira se lève, et colle sa tête contre la mienne. Mike se rapproche en vitesse.

— Vous faites un mouvement les gars et je vous balance au trou pendant un mois.

Je fixe Yadira droit dans les yeux et lui fais la même chose. J'aurais tellement envie de le fracasser lui aussi, mais je sais que c'est une très mauvaise idée, aussi je décide de reculer légèrement.

— Ça va, ça va les gars, je vous laisse entre vous. N'oubliez pas : lundi 9 h 00. Je compte sur vous !

Sur ces mots, je recule tout doucement, puis me dirige vers ma tablée. Il doit rester quelques minutes avant que la cloche retentisse. En arrivant, un des mecs m'interpelle.

— T'es vraiment un taré toi, tu cherches vraiment les emmerdes !

— Moi ? Pas du tout, je suis juste allé leur donner l'info du cours de sport.

Toute la table se met à se marrer et un des mecs me tape sur l'épaule. Ils sont contents de me voir apparemment. Après quelques minutes, la cloche sonne. Retour en cellule.

— Hey, Jimmy ! Comment ça va ?

— Heuuuu, comme tout à l'heure en fait.

J'avais presque oublié que pour lui, on était ensemble il y a une heure à peine quand, pour moi ça, fait une journée et demie que je ne l'ai pas vu.

— C'est juste que j'aime prendre des nouvelles de mon voisin de cellule favori !

— Si ça peut te faire plaisir !

— Tu vas faire quoi aujourd'hui, à part regarder tes bouquins ?

— Tu veux que je fasse quoi ici, mis à part ça ?

— J'ai appris des nouveaux trucs cette nuit. Alors je vais me fixer des objectifs, et faire en sorte que les mois que je passe ici soient profitables.

— T'as appris de nouveaux trucs cette nuit ? Dans ton lit ?

— Exact, dans mon lit. La voix du Seigneur m'a soufflé des trucs à l'oreille. D'ailleurs, un des objectifs qu'on pourrait se fixer ensemble, serait que tu me masses le dos de temps en temps. Avec la centaine de pompes que je fais par jour, ce serait pas mal. T'es partant ?

— Tu peux rêver !! Et si tu continues de parler de la voix du Seigneur, ils vont vite t'enfermer dans la partie F !

La partie F, c'est un endroit réservé aux personnes qui ont perdu la tête, pas vraiment l'endroit que t'as envie de fréquenter.

— Oh, allez, un petit massage au réveil tous les matins, pour remercier tonton Bart de prendre soin de toi !

— Prendre soin de moi ? Faut que t'arrêtes la coke, mec !

— J'aurais essayé ! Mais si tu changes d'avis, mon dos est tout à toi !

Le reste de la journée se déroule sans encombre. De temps à autre, je repense aux voyages de dingues que j'ai faits, surtout le dernier. Je passe en revue tous les souvenirs que j'aimerais revivre, tous ces moments précieux gravés dans ma tête. Notamment les moments avec Julia, parfois des soirées toutes simples sur la terrasse d'un café à se marrer. Finalement, les moments les plus joyeux de ma vie ont souvent été les plus simples. On cherche notre bonheur dans des choses tellement compliquées, alors qu'en fait, il est juste ici, devant nous. Ce que m'a raconté Billy était assez intéressant : cette idée que les petites habitudes créent de grands changements. Je crois que je vais me pencher sur la question. Le problème, c'est que mes choix sont quand même très limités ici. J'ai pas grand choses à faire. Je pourrais essayer de lire et commander des bouquins aux gardiens. Je pourrais aussi écrire. Après tout, pourquoi pas. Une lettre à Julia par exemple, et une autre à ma mère pour commencer à m'excuser. Je pourrais essayer d'approcher des gens intéressants ici et avoir des projets communs, mais quoi ? Les cours que je vais donner sont déjà un bon point de départ, c'est vrai. À voir si on peut organiser d'autres choses. Je viens d'avoir une idée, pourquoi pas organiser, avec Billy, une sorte de cercle pour partager ses enseignements ? Billy et moi, on pourrait être les gourous de cette taule !! D'enfer, je vais lui en parler. J'ai l'impression que je pourrais changer quelques vies ici. Déjà en partageant ce que je maîtrisais auparavant, le sport par exemple, mais en plus avec ce que m'enseigne Billy, on pourrait faire pas mal de bonnes choses. Si en plus de ça, on nous considère comme des dieux, je ne suis pas contre. Cette fois-ci, il pourrait y avoir une file d'attente pour me masser le dos… Affaire à suivre. En tout cas, je vais me ressaisir, je me sens en pleine forme aujourd'hui et pas question que je passe les dix-huit prochains mois de ma vie à m'apitoyer sur mon sort. La vie est ce qu'elle est, il faut que je fasse avec, point final.

Tout d'un coup, le bruit de la matraque d'un des gardiens retentit sur la porte de ma cellule.

— Bart, t'as un appel.

Le week-end, on a le droit à vingt minutes de conversation téléphonique et je me demande qui est au bout du fil. J'enfile mes claquettes et suis le gardien. Les cabines téléphoniques sont en plein milieu du couloir, alors tout le monde entend ta conversation. Pas terrible, mais bon, on fait avec. Je prends le téléphone en main.

— Allo ?

— Allo, Bart?

Je reconnais tout de suite sa voix. Une voix aussi douce, il en existe pas deux au monde. C'est elle. C'est ma Julia. Rien que le premier mot qu'elle a prononcé crée un frisson dans tout mon corps. Cette fille me fait un effet de dingue, j'ai jamais ressenti ça auparavant. Jamais.

— Julia, je suis tellement content que tu m'appelles.

— Je voulais prendre de tes nouvelles, après ce qui s'est passé au tribunal.

— Je suis vraiment désolé d'avoir péter un plomb, mais c'était trop dur à entendre. T'inquiète pas, je vais beaucoup mieux, je me suis calmé.

Je vais éviter de lui dire que j'ai voyagé dans mes souvenirs cette nuit, que j'ai pris une grosse cuite et que j'ai passé la nuit accompagné.

— Content de l'entendre. Ton avocat nous a dit qu'il n'avait pas compris leur décision, que c'était très lourd et qu'ils ont certainement voulu en faire un exemple.

— Ouais, c'est ce que je me dis aussi.

— Dis-moi, tu vas t'en sortir ?

— Je vais m'en sortir et, promis, quand je sors d'ici, je serai quelqu'un de différent.

— Peu importe. N'oublie pas qu'on n'est plus ensemble.

— Je sais, je sais, mais je peux pas t'enlever de ma tête, tu le sais. Et je crois que toi non plus, sinon tu m'appellerais pas.

— Je veux simplement prendre de tes nouvelles.

— Merci, je peux pas t'en dire plus, mais écoute bien, il se passe quelque chose de très spécial pour moi ici, et je t'assure que je vais changer. Ce que je te demande, c'est juste de m'accorder une soirée après ma sortie, un pique-nique au grand parc avec un verre de ton vin favori. C'est tout ce que je te demande, tu peux faire ça pour moi ?

Le silence retentit pendant quelques secondes.

— Je pense que oui, mais je préfère te prévenir que je ne vais pas t'attendre pendant dix-huit mois Bart, j'ai besoin de refaire ma vie, je n'ai plus vingt ans.

— Je peux pas te le reprocher, c'est ma connerie, pas la tienne, c'est à moi d'en assumer les conséquences. Je veux juste une soirée, rien de plus.

— C'est d'accord.

Extra ! Rien que l'idée que je puisse passer une soirée avec elle dès ma sortie va me booster encore plus. Que de bonnes nouvelles. On continue à parler quelques minutes, j'essaie de la faire rigoler en lui rappelant des souvenirs et en évitant de penser à la situation actuelle ou aux problèmes qui ont fait que l'on s'est séparés.

Le gardien vient me dire de raccrocher et je retourne dans ma cellule. Je m'allonge sur mon lit la tête pleine d'étoiles et je commence à créer un plan dans ma tête avec tous les objectifs que je souhaite me fixer. Je sais que tout cela ne va pas arriver tout seul, je vais avoir besoin d'aide et la pièce maîtresse de mon avenir s'appelle… Billy !

Chapitre 9

LIBERTÉ

Le week-end se passe sans encombre. Quelques parties de cartes, une nouvelle conversation très intéressante avec Billy sur la répercussion des petites actions quotidiennes, et les deux jours passent plutôt vite, je dois dire.

Pendant une partie de la journée de dimanche, j'ai préparé mon premier cours. Après avoir demandé à l'un des gardiens, j'ai compris qu'on n'aurait aucun matériel, en tout cas pour commencer. Du coup, ça a pas mal limité mes choix, mais on va faire avec. Il y aura des exercices en binôme ; ça pourra permettre à quelques personnes de faire de nouvelles connaissances. Je ne sais pas pourquoi mais, depuis que je connais Billy, j'ai envie d'aider des gens ici. Je vois en effet beaucoup de gens qui dépriment et se laissent vraiment dépérir. Je crois que je pourrais les aider et je pense même qu'on formerait un bon duo avec Billy pour œuvrer en ce sens. Qui sait, si je commence à rendre service à pas mal de monde, malgré l'incident de l'autre jour, ma peine pourrait peut-être être réduite ? Enfin, on va déjà commencer par le cours de sport et on verra après !

Lundi matin, 8 h 45. Dans quinze minutes, ce sera l'heure. Il est temps d'y aller ! Je pense qu'il y aura pas mal de monde, car tout est bon à prendre pour passer plus de temps en dehors de sa cellule. Ce week-end, comme souvent le samedi et le dimanche, on a eu le droit à un peu plus de promenade, à un rythme un peu plus cool. Et tout de suite, on sent que ça fait du bien à tout le monde.

Tiens, voilà déjà Mike, le gardien, qui arrive à hauteur de ma cellule.

— T'es prêt, Bart ?

— Et comment que je suis prêt !

Il ouvre la porte de ma cellule et je sors avec Jimmy. En arrivant dans la cour, je vois qu'il y a déjà pas mal de monde. Toute la bande de Barly est là. Je m'approche de lui pour le saluer. L'équipe des gros bras est aussi présente, ainsi que plusieurs personnes un peu plus âgées. Il y a également pas mal de jeunes, que je ne connais pas pour la plupart. Et puis, au bout de quelques minutes, d'autres personnes commencent à arriver. J'hallucine, on est déjà au moins cinquante ! Je ne m'attendais pas à ça. Ça va être compliqué de pouvoir coacher tout le monde – je doute que les six gardiens présents m'aident. Je décide de m'avancer devant tout le monde et je prends la parole :

— Bonjour à tous, merci à vous d'être là pour ce premier cours. Pour ceux qui ne me connaissent pas, je suis Bart, c'est moi qui vais animer les cours. Les lundi, mercredi et vendredi pendant 45 minutes, à 9 h 00. Je compte sur vous pour vous dépasser et être présents à chaque cours. J'insiste parce qu'un seul cours ne changera rien pour vous. C'est la répétition qui va vous permettre de changer. Plus vous viendrez, plus vous aurez de résultats.

En finissant cette phrase, j'aperçois Billy à ma droite qui me fait un léger sourire. Je crois que je suis déjà en train de parler comme lui. Je décide de poursuivre mon discours, je ne sais pas pourquoi, mais ce truc me tient vraiment à cœur.

— Mon objectif, c'est pas d'être gentil avec vous mais que vous ayez des résultats. Quand je vois les conditions physiques lamentables dans lesquelles certains sont, je me dis qu'il y a du boulot. J'ai envie de viser personne bien sûr, mais vous vous reconnaîtrez. N'est-ce pas, Jimmy ?

— Bref, quand je vois ça, je me dis qu'on a beaucoup de travail devant nous, mais le changement n'est pas impossible. Alors rentrez-vous ça bien dans la tête, parce que si vous jouez le jeu avec moi, je vais faire de vous des machines !

Je vois plusieurs personnes qui commencent à se marrer et qui n'ont pas l'air de me prendre au sérieux. Je pense qu'à la fin de cette séance, ils seront calmés. Je sens aussi qu'un des gardiens commence à s'impatienter. Alors je décide d'entrer dans le vif du sujet.

— Allez, écartez-vous un peu les uns des autres. Assurez-vous d'avoir un bon mètre d'espace autour de vous. On va commencer par quelque chose de très simple et s'échauffer.

Pendant les cinq premières minutes, je leur fais faire quelques exercices, de quoi les mettre dans le bain. Puis, j'attaque les choses sérieuses.

— OK, maintenant que vous êtes un peu plus chauds, on va passer au premier exercice. Vous allez lever vos genoux en sautillant et faire en sorte qu'ils touchent vos mains.

Je montre l'exercice en même temps.

— On va démarrer pour quarante-cinq secondes. Top chrono !

Malgré le manque d'équipement, j'ai quand même eu le droit à un chronomètre de la part d'un gardien. Au bout de quinze secondes, Jimmy commence à flancher, je m'approche de lui :

— Allez, bordel, continue, continue !

— J'essaye, j'essaye !

— Fais-le sans sautiller si tu n'y arrives pas comme ça, lève juste tes genoux. Allez, tout le monde, il reste vingt secondes !

Je leur donne ensuite différents exercices pour tester un peu leur cardio. Il y en a pas mal qui ont l'air de très bien se débrouiller, d'autres, par contre, pour qui en seulement dix minutes, ça devient déjà très compliqué. J'essaie de booster tout le monde en passant dans les rangs.

— Maintenant, on va passer aux pompes ! Vous allez vous mettre par équipe de deux, allez, on se dépêche ! Tout le monde a un binôme ?

Je vois un des jeunes tout seul au loin. Je l'interpelle.

— T'es tout seul ?

Il regarde autour de lui, l'air un peu perdu.

— Quelqu'un d'autre est tout seul ?

Pas de réponse.

— OK, je vais le faire avec toi alors.

Je leur explique l'exercice, le but est que chacun fasse cent pompes.

— Cent pompes ? Mais t'es cinglé, toi ! J'ai jamais fait de pompes de ma vie, comment veux-tu que j'en fasse cent ?

— Faites-moi confiance ! Vous en faites le plus possible chacun votre tour et je demande à chaque binôme d'encourager l'autre. Vous échangerez les rôles jusqu'à ce que chacun ait fait cent pompes. Si vous n'y arrivez pas, vous pouvez vous mettre sur les genoux.

Je leur montre la position.

— C'est parti !!!!

Je m'approche du jeune, qui est tout gringalet.

— Hey, l'ami, comment tu t'appelles ?

— Moi, c'est Tim.

— OK, Tim, t'as compris l'exercice ?

— Oui, oui, je suis pas très à l'aise pour faire des pompes mais on va essayer.

— OK, Tim, alors je démarre, je te montre la position idéale et ensuite c'est à ton tour, ça marche pour toi ?

— Ça marche.

Je commence, j'enchaîne soixante-dix-huit pompes en une seule fois. C'est pas mon record, mais c'est pas trop mal.

— À toi de jouer maintenant ! Fais-en jusqu'à ce que tu puisses plus te relever.

Tim démarre et arrive à enchaîner seize pompes. Pour une première, c'est pas mal. Je le félicite, puis je termine ma série jusqu'à atteindre les cent pompes.

Il continue avec plus de difficulté, mais je l'encourage. Il y a un énorme brouhaha dans la cour, tout le monde est en train de gueuler pour pousser plus loin son partenaire. Les gens se prennent au jeu ; je suis plutôt content du résultat.

— Allez, Tim, bordel ! Continue ! Tu veux avoir ce corps toute ta vie ou quoi ?

— Non !

— Alors continue ! Finis sur les genoux si tu veux, mais je te lâcherai pas tant que t'auras pas fait cent pompes.

Aussi dingue que ça puisse paraître, Tim réussi à terminer l'exercice. Je le félicite et je sens qu'il est heureux d'avoir atteint l'objectif ! Il a l'air d'être un bon type. Peut-être pas si cool s'il se trouve ici, mais sans doute pas trop tordu.

— Je te propose de devenir mon binôme officiel, qu'est-ce que t'en dis ? On fera tous les exercices en duo.

— Ça me plairait beaucoup, merci !

Après lui avoir donné une grande tape dans le dos, je m'approche du type qui grognait au début.

— Alors, verdict ? Combien t'as réussi à en faire ?

— J'en ai fait quarante-six.

— Tu vois, pas si mal ! Si je t'avais dit d'en faire cinquante, t'en aurais sûrement fait dans les vingt. Une règle d'or : gros objectifs, gros résultats !

Puis, je leur fais enchaîner différents exercices. Après les quarante-cinq minutes, tout le monde est en sueur et, moi, je me sens vraiment content de cette première séance.

Au bout du temps imparti, un gardien me fait signe d'arrêter.

— OK, tout le monde, c'est terminé pour aujourd'hui ! Mercredi, je veux voir chacun d'entre vous ici. Si c'est pas le cas, je viendrai moi-même vous chercher par la peau des couilles, compris ?

Un gardien s'approche.

— On se calme, Bart.

— Ça va, j'encourage mes élèves !

C'est l'heure de se remettre tous en rang, puis de regagner nos cellules après être passés par la douche. Dans la queue, j'interpelle Jimmy.

— Alors, mec, tu t'en es pas mal tiré, non ?

— J'ai souffert comme un damné, tu veux dire ! Mais je suis content de l'avoir fait.

— Comment tu te sens maintenant ?

— Je dois dire que je me sens plutôt bien, même si une partie de mon corps crie au secours !

— T'inquiète, c'est normal, tu vas avoir un peu de mal à marcher demain, puis ça ira mieux ensuite.

— Si tu le dis !

Juste avant de rentrer dans nos cellules, Billy s'approche de moi.

— Alors, dis-moi, j'ai vu que tu as pris ton rôle très au sérieux.

— En effet, je suis plutôt bon dans ce rôle, non ?

— Oui, très bon même, ça pourrait peut-être te donner des idées de ce que tu pourrais faire à la sortie…

— Tu veux dire, en faire mon métier ? J'y avais jamais pensé.

— Quand tu fais l'expérience de quelque chose que tu adores et que tu as l'impression que c'est fluide et simple pour toi, comme ça à l'air d'être le cas pour toi dans ce rôle, généralement, c'est un domaine qu'il faut creuser. Car l'objectif de ton travail, c'est de t'y épanouir. Si tu fais quelque chose qui te rend heureux chaque jour, c'est ta vie tout entière qui en sera positivement impactée.

— Mmmm, intéressant, je pense en effet que ce serait mieux que videur dans des boîtes de nuit. Ça me permettrait aussi d'avoir des horaires un peu plus normaux. Mais, bon, encore faudrait-il trouver un job. Avec mes antécédents, c'est pas gagné.

— Ne t'inquiète pas pour ça, la seule chose sur laquelle tu dois te concentrer, c'est ce que tu veux. Ensuite, tu verras, les choses commenceront à s'enclencher et se manifester.

— Oui, enfin, moi, ce que je voulais à la base, c'était rester quelques jours ici, pas dix-huit mois. Les choses ne se sont pas vraiment manifestées comme je le souhaitais !

— Exact, car tu as fait une erreur, et maintenant, tu la payes. C'est assez simple. Mais, fais-moi confiance, ton job le plus important dans la vie, c'est savoir ce que tu veux. Ensuite, laisse la vie te surprendre et garde la foi dans la manifestation de tes désirs.

— OK, OK, je vais essayer d'y penser, même si ça semble un peu trop beau pour être vrai, je vais t'accorder le bénéfice du doute. Au fait, c'est quand notre prochain voyage ?

— Sois patient.

— Ça veut dire quoi ? On peut voyager aujourd'hui ? demain ?

— Je te le dirai le moment venu. Je me répète : sois patient.

Billy a le don pour esquiver les questions auxquelles il n'a pas envie de répondre. Et le gardien nous fait signe de rentrer :

— Tout le monde dans sa cellule !

M'imaginer donner des cours dans des salles de sport est une idée qui me donne pas mal envie. Je vais me concentrer là-dessus et on verra à la sortie dans dix-huit mois... Dix-huit mois ! J'arrive toujours pas à me faire à l'idée.

Pendant la pause du midi, plusieurs personnes viennent me remercier pour le cours, c'est plutôt sympa de leur part. Je croise aussi la bande de Yadira, qui n'y a pas pointé le bout de son nez, mais je m'en doutais un peu. J'ai déjà hâte d'être à mercredi pour remettre ça ! J'espère que Billy pourra contribuer à l'évasion de mon esprit avant, il ne m'a toujours pas amené à Venice Beach et je compte bien y aller bientôt, ce serait tellement cool ! Me poser sur le sable, et contempler la plage et les filles en bikini, ça c'est un plan qui m'excite aussi pas mal !

Pendant la nuit, je tente de mettre de l'ordre dans ma tête. J'essaye de trouver des objectifs que je pourrais me fixer ici, mais les choix sont tellement limités que je n'arrive pas à identifier grand-chose. Je repense tout de même à un livre qui semble intéressant et qu'un pote m'avait conseillé il y a déjà quelques années. C'est un livre sur l'épargne et les investissements, deux mots qui me sont pas vraiment familiers, mais si je peux réussir à mieux gérer l'argent qui passe entre mes mains ou sur mon compte en banque, je pense que ça serait un bon début, car pour le moment, mon compte est dans le ROUGE, et ça ne m'enchante pas vraiment ! J'ai toujours voulu gagner de l'argent, mais je n'ai jamais trouvé comment. Enfin, j'ai gagné pas mal d'argent à certaines périodes de ma vie, surtout en tant que videur. Avec les pourboires que je recevais chaque nuit, mon salaire pouvait monter assez haut. Le problème, c'est que je cramais toujours tout. Je suis le genre de type à arriver dans un bar et à payer une tournée générale pour tout le monde ! Disons que j'aime me faire plaisir et faire plaisir. D'ailleurs, mon dernier appart était assez sympa, celui que j'avais avant de venir moisir/croupir ici, un loft en plein cœur du centre-ville d'Atlanta. Sauf que ce loft me coûtait quand même 2 600 dollars par mois, ce qui ne me laissait plus grand-chose ensuite ! Entre les sorties avec mes potes, la bouffe et les petits trucs du quotidien, le résultat c'était 0 à la fin du mois. Et encore, ça, c'était dans les bons mois ! Bref, j'ai décidé que je voulais changer ça et, un de mes objectifs, c'est de réussir à m'enrichir ! Je parle pas de devenir milliardaire, bien sûr, mais plusieurs centaines de milliers de dollars pour commencer, ça me plairait pas trop mal ! Tout ça pour vous dire que j'ai décidé de commander ce livre. Je vais demander à un gardien.

Au petit matin, je me lève plutôt en forme, malgré le fait que Jimmy m'ait réveillé à cinq heures du mat' !

— Hey, Jimmy, la prochaine fois, t'évite d'aller sur le trône à cinq heures du mat' !

— Ah, maintenant il y a des heures pour ça ?

— Disons qu'en pleine nuit, c'est pas la meilleure période. Par contre, mon dos, lui, est toujours partant pour un bon massage, qu'est-ce que t'en dis ?

— J'en dis que tu peux rêver.

— Ça pourrait être mon cadeau en échange des cours que je donne. D'ailleurs, comment tu te sens aujourd'hui ?

— J'ai des courbatures, c'est l'enfer, j'arrive à peine à marcher !

— Ha, ha, t'inquiète pas, c'est normal. Donne-toi quelques semaines et tu sentiras quasiment plus rien.

— J'espère, parce que là, c'est horrible !

— Arrête de pleurnicher, quand tu regarderas ton corps dans quelques mois, tu seras tellement content, que t'auras envie de me bouffer ce que j'ai entre les jambes !

— Mais t'es vraiment cinglé, toi !

Après avoir pas mal papoté avec Jimmy, on se dirige vers la cour à la pause. En apercevant Billy sur un banc, seul comme souvent, je vais le rejoindre.

— Hey, mon pote, comment ça va aujourd'hui ?

Il me regarde sans me répondre en silence pendant quelques secondes, puis il prend enfin la parole :

— Tu es prêt pour une nouvelle leçon ?

Il m'attrape alors la main et, comme d'habitude, tout commence à se déformer autour de moi. D'enfer ! J'ai même pas eu besoin de lui demander qu'il me fait voyager direct. J'aime ce type ! Dire qu'il y a quelques jours, quand j'ai ressenti ça, j'avais envie de le buter ! Cette fois-ci, le trajet me paraît un peu plus calme. Je suis toujours aspiré dans un tunnel, mais les choses autour sont plus tranquilles, c'est moins brutal. Je me demande si je vais vivre un de mes souvenirs ou si Billy va me faire vivre l'un des siens ! J'espère juste ne pas me retrouver dans le champ de maïs. C'est pas désagréable, mais bon, c'est pas mon endroit préféré.

D'un coup, les choses s'accélèrent. Je file de plus en plus vite dans le tunnel, il y a plein de couleurs, puis comme d'habitude le noir total ! J'entends alors un bruit bizarre. Mais attends… Je connais ce son, c'est… le bruit des jetons de poker ! J'ouvre les yeux et je n'en reviens pas, je suis à une table de poker ! Et pas n'importe laquelle, je regarde autour de moi et c'est bien ça ! Je suis dans l'appartement où a eu lieu la partie lors de laquelle j'ai misé et perdu 10 000 dollars ! Et je crois bien qu'il s'agit du même soir !

Bordel, je vais pouvoir changer les choses ! J'espère juste que ce voyage va durer assez longtemps pour que je puisse aussi aller rendre visite à Julia. Finalement, cet événement s'est passé il y a tout juste quelques semaines.

Un des mecs à ma droite me regarde :

— Bon, tu joues ou quoi ?

Apparemment, c'est à mon tour !

J'ai un peu de mal à atterrir, je vois un verre rempli de whisky devant moi, ce qui n'avait pas vraiment arrangé mes décisions la dernière fois. Je regarde mon jeu et la pile de jetons en face de moi. Je pense qu'on est au milieu de la soirée. Je me dis que je m'en tape complètement de gagner. De toute façon, tout ça aura très vite disparu. Si je dois changer les choses, autant que je parte dès maintenant de cet endroit.

Je regarde mon voisin de droite et annonce :

— Je me couche ! Désolé, les gars, je dois y aller, c'est fini pour moi.

— Quoi ? On vient de commencer et tu te défiles déjà ?

Un des mecs de la table m'interpelle, je décide de faire profil bas et d'inventer une excuse.

— Oui, je viens de me rappeler que j'ai un truc urgent à régler ce soir, désolé.

Je me lève, prends mes jetons, salue quelques mecs que j'avais l'habitude de voir et demande à échanger mes jetons en cash. Ils ont pas l'air très heureux que je parte déjà, mais ils ne vont pas m'attacher à la table pour me forcer à jouer ! Quelques minutes plus tard, le mec qui s'occupe de gérer l'argent et les jetons revient avec quelques billets en main pour me les donner, je souhaite une bonne partie à tout le monde et je quitte la salle. De cette manière, je règle directement le problème.

À peine j'ouvre la porte de l'appartement dans lequel on était, que le couloir juste derrière commence à se déformer. Mais qu'est-ce que c'est que ce bordel encore…

J'essaie d'avancer pour sortir de l'appartement, mais impossible, tout commence à tourner autour de moi, qu'est-ce qui se passe ? Le voyage est déjà fini ? C'est pas possible ça, je viens d'arriver, ça fait à peine dix minutes !

Tout continue à tourner et je me fais aspirer de nouveau dans le tunnel, je comprends alors que c'est la fin, j'en reviens pas ! Dix minutes, c'est tout ! Lors du retour, je me vois dans la boîte dans laquelle je travaillais, je me vois avec quelques potes dans un bar et dans mon loft, je vois en fait ma vie, exactement comme elle l'était auparavant. Dire que ce simple choix de ne pas aller à cette soirée m'aurait évité de me retrouver en taule !

Tout d'un coup, trou noir. Puis silence total, j'essaie d'ouvrir les yeux, mais je ne vois strictement rien. Je reprends un peu mes moyens mais tout est vraiment obscur autour de moi même avec les yeux ouverts. C'est quoi ça ? Je suis où ? Je glisse ma main tout autour de moi, ma tête est sur un oreiller et je suis allongé dans un lit. Il m'arrive quoi là, exactement ? Je ne devrais pas être devant Billy normalement ? J'aperçois un peu de lumière au fond de la pièce, j'ai une étrange sensation de déjà-vu. J'essaie de me lever et, évidemment, je bute sur un verre qui était par terre juste à côté du lit. Je commence à comprendre où je suis. Si c'est le cas, il y a un interrupteur sur le mur juste ici... BINGO ! J'allume la lumière, je suis.... dans mon loft ! Je suis chez moi ! Comment c'est possible ? Je me suis pourtant de nouveau fait aspirer dans ce putain de tunnel... Je suis peut-être en train de vivre un autre souvenir ? Pourtant, Billy ne m'a jamais dit qu'on pouvait enchaîner plusieurs voyages d'un coup. En tout cas, je suis bien content de ne pas être rentré tout de suite, je vais pouvoir profiter un peu. Je me disais bien que c'était impossible que ça dure uniquement dix minutes. Mais c'est quoi le plan ? Et d'ailleurs, pourquoi je revis cette journée ? Il a certainement dû se passer quelque chose de particulier aujourd'hui. Quelle date on est ? Ça va peut-être me permettre d'en savoir plus. J'attrape mon portable que je pose toujours sur le petit tabouret à côté de mon lit, je l'ouvre, et QUOI ? Mardi 27 avril 2019. J'en reviens pas ! Attends, hier, quand j'ai donné le cours on était lundi et on était le 26 avril.... J'en suis sûr, car il y a une grande horloge dans la cantine qui indique l'heure et la date du jour, et hier, bordel, on était le 26. Donc comment peut-on être le 27 à présent ? Je ne suis pas en train de revivre un souvenir, je suis en train de vivre le présent... Ne me dites pas que j'ai réussi à changer le cours des choses, et que je suis en train de vivre ce dont Billy et son grand-père m'ont parlé ? Ça voudrait dire que la prison, c'est fini pour moi ? Que je peux oublier les dix-huit mois ? Que je peux continuer ma vie là où elle s'est arrêtée ? J'hallucine totalement, mais c'est la seule explication ! Mais imagine que je me fasse encore aspirer dans un tunnel dans quelques minutes... Non, ça ne va pas arriver, on ne peut pas me faire de faux espoirs comme ça, je suis revenu au présent, sauf que mon présent n'est plus le même, car les événements que j'ai changés dans ce voyage ont été pris en compte. Du grand délire ! Je suis vraiment en train de vivre dans un film de science-fiction, sauf que tout m'a l'air bien réel. Comment je peux être sûr de ce qui m'arrive? Je ne peux parler de ça à personne, à part... Billy! Mais, attends, je me souviens ce qu'il m'a dit : si l'on parvient à modifier le cours du temps, alors la rencontre avec lui n'a pas lieu et il ne connaît plus les gens qu'il a potentiellement aidés. Ça veut dire que même si j'arrive à le voir, il ne va pas me reconnaître? Pourtant, moi, je me souviens de tout! Donc pourquoi pas lui? Je suis perdu dans mes pensées, mais en même temps tellement heureux! Imagine que je puisse vraiment recommencer à vivre ici et maintenant... Cette fois-ci, avec ce que Billy a partagé avec moi et avec ce que j'ai appris de cette expérience, je pense que ma vie tout entière peut complètement changer!

Mais par où commencer? Il y a tellement de choses que j'aimerais faire : récupérer Julia, quitter mon job, trouver un moyen pour commencer à faire quelque chose que j'aime comme donner des cours de sport, revoir Billy et le remercier. Même s'il ne me reconnaît pas, c'est pas grave, il faut que je le revoie! Et je suis sûr qu'il a tellement de choses encore à m'apprendre. Et... Jimmy! Je pensais jamais dire ça un jour, mais je crois qu'il va me manquer et je sais que c'est réciproque. Sauf que lui n'aura aucun souvenir de moi non plus... Je suis sûr que le grand-père de Billy pourrait m'aider à comprendre tout ça, encore faudrait-il qu'il soit toujours vivant. Quand je l'ai vu, Billy avait pas mal d'années de moins au compteur et son grand-père était déjà âgé.

J'ai le cœur qui bat à toute vitesse, je n'en reviens pas de ce qu'il est en train de se passer, ma vie est complètement dingue. Cette fois-ci, si cette théorie se confirme, c'est ma chance! Ma chance de faire les choses de manière droite, ma chance de me construire la vie que je souhaite et d'atteindre les objectifs que je vais me fixer. À moi de faire les bons choix !

J'entends sonner à la porte. Merde ! Qui ça peut bien être ? J'ouvre la porte et qui je vois devant moi ? MARCO !

— Bah alors, mec, qu'est-ce que tu fous ? Ça fait cinq minutes que je t'attends en bas.

On est mardi ! C'est vrai qu'on a l'habitude quelques matins dans la semaine, d'aller s'entraîner tous les deux en plein air dans le parc d'à côté.

— Désolé, mon pote, aujourd'hui je passe mon tour, je me sens pas trop en forme.

Je décide d'inventer un truc pour esquiver la séance de sport : j'ai d'autres choses à faire et à penser que d'aller m'entraîner au parc.

— Ah bon, mais qu'est-ce que tu as ?

— Je sais pas, j'ai dû manger un sale truc hier.

— OK. En même temps, t'as vu la gueule de ton loft ? Faudrait peut-être nettoyer un peu cet endroit de temps en temps.

Marco a pas tort. En regardant autour de moi, j'aperçois des fringues partout, un pot de yaourt par terre juste à côté de la porte, des chips devant le canapé...

— Oui, t'as raison, mais je comptais sur toi en fait pour faire ça !

— Cours toujours, ma poule, j'ai déjà assez de bordel chez moi et ma copine est en train de me rendre fou avec tout ce qu'elle a ramené.

— Ah, vous vivez ensemble maintenant ?

— Non, mais t'es perdu ou quoi aujourd'hui ? Ça fait cinq jours qu'on vit ensemble, on en a déjà parlé plusieurs fois.

— Ah oui, en effet, vraiment, je me sens pas au top.

La dernière fois qu'il m'a parlé de sa copine, ça commençait à devenir sérieux et ils avaient pour projet d'aménager ensemble, mais ce n'était pas fait ! Comme je ne me souviens d'absolument rien de ce que j'ai fait ces derniers jours – puisque mon autre moi était dans un autre endroit –, j'espère qu'il ne s'est pas passé énormément de choses et que ça a été plutôt calme.

— Bon, je te laisse te reposer alors, mais vendredi matin, je compte sur toi.

— Vendredi, je serai remis d'aplomb, pas de problème.

— Et n'oublie pas, ce week-end, c'est l'anniversaire d'Adélaïde ! Trente piges, on va fêter ça comme il se doit.

Adélaïde, c'est une copine qui traîne avec nous depuis dix ans. C'est un mix entre un Pitbull et un pétale de rose. Très charmante, très douce et, d'un coup, elle peut péter un plomb et nous montrer son côté sauvage. Je crois que c'est ce qu'on apprécie chez elle d'ailleurs. Je la considère un peu comme ma cousine.

Marco repart et je me retrouve de nouveau seul. Incroyable. J'ai encore du mal à réaliser ce qu'il est en train d'arriver, mais tout ça à l'air bel et bien réel. Je prends une douche histoire de me réveiller complètement, puis je décide de remettre de l'ordre dans l'appart, je ne peux pas continuer à vivre dans un foutoir pareil. Une chose est sûre, même s'il ne se souviendra pas de moi, je veux absolument voir Billy le plus vite possible. Il faut que je lui explique ce qui vient de se passer. Seul hic, je sais même pas en quelle année il est censé sortir. Maintenant que je suis dehors, je vais peut-être pouvoir faire des recherches et savoir exactement ce qu'il a fait, car ça m'intrigue toujours. Je vais appeler dès ce matin la prison dans laquelle on était, pour demander à le voir jeudi, le jour des visites. Avec un peu de chance, j'aurai un rendez-vous cette semaine. En même temps, je ne pense pas qu'il y ait beaucoup de monde à lui rendre visite après tout ce temps. Mais je me rends compte que j'ai même pas son nom de famille ! On va tenter quand même, on verra bien.

Pour le moment je vais me relaxer un peu avec de la musique.

— Alexa, joue-moi de la musique.

La musique s'enclenche dans le haut-parleur accroché dans le salon et je commence à danser comme un dégénéré, un énorme sourire sur le visage. Je me sens tellement, mais tellement soulagé de pouvoir éviter de purger ces dix-huit mois. Je commence à crier :

— Je suis libre, bordel ! JE SUIS LIBRE !

Chapitre 10

LIGNE DE VIE

Je décide immédiatement d'essayer d'avoir un rendez-vous avec Billy dès jeudi.

À croire que je suis taré, je viens de retrouver ma liberté et la première chose que je veux faire, c'est de retourner en taule. Mais je ne peux pas passer à côté de la possibilité de revoir Billy. Il faut que je lui parle, que je lui explique ce qui m'est arrivé, surtout s'il n'a plus aucune idée de qui je suis.

Je compose le numéro de l'enfer dans lequel je me trouvais, numéro que je trouve rapidement en faisant une recherche sur Google. J'entends la sonnerie commencer à retentir. Puis, quelqu'un décroche. Sans doute un des gardiens que j'ai croisé plusieurs fois.

— Bonjour, j'aimerais rendre visite à une ancienne connaissance, du nom de Billy.

— Billy comment ?

— Le problème, c'est que je ne me souviens plus de son nom de famille.

— Comment voulez-vous que je vous donne un rendez-vous, sans savoir qui est cette personne ?

— Il s'appelle Billy, il est arrivé il y a tout juste quelques mois, il a été transféré ici, cela fait plus de quarante ans qu'il est enfermé. Vous en avez pas deux comme lui, croyez-moi.

— Donnez-moi un moment.

En espérant que ça passe. À vrai dire, je ne sais vraiment pas comment ils accordent les rendez-vous.

— Quel est votre nom ?

Heu, je commence un peu à flipper, et s'ils reconnaissaient mon nom ? Est-ce que j'en donne un faux ? Non, ce n'est pas possible. Je ne peux pas me retrouver là et en même temps en prison. J'ai vécu des trucs complètement dingues ces derniers jours, mais il y a des limites.

— Je m'appelle Bart, Bart Miller.

— Monsieur Miller, sachez qu'il aura le choix d'accepter ou non de vous rencontrer.

— Pas de problème, dites-lui juste que c'est important.

— Le message sera transmis, présentez-vous ce jeudi à 16 h 45. Vous serez la première personne à lui rendre visite depuis qu'il est ici.

— Je serai là, merci.

D'enfer ! Je vais pouvoir le voir. Enfin, il faut encore qu'il accepte. Mais je me dis que même si mon nom ne lui dit rien, il pourrait peut-être se douter de quelque chose ou être suffisamment intrigué pour accepter de me rencontrer. Et puis, une visite change toujours le cours du quotidien quand on est en prison. On verra bien jeudi. En attendant, il faut que je remette de l'ordre dans ma vie, pas question de continuer comme avant. Il faut que je me fixe des objectifs, de nouvelles habitudes, que je change de job et surtout que je montre à Julia que je peux être digne de confiance. C'est vrai que, pour le moment, on n'est pas vraiment ensemble, même pas du tout en fait. Mais quand elle verra que je suis en train de changer, ça devrait lui plaire. D'autant qu'on s'était déjà pas mal rapprochés ces dernières semaines.

On est mardi, donc si je ne me trompe pas, je dois aller travailler ce soir. La boîte dans laquelle je bosse est ouverte du mardi au samedi, mon service commence à 10 h 00 le soir, puis se termine en plein milieu de la nuit. J'ai pas vraiment d'horaire fixe pour la fermeture, ça dépend de ce qui se passe dans la soirée.

Après avoir passé une partie de la journée à nettoyer mon loft, à y mettre de l'ordre, la pièce principale est beaucoup plus propre. Il y a plus rien qui traîne par terre et ça fait plaisir à voir, même si ça m'a pris près de deux heures. Pour le déjeuner, je descends chercher une grosse salade au poulet, qu'un des restaurants à côté de chez moi a l'art de concocter, puis je pars me poser dans un parc à côté. En croisant deux de mes voisins, je les salue comme si tout était normal et comme si tout était redevenu comme avant. À vrai dire, c'est le cas, je suis juste pas très rassuré à l'idée que tout s'arrête d'un coup et de découvrir que tout ça était un leurre destiné à me montrer la vie que je pourrais vivre, puis de me faire aspirer dans un tunnel pour me réveiller en enfer ! À moi d'arrêter de penser à ça et de me mettre dans la tête que je suis ici pour de bon. Les voyages, c'est terminé ! Enfin on verra, il y a quand même quelques souvenirs pour lesquels je serais prêt à payer très cher pour pouvoir les revivre ! Les prochains jours vont être décisifs. Si je suis toujours là dans une semaine, ce sera gagné, j'aurai vraiment changé le courant de l'histoire et modifié mon présent. Quelle histoire ce truc. Je pense que je vais aller voir Steven Spielberg bientôt pour lui raconter ça. Il va produire un film, me filer quelques millions au passage et à moi la belle vie ! OK, OK, je rêve un peu trop, mais s'il y a bien une chose que j'ai retenue de cette expérience, c'est que je ne vais rien m'interdire. Peu importent les résultats que je souhaite obtenir, je vais m'autoriser à y penser et à les visualiser comme s'ils étaient déjà réalisés. Pour le film avec Steven Spielberg, j'en suis pas vraiment certain par contre !

Je m'appelle Bart Millier, je suis LIBRE et je vais démarrer une nouvelle vie alors tenez-vous prêts, parce que ça va secouer.

Première action : je décide de regarder sur mon portable l'état de mon compte en banque. Un de mes objectifs étant de me faire de l'argent, il va maintenant falloir mettre de nouvelles habitudes en place pour y parvenir. Quand j'ouvre l'application de ma banque, je vois affiché... 1 343 dollars. Bordel ! J'ai trente-deux ans et, tout ce que j'ai, c'est 1 343 dollars ! Ah non, j'ai oublié mon compte épargne avec 986 dollars ! Dire que j'aurais pu avoir facilement dix fois, vingt fois ou même peut-être cinquante fois cette somme, si j'avais pas fait le con. Enfin, c'est du passé, concentrons-nous maintenant sur le présent et sur l'avenir !

Après avoir fait des plans, écrit de nouvelles habitudes et de nouveaux objectifs, j'ai marché un peu dans le centre-ville d'Atlanta, sans but particulier, juste pour me balader. J'ai hâte de partager mes objectifs avec Billy, j'aimerais avoir son avis, savoir ce qu'il en pense et comment il pourrait m'aider. Ou plutôt : m'aider encore une fois, puisque s'il y a bien quelqu'un en ce moment que je dois remercier, c'est bien lui ! J'espère vraiment qu'il n'aura pas tout oublié et qu'il va me remettre ! Je vais me prosterner à ses pieds en le voyant et crier « Mon gourou, puis-je vous baiser les pieds ? » J'imagine bien sa tête, j'imagine aussi la tête des gardiens qui me foutraient certainement à la porte.

Le soir, j'hésite à appeler Julia, pour lui demander si je peux passer la voir, mais je décide d'attendre quelques jours, histoire de me remettre un peu de toutes ses émotions. En fin de journée, j'ai commencé à me sentir très fatigué. Je pense que les deux voyages l'un derrière l'autre n'ont pas fait le plus grand bien à mon corps. Vivement que je retourne à la salle dans la semaine pour soulever de la fonte ! Mais je ne vais pas me plaindre non plus, faut pas abuser. J'ai transformé dix-huit mois de taule en à peine deux semaines : je crois que je suis un des mecs les plus chanceux de l'année ! Non, je rectifie, je suis le mec le plus chanceux de l'année !

Bon, le plan maintenant, c'est de me trouver une excuse pour ne pas aller bosser ce soir. Je ne me sens vraiment pas d'y aller. Le plus simple, c'est sans doute de passer un coup de fil à mon boss pour lui dire que je ne me sens pas bien et que je suis malade. Il va être furax, comme d'hab, mais ça devrait aller, il va trouver quelqu'un pour me remplacer. En même temps, il n'a pas trop le choix.

Comme je l'avais imaginé, mon excuse bidon est passée comme une lettre à la poste – malgré les éructations de mon boss – et je me prépare une soirée qui se résume à un bol de soupe accompagné de tranches de poulet. Encore un peu de ménage par-ci, par-là et je me pose avec un stylo et un bout de papier. Pas question d'attendre pour changer ma vie : si je dois le faire, c'est maintenant. Et les conseils de Billy pourraient être vraiment utiles. Je reprends donc ma liste d'objectifs que j'ai commencé à écrire pour faire quelques ajustements. Et chaque semaine, je reviendrai dessus pour voir si tout est OK, et surtout, si je suis en bonne voie pour les atteindre. Écrire ce qu'on veut, c'est cool, mais les réaliser c'est une autre histoire.

J'ai vraiment du mal à réaliser que je me trouve bien dans mon loft. En tout cas, je prends plaisir à voir que l'endroit est déjà beaucoup plus propre que ce matin. Ça fait aussi plaisir de pouvoir dormir dans un vrai lit ! Bordel, il m'avait manqué ce plumard. Et en plus, je vais pouvoir dormir dans le silence, le pied ! Cette fois-ci, je suis formel, je suis vraiment au paradis !

Le lendemain, quand je me réveille, je me sens toujours très fatigué et j'ai qu'une chose en tête, enfin deux : revoir Billy et revoir Julia. Je ne sais pas exactement quand je vais pouvoir la retrouver, je pense lui organiser une petite surprise ce week-end. Un pique-nique dans un parc avec une bonne bouteille de vin, par exemple. Je pense que ce ne serait pas une mauvaise idée !

Direction une petite terrasse où je décide de prendre un bon petit déjeuner. Par hasard, je croise un de mes anciens amis, que je n'avais pas revu depuis des mois. Bref, tout est normal, comme avant, pas de trace du moindre tunnel. Et si mon intuition est bonne, je vais rester ici pour de bon. J'ai rappelé mon boss pour lui dire que je ne pouvais pas venir ce soir non plus. Il a littéralement péter un plomb et m'a dit que si demain je ne ramenais pas mon cul, j'étais viré. Au moins, ça a le mérite d'être clair. Je l'ai laissé parler, on verra demain. Il faut que je sois en forme si je veux avoir les idées claires, donc pas question de bosser cette nuit. Cet après-midi, je vais aller m'occuper de mes biceps !

En arrivant dans la salle d'entraînement située pas très loin de chez moi, j'interpelle Simon, le propriétaire des lieux. Est-ce qu'il ne chercherait pas quelqu'un pour donner des cours ? Pas pour le moment, mais ça pourrait arriver plus tard, donc sait-on jamais ! Après ces quelques mots échangés avec lui, je retrouve la salle de sport et certains collègues que j'avais l'habitude de croiser. Que ça fait du bien ! Deux heures entières à soulever de la fonte, mes bras vont exploser ! Encore une journée qui passe à une vitesse folle.

Le lendemain matin, je me réveille excité comme une puce. Surtout, je me sens plein d'énergie ! Dès midi, je me mets en route, je prends le métro jusqu'au nord de la ville, puis j'enchaîne avec un bus, puis un autre, et je termine le trajet avec un chauffeur Uber. Le chauffeur m'interpelle :

— Vous connaissez des gens en prison ?

— Ouais, on peut dire ça.

— Ça ne doit pas être facile à gérer comme situation, non ?

Bonne question. À vrai dire, de ce que je connais, c'est ma famille, qui est dehors, qui gère la situation, et moi qui suis à l'intérieur.

— Non mais vous savez, c'est un peu comme devoir gérer le fait d'avoir un enfant avec sa propre cousine, c'est pas facile à gérer devant la famille, mais on s'y fait.

J'adore sortir des conneries à des inconnus en étant très sérieux, ça crée des situations souvent improbables. Le chauffeur me regarde avec un air stupéfait et décide de couper court à la conversation, je crois que je lui ai fait peur.

Je crois que c'est aussi un des avantages que tu as quand tu t'en bats complètement de ce que les autres pensent de toi. Du coup, tu t'autorises ce genre de délire. Je me souviens de cette phrase qui m'avait marqué : « Tu deviens vraiment libre le jour où tu arrêtes de te préoccuper du regard des autres. » Je crois que c'est vrai, enfin sauf si tu es enfermé en taule, dans ce cas, tu n'es pas si libre que ça.

Au bureau des visites, je donne mon nom et la femme devant moi, que je n'ai d'ailleurs jamais vue, me remet un badge et m'ouvre la porte pour que je puisse avancer vers le parloir. Cette salle, c'est un grand couloir avec une dizaine de box séparés en deux par une vitre. Dans chacun, tu trouves un téléphone que tu prends en main pour pouvoir communiquer avec la personne en face de toi. J'avance jusqu'à la zone qui permet d'entrer dans la salle et je croise Mike, ce gardien dont je vous ai beaucoup parlé, ça fait vraiment bizarre. Il me regarde, me demande mon badge que je lui tends, puis il me dit de m'asseoir au numéro 8. Bon, il ne m'a pas reconnu. Il y a donc peu de chance pour que Billy se souvienne de moi.

Quelques autres personnes entrent dans la salle. Pour le moment, aucun prisonnier n'est là. Après dix-neuf minutes d'attente, les premiers arrivent. Je reconnais quelques personnes, puis merde, c'est Jack, un des membres de l'équipe des gros bras, que j'aperçois ! Il avance pour se diriger vers sa place et, au moment où il passe à ma hauteur, il me regarde et me salue d'un signe de la main. C'est quoi ce bordel, il me reconnaît ? Là, je suis littéralement en train de paniquer ! Oh, mais attends, il était déjà là lors de ma première incarcération, tout s'explique. Je retrouve mon souffle. On était déjà dans la même bande durant mon tout premier séjour ici. Il s'assoit devant une femme d'une trentaine d'années, peut-être son épouse, il en parlait de temps en temps. Après quelques minutes, rien, toujours pas de signe de Billy. Alors que les autres prisonniers sont déjà là, pourquoi il n'est pas là, lui ? Je continue d'attendre et je commence à me demander s'il va venir. J'y pense, avec cette vitre, même s'il voulait me faire voyager, il ne pourrait pas ! Il ne peut pas me toucher. En même temps, maintenant que je suis libre, je n'ai pas vraiment besoin de voyager. Mais un saut à Venice beach ne m'aurait quand même pas déplu. Oui, je sais, c'est ma petite obsession !

Tout à coup, je vois Billy qui entre dans la salle et qui s'approche de la chaise en face de moi. J'avoue que je me sens un peu bizarre à ce moment-là, il s'assoit, prend le téléphone et me fixe droit dans les yeux, sans la moindre expression sur son visage. Je prends le téléphone à mon tour.

— Salut Billy !

— Bonjour Bart !

Il me fait un petit sourire en même temps et je comprends alors tout de suite qu'il se rappelle tout !

— Comment c'est possible ! Tu te souviens de moi ?

— Bien sûr. S'il y a bien une personne qu'on peut pas oublier, je crois, c'est bien toi !

— T'as pas tort. Mais les circonstances sont quand même un peu particulières, non ? Il va falloir que t'éclaires ma pendule, mec. Je suis dehors pour de bon ? J'ai pu changer le présent ?

— Oui et non.

— Comment ça « oui et non » ? Ça peut pas être simple ?

— Disons que oui, dans le cours actuel des choses, tu as en effet modifié ton présent, mais tu as aussi une autre vie quelque part.

— Quoi ? J'ai une autre vie ? Une vie où je suis en taule avec toi ?

— Oui, ce que tu as vécu ici n'a pas complètement disparu. C'est inscrit quelque part et c'est pour cela que je peux me rappeler de toi aujourd'hui. Moi, dans cette vie, c'est la première fois que je te vois. Par contre, je voyage régulièrement dans des souvenirs qui n'appartiennent pas à cette vie. Et j'étais avec toi, pas plus tard que ce matin, pendant un voyage.

— Oh, bordel, t'es un putain de psychopathe, tu le sais ça ?

Billy se met à rire et je tente d'éclaircir mes idées.

— Donne-moi deux secondes : je résume la situation. Alors quelque part… je ne sais pas où d'ailleurs, il y a ma vie d'avant. Et toi, ce matin, t'es allé te balader dans tes souvenirs, et tu m'as du coup croisé dans ma vie d'avant ?

— C'est un peu plus complexe que ça, mais on peut dire que t'as résumé les choses.

— Imaginons que ce que tu racontes est vrai, alors cette autre vie où je suis en taule, elle continue aussi ? Je comprends plus rien, là.

— Elle est figée en quelque sorte. Mais le futur de cette vie est dans les grandes lignes déjà inscrit quelque part.

— Quoi ? Donc le futur de cette vie qui se déroule là, en ce moment, est déjà inscrit aussi ?

— Oui, enfin pas dans le détail, mais dans les grandes lignes, oui. On appelle cela des lignes de vie. Tu es maintenant sur une autre ligne de vie, c'est une autre trajectoire qui va créer pour toi un autre futur. Disons que si tu lances une balle à une vitesse de dix kilomètres/heure, tu peux prédire à quel moment la balle va arrêter de rouler. Si maintenant tu lances cette même balle à une vitesse de vingt-cinq kilomètres/heure, tu peux aussi prédire à quel moment la balle va arrêter de rouler. Dans les grandes lignes, tu as la fin de l'histoire. Pour les êtres humains, on ne parle pas de vitesse, mais de croyances, de convictions, de choix et de décisions. Avec ce que tu as dans la tête aujourd'hui, les grandes lignes de ton futur sont déjà inscrites quelque part, cela ne veut pas dire que tu ne peux pas le modifier, il y a des gens qui changent plusieurs fois de ligne de vie au cours de leur existence. Tes croyances, connaissances et convictions actuelles vont t'amener sur un certain chemin. Les voyages que je peux faire, je peux les réaliser sur la ligne de vie que l'on est en train de vivre actuellement, mais je peux aussi voyager sur d'autres plans.

— Mec, ça fait deux minutes que je te parle et tu m'as déjà littéralement retourné le cerveau. Tu savais que, lors de mon dernier voyage, je n'allais pas revenir et ainsi modifier le cours du présent ?

— Non, je n'ai pas d'influence là-dessus. Mais si cela s'est produit, c'est que ça devait se passer de cette manière : tout est toujours parfait.

— Parfait, parfait, ta vie à toi a pas l'air si parfaite que ça. Ça fait plus de quarante ans que t'es enfermé, c'est complètement dingue ça ! Pourquoi, toi, t'as pas basculé de ligne de vie ?

— Bonne question, je pense que je suis précisément en train d'accomplir ce que je suis censé accomplir.

— Attends, mais je viens de penser à un truc là, ça fait plus de quarante ans que t'as pas touché une femme ?

— N'oublie pas que je voyage régulièrement !

— Ouais, mais bon, la dernière fois que je me suis retrouvé dans un de tes souvenirs, on était dans un champ de maïs ! Y'avait rien de très excitant à l'horizon.

— T'inquiète pas pour moi.

— Mais t'es censé accomplir quoi en taule ?

— Ce que j'ai fait avec toi. Je t'ai donné une seconde chance. Quel est le meilleur endroit selon toi pour être entouré d'âmes qui se sont égarées ?

— T'as pas vraiment tort, sauf que j'aurais pas utilisé le terme « âme égarée » mais un terme un peu plus trash ! Attends, t'es en train de me dire que ta mission dans la vie, c'est d'être en taule ?

— Je suis en train de te dire que je me trouve à l'endroit le plus parfait pour aider les autres.

— Si je me rappelle bien, tu m'avais dit que tu ne pouvais te souvenir de quelqu'un qui avait voyagé avec toi et modifié son présent ?

— C'est exact, et je n'ai en effet plus de souvenirs de toi dans cette vie. Mais comme je te l'ai dit, j'ai la possibilité de voyager sur plusieurs plans, donc de temps en temps, comme avec toi, je ramène avec moi des souvenirs qui appartiennent à une autre vie.

— Donc toi et ton grand-père, vous vous êtes carrément foutus de ma gueule quand j'ai abordé le sujet ?

— Pas vraiment, disons que tu avais déjà beaucoup de mal à croire à ces voyages, alors j'ai évité d'ajouter une subtilité supplémentaire.

— Je suis censé faire quoi maintenant ?

— Vis ta vie ! Construis-toi la vie de tes rêves, continue d'apprendre ce qu'on a commencé à voir ensemble, concrétise tes projets ! Tu as une deuxième chance, saisis-la ! Il n'y a aucune limite à ce que tu peux réaliser et accomplir. Il faut que tu sois le premier à en être convaincu. Tu peux continuer à venir me voir régulièrement si tu veux. Ce que je te propose, c'est de continuer à t'enseigner mais, si tu es d'accord, tu dois aujourd'hui me faire une promesse.

— Une promesse ?

— Je veux que tu me promettes que, quand tu auras construit la vie que tu souhaites et que tu auras complètement transformé tes résultats, tu transmettras à ton tour les enseignements que je vais te prodiguer.

— Transmettre les enseignements ? À des amis ?

— À qui tu veux, de la manière dont tu le souhaites. Je veux juste que tu me promettes que d'autres personnes bénéficieront de ces connaissances.

— Je pense que je peux faire ça. Et pour être franc, ça me plairait plutôt bien de revoir ta tronche chaque semaine, même si le trajet pour venir jusqu'ici est quand même un peu galère.

— Oh, mais tu n'auras pas besoin de te déplacer !

— Pas besoin de me déplacer ? Quoi, t'es capable de te téléporter aussi ?

— J'aimerais bien, mais malheureusement, non. Je suis seulement capable de te rendre visite dans tes rêves.

— QUOI ? Dans mes rêves ?

— Non, je plaisante. Évidemment qu'il va falloir que tu te déplaces.

— T'es encore en train de te foutre de ma gueule !

— De temps en temps, il me semble plutôt bien que les rôles s'inversent…

— Ouais, ouais. Enfin, t'enflamme pas trop vite quand même.

— Je dois y aller à présent, mais reviens me voir jeudi prochain ?

— Quoi, déjà ? Attends, il nous reste encore un peu de temps.

En regardant l'horloge sur le mur en face de moi, je vois en effet qu'il reste quelques minutes.

— J'ai des impératifs, mon ami.

— Des impératifs ? En taule ? T'es vraiment le mec le plus étrange que j'ai croisé de ma vie, ça, je te le garantis… Écoute, je voulais quand même te dire un sacré merci, même si c'est très rare que je prononce ce mot, je te dois beaucoup. Je sais même pas comment je peux te remercier. Je suis libre ! J'en reviens toujours pas.

— T'inquiète pas pour ça, si tu tiens ta promesse, ce sera le moyen de me remercier.

— Ce sera fait. Donc, semaine prochaine, on redémarre notre relation de gourou et de disciple ?

Billy me fait un petit sourire.

— Pourquoi pas plutôt notre relation d'amis ? Ça sonne mieux, non ?

— Ça sonne pas mal, ouais.

D'ordinaire, j'ai un peu de mal à montrer mes émotions mais, même si je ne le lui dis pas clairement, je dois avouer que je l'apprécie vraiment, ce mec.

Il se lève et s'éloigne doucement. J'essaye de digérer tout ce qu'il m'a raconté, mais je dois dire que ma tête est à deux doigts d'exploser ! Je reste assis quelques instants avant de me lever également et de me diriger vers la porte de sortie. Je recroise Mike le gardien et lui fais un grand sourire – aucune réponse de sa part. En rejoignant la porte principale, je m'arrête au bureau des visites pour prendre rendez-vous la semaine prochaine. Au moins, ce sera déjà calé, même heure, même jour. Comme je veux vraiment profiter au maximum de lui, sa proposition tombe à pic même si je sais qu'on n'aura pas beaucoup de temps à chaque fois. Je pense vraiment qu'il peut m'enseigner plein de trucs cool que je mettrai à profit pour la suite. Et la promesse qu'il m'a demandé de faire me semble pas très compliquée à tenir. J'ai plein de moyens de partager ce qu'il va m'enseigner et je connais quand même pas mal de monde. Je me vois déjà organiser des sortes de séminaires. Faut dire qu'imaginer une salle avec des centaines de personnes qui acclament mon nom, ça me plaît déjà. J'imagine bien la scène. Oui, je sais, j'ai encore du boulot, faut peut-être que je me concentre un peu moins sur moi et plus sur les autres. Mais, petit à petit, je vais progresser, j'en suis sûr ! Si je peux aider des gens, je pense que je me sentirai plutôt bien et plutôt fier de ce que je fais.

Après être rentré chez moi, je me suis dit que j'avais deux options : soit appeler mon boss pour lui dire que j'arrêtais, soit aller taffer ce soir. J'ai opté pour le second choix. Je ne vous le cache pas : j'ai quand même besoin du salaire de ce job, surtout en ce moment. Mais pas question d'y moisir des années, ce sera juste temporaire, le temps que je me trouve une autre source de revenu. Dès cette semaine, je vais parcourir tous les clubs de sport de la ville pour savoir s'ils ont besoin de moi. Je vais bien finir par trouver un club qui me donnera ma chance. Au pire, je vais tous les harceler, jusqu'à ce qu'il y en ait un qui cède. Méthode un peu extrême, mais qui porte ses fruits !

Je me souviens, il y a dix ans de ça, je devais trouver un stage dans une boîte de plomberie. Ouais, j'ai suivi des études de plomberie. Honnêtement, je ne sais vraiment pas à quoi je pensais, car ça ne me correspond pas du tout, mais ça a été assez rapide. Personne ne voulait me prendre en stage. Tous les jours de la semaine, je me pointais dans une entreprise différente et je revenais à la charge avec d'autres arguments le lendemain. Je me faisais systématiquement jeter, pourtant, j'y retournais. Après m'avoir vu trois ou quatre fois, ils n'en pouvaient plus de moi. J'ai fait ça pendant trois ou quatre semaines jusqu'à ce que le patron d'une des boîtes en ait tellement marre qu'il décide de me prendre. Je me souviens, il m'avait dit qu'il n'avait jamais vu un mec aussi borné que moi. Le stage s'est finalement assez bien passé et ça m'a montré que la persévérance paie toujours. La majorité des gens reculent devant un non, sans jamais réessayer. Alors, forcément, la plupart d'entre eux perdent la partie. Bon, je dois dire que parfois, quand vous recevez un non, c'est non, et il ne faut pas vraiment insister, si vous voyez ce que je veux dire. Mais c'est un autre sujet, sujet que je maîtrise aussi assez bien d'ailleurs.

Me retrouver en boîte, remplie de jeunes et de moins jeunes, bourrés pour la majorité, avec la musique à fond, me fait vraiment bizarre. J'ai dû virer deux types qui avaient un peu trop picolé et qui commençaient à casser les couilles de tout le monde. Je me suis fait approcher par une femme complètement perchée, dans la quarantaine. Elle m'a sauté au cou et m'a demandé de la chevaucher comme un chevalier ! Sérieux, c'était ses mots ! Non mais elle est sérieuse, elle ? Je ne sais pas où elle est allée chercher cette phrase, mais en tout cas, je n'ai pas bougé.

En temps normal, ça ne m'aurait pas forcément dérangé… mais, là, c'était hors de question. Bref, soirée plutôt normale finalement, mais je me suis vraiment rendu compte que je ne veux plus de ça. Ça ne m'intéresse plus, tout ça. Je suis rentré épuisé chez moi à 4 h 30 du mat, ma tête toujours en ébullition. Faut dire que ce que Billy m'a raconté m'a quand même bien fait cogiter. Une chose est sûre, c'est que je suis dans un énorme kiff à l'idée d'être dehors et libre et j'ai hâte de connaître ce que la vie me réserve pour la suite…

Chapitre 11

LE VOYAGE INATTENDU

Le lendemain, je décide de prendre une décision radicale. Un jour, Billy m'avait expliqué que c'est dans l'inconfort que les changements les plus importants s'opèrent, et je suis entièrement d'accord ! Je décide donc aujourd'hui de me plonger dans l'inconfort.

Après quelques sonneries, mon boss décroche. Je lui explique que c'est terminé pour moi, que j'arrête. À lui de me régler ce qu'il me doit. Je l'entends me dire que ce n'est pas possible, que je dois lui donner au minimum deux semaines avant de partir... Il a pas vraiment tort, c'est marqué noir sur blanc dans mon contrat. Mais quand je lui laisse entendre que je suis au courant de toutes ces petites magouilles, des paiements en cash qui n'entrent pas forcément dans la caisse principale et ne sont donc pas déclarés, il change vite de discours et me dit que c'est OK. Ouf ! Je le remercie quand même pour l'expérience mais lui explique que je n'en peux plus. Tout en ayant certainement envie de m'égorger, il me dit qu'il me comprend.

Maintenant que cette histoire et ce boulot sont derrière moi, je n'ai plus le choix. Et quand t'as pas le choix, qu'est-ce qui se passe ? C'est simple, tu t'actives et tu te bouges. J'ai une semaine max pour trouver un job ou je ne pourrai plus payer mon loyer, c'est aussi simple que ça. Dès cet après-midi, je vais commencer à parcourir les clubs de la ville avec une proposition simple : je vous donne un cours entièrement gratuit, vous me testez, vous ne prenez aucun risque, si vous aimez ce que je propose alors on commence à discuter et, si ce n'est pas le cas, je vous laisse tranquille.

Plutôt cool, non ? C'est ce que je pensais... Mais après être entré dans sept clubs, la réponse est toujours la même : « Désolé, on ne recrute pas pour le moment. » J'ai parcouru une bonne partie du centre-ville, je suis un peu sonné, mais je garde espoir : il m'en reste quand même une bonne dizaine sur ma liste.

Le lendemain, je me lance dans une bonne séance de sport avec Marco. Impossible, bien sûr, de lui parler de quoi que ce soit. Pourtant qu'est-ce que j'aimerais confier à quelqu'un ce qui m'est arrivé ! Mais j'imagine déjà la tête de la personne à qui je raconterais toute cette histoire de dingue. Peut-être Julia, qui sait ? J'ai vraiment hâte de la voir, je ne tiens plus en place. Je l'ai appelée tout à l'heure et on s'est donné rendez-vous dimanche midi dans un parc. Je vais lui préparer une petite surprise. À moi de me tenir à carreaux samedi soir à l'anniversaire d'Adélaïde pour ne pas avoir la gueule de bois le lendemain. Ça va pas être facile, mais chaque chose en son temps.

De nouveau, je me lance dans la tournée des clubs. J'en suis maintenant à seize au total, et j'obtiens toujours la même réponse… Ça commence sérieusement à me gonfler. Bien sûr, je peux toujours opter pour la stratégie de me pointer encore et encore dans les trois ou quatre clubs où j'aimerais vraiment bosser jusqu'à ce qu'il y en ait un qui cède… Je pourrai aussi sortir un peu du centre-ville et continuer mes recherches dans des clubs un peu moins réputés, même si c'est pas vraiment ce que je voulais à la base. Après, pour démarrer, c'est vrai que c'est pas très grave, j'ai juste besoin d'un job et j'aurai le temps ensuite de réfléchir à comment améliorer mes conditions. Conditions qui sont déjà cent fois mieux que d'être enfermé entre quatre murs, il ne faut pas que je l'oublie.

Vous me croirez ou non, mais aucun dérapage de mon côté à la soirée de samedi, ce qui n'a pas été le cas pour tout le monde. Du coup, le dimanche a été super et Julia avait l'air vraiment emballée de m'entendre parler des changements que je voulais opérer dans ma vie. On a passé tout l'après-midi ensemble, allongés dans le parc. Je lui avais préparé un petit pique-nique avec sa bouteille de vin favorite. J'ai cru pouvoir l'embrasser mais je pense qu'elle veut me tester encore un peu. Ça me va, je ne suis pas pressé. Enfin, ce n'est peut-être pas tout à fait vrai, mais maintenant que je suis libre, je veux juste profiter de chaque moment. Si elle a besoin d'un peu de temps, je vais attendre. Ce qui compte, c'est qu'on se soit donné rendez-vous dans une semaine, dans un petit bar sympa de la ville qui fait des super cocktails et des tapas à tomber par terre. On verra la suite, mais je suis confiant.

Côté boulot, je continue mes recherches et c'est toujours la même rengaine. Dans quelques jours, si ça ne prend pas, il faudra que j'accepte n'importe quel job parce que mon loyer va pas se payer tout seul ! Heureusement, on est déjà jeudi et il est temps de retourner voir Billy.

Pendant le court temps de la visite, on parle boulot et argent, et il me fait comprendre plusieurs choses vraiment importantes. Surtout, il me dit une phrase qui n'arrête pas de résonner dans ma tête : quelles que soient les réponses obtenues dans ma recherche d'emploi, il me faut faire confiance à la vie et à ce qui m'arrive. D'après lui, tout est juste, tout est toujours juste et, si je ne trouve rien, c'est qu'il s'agit d'une opportunité pour procéder autrement. En me disant ça, il m'a regardé dans les yeux et a ajouté : « Pourquoi, au lieu de chercher un job, ne pas créer le tien ? » J'ai pas vraiment percuté sur le coup et lui ai demandé plus d'explications. Il m'a alors dit que j'avais toutes les qualités pour pouvoir organiser moi-même des cours. Bien sûr, il avait oublié que je l'avais déjà fait en taule avec lui il y a moins de deux semaines. En y repensant, je vois que ça a été plutôt un succès ! Et c'est là que ça a percuté ! Pourquoi je pourrais pas créer mes propres cours au lieu de bosser pour un club ? On est en plein été, il fait beau, je peux organiser ça dehors, j'ai pas besoin d'avoir une salle.

Encore une fois, Billy a vu juste. C'est dingue comme on peut parfois avoir des choses sous les yeux sans les voir. Juste parce que ce n'est pas un chemin qu'on a l'habitude d'emprunter et qu'on reste sur le chemin le plus confortable, celui qu'on connaît. Or, je suis persuadé que je ne vais pas vivre la vie de mes rêves en suivant la voie classique de monsieur tout le monde. Ce que je veux, c'est être un chien enragé qui a soif d'évolution, de défis et qui explore l'inconnu. Eh oui, rien que ça ! C'est comme ça que je vivrai dans quelques années une vie sur-mesure, pas autrement ! Bien sûr, ce serait plus confortable pour moi de trouver un nouveau patron et un nouveau job, mais l'idée d'être mon propre patron m'excite comme jamais. Je me sens de nouveau prêt à tout donner pour que ça fonctionne.

Je prends donc la décision d'arrêter complètement mes recherches et je commence à regarder comment créer ma propre activité. J'imagine donner des cours collectifs mais je pense aussi à des cours individuels ; je suis sûr qu'il y a un tas de personnes dans cette ville qui voudraient bien me payer pour que je leur mette des coups de pied au cul et leur gueule dessus. Tout ça évidemment pour qu'ils se bougent et transforment leurs corps. J'en suis même persuadé. J'ai juste besoin de leur montrer que je suis la bonne personne pour eux. De toute manière, comme me l'a dit Billy, j'ai rien à perdre à essayer et il a raison. Si ça marche pas, j'aurai toujours la possibilité de reprendre un job de videur.

Pour me lancer, j'annonce que mon premier cours aura lieu dimanche à 17 h 00. J'envoie un message à quasiment tout mon répertoire téléphonique, même mes ex, ou mes plans d'un soir… Mon premier cours sera entièrement gratuit, je veux juste leur montrer ce que je peux leur apporter. Ensuite, mon plan est de prendre les inscriptions pour des cours collectifs ou individuels à la fin. Assez vite, seize personnes me disent qu'elles seront là. C'est un très bon début, mais pas question de m'arrêter là. Je pars ensuite sillonner la majorité des bars que je connais pour placarder des affiches. Je suis tellement motivé que j'arrête même des passants dans la rue pour leur dire de venir. Puis je décide de mettre le cap sur les grands parcs de la ville, un endroit idéal pour capter les groupes de jeunes assis en train de boire un verre. Exactement comme je l'avais fait en taule, je passe de groupe en groupe pour leur filer l'info. Pendant deux jours, je ne m'arrête pas, je donne tout. Et je peux vous dire une chose : je me sens tellement bien, tellement libre. D'abord, d'être dehors, mais aussi de construire quelque chose pour moi-même. C'est la première fois que je ressens ça. En plus, Julia sera là elle aussi, elle m'a encouragé et elle semble fière de moi.

On s'est revus cette semaine. Après avoir bu quelques cocktails dans le bar où je l'avais invitée, je l'ai raccompagnée à sa voiture. Elle est rentrée chez elle, malgré ma proposition de finir la soirée chez moi, mais c'était tellement bon de la prendre dans mes bras que ce n'est pas grave. Je suis vraiment en train de changer, je crois que Billy a beaucoup plus d'impact sur moi que je veux bien le croire et ce n'est pas pour me déplaire. J'ai même refusé plusieurs soirs de rejoindre des potes dans un bar où on a nos habitudes. Ils n'ont pas eu l'air de comprendre mais je m'en tape. Je ne vis pas pour les autres, c'est ma vie que je construis maintenant et c'est aussi mon futur. Et cela, je l'ai bien compris.

Avec tout cela, je ne vois pas le temps passer et jeudi arrive à toute vitesse. Il est temps pour moi de reprendre la direction de l'endroit que je déteste le plus au monde. Mais c'est certainement pour voir le mec que j'apprécie le plus. En tout cas, pour le moment. Si demain je me refais aspirer dans un tunnel pour atterrir entre quatre murs, j'aurai sûrement un autre discours. Je me présente comme la dernière fois au bureau des visites, puis je m'assois en attendant Billy. Cette fois-ci, je ne croise pas Mike. La salle est remplie, je me sens chanceux qu'on m'ait laissé entrer. Comme à son habitude, Billy arrive avec quelques minutes de retard. Il s'assoit et attrape le téléphone à côté de lui :

— Salut l'ami ! Raconte-moi, comment se sont passés ces sept derniers jours ?

— Dans l'ensemble, je dirais que c'est plutôt positif. J'ai suivi ton conseil et devine quoi ? Je donne un premier cours de sport dimanche avec une vingtaine de personnes.

— C'est une très bonne nouvelle, je pense donc que tu es maintenant prêt.

— Prêt ?

— Oui, tu es prêt pour la suite.

— Me dis pas que tout ce que je suis en train de vivre est imaginaire et que tout va s'arrêter !

Billy me regarde avec un grand sourire et je commence à vraiment flipper.

— Non. En revanche, tu vas faire un autre voyage.

— Quoi ? Mais comment ? Tu peux pas me toucher avec cette glace !

— Cette fois-ci, ce sera un voyage ordinaire.

— T'as pris du LSD ce matin ou quoi ? Je comprends rien à ce qui sort de ta bouche aujourd'hui.

— Tu perds pas ton sens de l'humour à ce que je vois. Tu es prêt pour vivre l'expérience la plus incroyable de toute ta vie ?

— Où ? Quand ? Comment ? Et quelle expérience ?

— Ça va être très simple, je vais te donner trois noms et trois adresses. Ce que je te propose, c'est de partir quelque temps et d'aller à la rencontre de ces trois personnes pour continuer ton apprentissage.

— C'est qui, ces gens ? Et ils habitent où ?

— Disons qu'ils sont dispersés à gauche, à droite.

Billy sort de sa poche un bout de papier et appelle le gardien pour lui demander de me le transmettre. Le gardien s'approche de Billy, commence à lire ce qu'il y a écrit dessus, me regarde, puis se dirige au fond de la pièce où il ouvre la porte qui le fait passer de l'autre côté et il me donne le papier. Je le prends dans mes mains et commence à lire ce qu'il y a écrit.

N° 1 : Samantha, Austin, Texas

N° 2 : Brice, Los Angeles, Californie

N° 3 : Douglas, San Francisco, Californie

Pour chaque personne, il y a également un numéro de téléphone.

— Mais t'es un fou, toi ! Tu peux pas me filer une liste de gens qui habitent à Atlanta ? Ils sont dispersés dans tout le pays, ces gens !

Bille se met à rire.

— J'ai pas vraiment choisi où ils habitent, c'est leur choix !

— C'est qui ces gens ?

— Disons qu'ils ont croisé un jour mon chemin tout comme toi et que chaque personne a quelque chose de particulier à t'apporter. Il y a cependant trois règles à suivre.

— Attends, attends, j'ai pas encore dit que j'allais le faire !

Billy ne me laisse pas le temps de finir ma phrase :

— Règle n° 1 : Respecter l'ordre des rencontres. Règle N° 2 : pas de pause entre chaque rencontre. Quand tu auras fini avec une personne, tu partiras aussitôt rencontrer la personne suivante.

— Et la règle N° 3 ?

— Tu les embrasses tous de ma part. Simple, non ?

— T'es définitivement en train de te transformer en gourou. Le mec me donne des règles maintenant !

— Écoute, Bart, comme je te l'ai déjà dit, tu es maître à bord et tu es maître de tes décisions. Ce que je te propose, c'est de t'aérer un peu l'esprit, de partir à l'aventure et de faire des rencontres qui vont bouleverser ta vie. Quand tu es toujours dans un environnement familier, entouré par des personnes que tu connais, il est parfois difficile d'avoir une vision à 360° sur ta vie et de prendre du recul. Ce que je peux te garantir, c'est que ce voyage va transformer ton futur.

— OK, j'entends bien, mais j'ai même pas de voiture, comment je me déplace ? Et puis je suis en train d'essayer de reconquérir Julia, sans compter le cours de dimanche que tu m'as d'ailleurs conseillé d'organiser pas plus tard que la semaine dernière !

— Tout ça est très bien et rien ne va disparaître. Julia sera là quand tu rentreras, les personnes qui sont intéressées par ton cours dimanche seront toujours là. Quant au moyen de te déplacer, tu vas trouver une solution et tu vas voir que ce sera simple.

— Tout est simple apparemment pour toi, mais moi, le problème, c'est que mon compte en banque est proche de 0 et que je roule pas sur l'or !

— Aie confiance, c'est tout ce que je te demande, si cette aventure t'intéresse, concentre-toi dessus et les petits détails vont se régler au fur et à mesure.

— Pas vraiment des petits détails pour moi, mais bref. Je suppose que tu m'en diras pas plus sur ces personnes que je dois rencontrer ?

— Exact, je te laisse la surprise, vous aurez le temps de faire connaissance. Allez, faut que j'y aille, j'ai une course à faire.

— Une course à faire ? Mais, mec, t'es en taule ! T'as vraiment pris du LSD ce matin !

— Je veux pas te revoir avant la fin de ce voyage. Fais-moi signe à ton retour.

Sur ces mots, Billy se lève, me regarde, et prononce ces paroles que je peux lire sur ses lèvres : « Bon voyage. »

Je me retrouve tout seul avec un bout de papier à la main. Je suis un peu perplexe sur tout ça, mais ce qui est sûr, c'est que je veux rester concentré sur ce qui m'attend dimanche. Pas question d'annuler. Même si je prends la décision de partir et que je trouve comment, je partirai seulement la semaine prochaine.

Sur le chemin du retour, je n'arrête pas de repenser à tout ce que Billy vient de me dire. Je me demande vraiment qui sont ces personnes. Peut-être des gens qui étaient aussi en prison avant, qui l'ont rencontré, et qui en sont sortis comme moi grâce à un voyage ? Mais non, puisque la première personne de la liste s'appelle Samantha. Impossible qu'ils se soient rencontrés en taule. Imagine le carnage si les prisons étaient mixtes. Bref, je ne vais pas m'éterniser sur la question. Pour être honnête, je ne sais vraiment pas ce que je vais faire. Tout ce projet me paraît un peu « trop ». Je vais laisser passer quelques jours et voir comment tout ça évolue. Pour le moment, j'ai un cours à mettre sur pied.

Pour m'aider à organiser tout ça, je demande de l'aide à Marco et à ma petite Julia. Le truc, c'est que si ça se trouve, on va être cinquante. Et si c'est le cas, c'est pas du tout pareil que si on est vingt.

Le jour J, je me dirige vers le parc une demi-heure avant l'heure fatidique. Marco a emmené un micro et une petite enceinte, histoire que tout le monde m'entende bien au cas où il y aurait beaucoup de monde. Julia a apporté des bouteilles d'eau qu'elle distribuera aux personnes qui n'en n'ont pas, et j'ai aussi amené des barres énergétiques pour la fin de séance. Bon, je ne ferai pas ça à chaque fois, mais pour la première, il faut mettre le paquet.

— Je t'installe ça où ?

Marco est prêt à installer mon enceinte.

— Juste ici, à côté de cet arbre, y'a moins de vent.

On est dans un grand parc avec des tables un peu partout, des bancs et de nombreux arbres. Il n'y a pas trop de monde aujourd'hui comparé à certains dimanches, ce qui n'est pas plus mal. On s'est installé au pied d'un grand arbre, avec de quoi mettre sans problème cinquante personnes devant. Julia me regarde comme si elle découvrait une nouvelle personne et j'aime ça. On se lance quelques regards complices. Les premières personnes commencent à arriver : quelques potes, deux amies de Julia, une personne que je ne connais pas et qui a dû voir une de mes affiches. Nous sommes neuf pour le moment et la séance doit commencer dans dix minutes. Je commence à stresser un peu. Trois autres personnes que je ne connais pas non plus rejoignent le groupe, puis deux autres encore.

C'est l'heure de démarrer et on est quatorze ! Je n'en reviens pas, la majorité des gens que j'ai eus au téléphone et qui m'ont dit qu'ils viendraient ne sont pas là.

Si vous voulez mon avis, les gens disent souvent « Je peux pas faire ceci, je peux pas faire cela » alors que le truc qu'ils devraient dire c'est : « Je veux pas faire ça », point final. Ce n'est pas une question de pouvoir le faire, mais une question de *vouloir* le faire.

Enfin, bref, une personne est arrivée entre-temps, et nous sommes maintenant quinze au total, je vais me concentrer là-dessus. Julia vient me voir pendant que Marco finit l'installation de l'enceinte car elle comprend que je suis déçu.

— T'inquiète pas, c'est la première, t'auras plus de monde ensuite, c'est déjà bien pour un début.

Il est temps de prendre le micro. Je me présente rapidement pour ceux qui ne me connaissent pas. Je leur explique le programme et je leur fais comprendre qu'on est tous là pour s'entraider et progresser, peu importe le niveau de départ. Je veux que tout le monde se sente à l'aise, même ceux qui auront plus de mal. Il y a notamment un type qui a vraiment pas l'air en forme physiquement et qui est vraiment bien enrobé. Enfin, quand je dis bien enrobé, c'est plutôt gentil.

C'est parti ! On démarre par une série d'échauffements, puis un peu de cardio, puis on enchaîne par des exercices de motricité, des exercices en binôme. Je me mets avec la personne qui est un peu plus en difficulté et je la motive comme jamais. On enchaîne ensuite différentes séries où on travaille le haut du corps pendant environ une demi-heure pour finir avec le bas du corps pendant quinze minutes. Au total, ça dure une heure pour une session bien complète comme je les aime. À la fin, je félicite tout le monde et je dois dire qu'ils ont l'air vraiment contents de cette expérience. Avant que les premières personnes ne partent, j'annonce alors mes cours à venir. Je voudrais au moins repartir avec un client, pour me montrer que ça peut marcher. J'explique que je peux donner des cours particuliers aux personnes que cela intéresse, et que je vais aussi organiser plusieurs cours collectifs. Les personnes qui le désirent peuvent venir me voir et je prendrai leurs coordonnées. À ma grande surprise, trois personnes s'avancent, dont deux personnes intéressées par des cours particuliers. Parmi elles, la personne qui a été le plus en difficulté aujourd'hui. La première question qu'il me pose, c'est au sujet de mes tarifs. J'y ai un peu réfléchi mais sans me décider vraiment ! Je balance donc quarante dollars de l'heure, trente-cinq dollars s'il prend un pack de dix séances. C'est ce qui m'est venu en tête. Et le type veut prendre dix séances, et pas seulement lui, mais aussi une autre personne ! D'enfer, ça fait déjà sept cents dollars. Quand ils me demandent quand ils peuvent commencer, je leur dis que je vais probablement être absent pendant quelques semaines, mais que je les appellerai dès mon retour pour démarrer. Je ne sais même pas pourquoi je dis ça, c'est sorti de manière naturelle et automatique, je suppose que la proposition de Billy commence un peu plus à résonner. Julia me lance un regard étonné en m'entendant dire cela. Je prends aussi les coordonnées de la troisième personne qui souhaite suivre des cours collectifs comme aujourd'hui et je lui annonce un prix de vingt dollars par cours, tarif qu'elle accepte aussitôt. Trois personnes intéressées sur quinze, c'est pas si mal, sachant que la moitié des personnes qui sont là sont des potes à moi. Je remercie tout le monde, surtout Marco qui m'a bien aidé, puis je marche avec Julia en direction de sa voiture. Elle me demande aussitôt :

— Alors, comme ça, tu vas être absent ?

— Heuuu, rien de sûr encore, mais j'y réfléchis, je vais peut-être partir en voyage quelque temps.

— En voyage ? Super. Où ça ?

— Disons que je vais parcourir plusieurs villes aux alentours.

— C'est un peu vague tout ça, t'es sûr que tout va bien ?

— Oui, oui, vraiment bien même. Je suis à côté de la personne la plus merveilleuse que j'aie jamais rencontrée, comment je ne pourrais pas aller bien ?

— Si mes souvenirs sont bons, tu étais en couple avant avec cette personne merveilleuse non ? Et tu as pas vraiment assuré, exact ?

— T'as entièrement raison. Mais si cette merveilleuse personne veut bien me donner une deuxième chance, elle verra alors qu'elle a un nouvel homme en face d'elle.

— Elle va y réfléchir, mais elle ne garantit rien !

Elle me sourit et je sais au fond de moi qu'elle finira par accepter mais qu'elle ne veut pas que ce soit trop facile. Elle veut me faire courir un peu et je suis OK avec ça, ça ne me pose pas de problème. Elle me questionne de nouveau sur mon voyage, je sens alors que je l'intéresse vraiment de plus en plus.

— Combien de temps tu vas partir ?

— La vérité, c'est que je sais pas vraiment, je sais pas encore d'ailleurs si je pars ou pas. Si oui, je pense quelques semaines. Deux ou trois peut-être, difficile à dire.

— C'est quoi ton plan si tu pars, tu peux m'en dire plus ?

J'ai pas envie de commencer à lui mentir, mais comment lui dire qu'un mec en taule à qui j'ai rendu visite cette semaine m'a filé un bout de papier avec trois noms et que je dois maintenant parcourir plusieurs états pour rencontrer ces personnes que je ne connais même pas ? Existe-il un moyen de ne pas lui dire la vérité sans lui mentir ?

— Disons que c'est une sorte de défi qui m'a été donné par une personne que je respecte beaucoup et qui m'a aidé. Ce défi, d'après lui, va me permettre de continuer à évoluer dans la bonne direction.

— OK, c'est un peu étrange. C'est quelqu'un de fiable ?

— Je crois que oui, il a su me démontrer ces dernières semaines que je pouvais lui accorder toute ma confiance.

— Alors fais-le, si tu penses que c'est positif pour toi, fonce.

Je ne pensais vraiment pas que Julia allait me dire ça, ça me fait encore plus craquer pour elle.

— Bordel, mais t'as raison, pourquoi je réfléchis ? Ça va forcément être une expérience positive pour moi. Allez, il faut que je me lance ! C'est juste que je viens à peine de te retrouver, j'ai pas vraiment envie de repartir.

— Comment ça, tu viens de me retrouver ?

Oups, parfois j'oublie que je suis le seul à connaître tout cette histoire qui m'est arrivée.

— Heu, je veux dire, oui, se retrouver, se revoir plus fréquemment.

— Je vais pas disparaître, tu sais, je serai encore là dans quelques semaines.

C'est exactement ce que m'a dit Billy !

— Je sais, merci, je crois que je vais tenter cette aventure !

— Fais pas trop le fou quand même !

— Compte sur moi, tu me connais !

— Oui, justement c'est ça le problème, c'est que je te connais.

— Tout va bien se passer. Par contre, j'ai besoin d'une voiture, et j'ai besoin d'argent aussi.

— Pour la voiture, pourquoi tu ne demandes pas à ton oncle ?

J'y avais en effet pensé : mon oncle adore les voitures et en collectionne certaines. Il pourrait sans doute me dépanner pendant quelque temps, mais le problème c'est qu'on parle de mon oncle, le mec le plus dingue que je connaisse, et je m'attends à tout avec lui.

— Ouais, il pourrait certainement m'aider, mais tu connais l'artiste !

— Dis-lui que tu as un rendez-vous important et que tu dois partir dès que t'arrives chez lui.

— Ça pourrait marcher, ça peut se tenter.

Pour tout vous expliquer, la première fois que je lui ai présenté Julia, on était avec une de ses copines. Après s'être enfilé quelques verres sur la terrasse d'un bar, il a regardé la copine de Julia et lui a dit :

— J'ai envie de te bouffer les seins jusqu'au petit matin.

Sa copine lui a collé une baffe et moi j'ai eu un fou rire. Mais, du coup, Julia n'a pas vraiment un bon souvenir de mon oncle.

En tout cas, oui, je pense que je vais lui demander de l'aide. Il reste par contre le souci de l'argent à régler, on va tâcher de se concentrer là-dessus ces prochaines semaines. Il doit quand même y avoir d'autres moyens rapides pour se faire un peu d'argent que le dernier que j'avais choisi, à savoir dealer de la coke ! Poker ? Non, si je perds, je serai encore plus dans la merde que maintenant. Et puis, je me suis promis de ne jamais recommencer.

En disant au revoir à Julia, elle m'encourage de nouveau à vivre cette aventure si elle est bénéfique pour moi. Elle me propose même de me dépanner de 200 dollars, mais pas question d'accepter, c'est moi maintenant qui dois assurer pour elle, pas l'inverse.

Ça me fait drôle de la voir partir, sachant que je ne sais absolument pas quand je vais la revoir. En même temps, j'ai toujours aimé l'aventure. Alors, je vais être servi !

Je me couche avec des tonnes de pensées plein la tête. Je revois le cours d'aujourd'hui, les trois inscriptions que j'ai décrochées, Julia, Billy, le voyage que je vais sûrement démarrer. Les prochaines semaines s'annoncent mouvementées, tâchons de dormir et voyons déjà ce que nous réserve la journée de demain.

Chapitre 12

L'AVENTURE !

Cette nuit, j'ai eu une idée, et il se pourrait bien que cette idée soit carrément lumineuse ! Enfin, je ne vais pas trop m'enflammer non plus, mais j'ai un bon pressentiment. Pendant mon absence, je n'ai qu'à mettre mon loft en location sur Airbnb. Comme ça, non seulement mon loyer sera payé, mais je pourrai même gagner de l'argent car je vais pouvoir demander un prix supérieur à celui de mon loyer ! Elle est pas belle la vie ? Bon, il faut bien sûr que quelqu'un ait envie de le louer mais, honnêtement, ça devrait le faire. Mon loft est super bien situé, en plein cœur de la ville, et il est plutôt classe. En plus, à Atlanta, il y a tout le temps un tas d'événements, comme des conférences, des concerts ou autre qui attirent chaque semaine beaucoup de monde. Il ne me reste plus qu'à trouver quelqu'un qui accepterait de gérer ça pendant mon absence. Et pourquoi pas Julia ? Comme j'ai entièrement confiance en elle, ça pourrait le faire. Elle pourrait gérer les entrées et les sorties s'il y a des locations de courte durée et, en échange, je lui donnerais un pourcentage sur les revenus.

C'est parti ! Le meilleur moyen de tester une idée, c'est de la mettre sur pied, non ? Action numéro 1 : passer une bonne partie de la matinée à regarder de près les annonces pour des lofts dans le même style que le mien. Bingo, je découvre tout de suite un loft à deux rues de chez moi, très similaire au mien, et qui se loue… 200 dollars par nuit ! Je suis scotché ! Si j'arrive à louer le mien ne serait-ce que dix nuits, je pourrai payer mon loyer avec. Aussitôt, je me crée un compte, rédige une annonce et poste les photos que j'avais reçues au moment où j'avais repéré cet appart. Une agence immobilière m'avait envoyé par mail plusieurs photos qui mettaient bien le loft en valeur. En seulement quelques dizaines de minutes, mon appartement est en ligne. Je le mets à dispo à partir de demain ! S'il y a une réservation, ça me fera bouger plus rapidement. Bon, évidemment, si quelqu'un réserve dès demain, ça va être un peu tendu cette histoire, mais pas impossible ! Comme le dirait Billy, laissons la magie opérer et faisons confiance à la vie. Si je dois partir demain, c'est que ce sera le bon jour pour moi.

Action numéro 2 : appeler Julia. Elle ne se montre pas hyper emballée à l'idée de gérer ça, mais elle finit par accepter. Je lui promets un quart des gains, en espérant que quelqu'un louera pour plusieurs jours d'un coup, ce sera plus simple. Je me sens assez content de cette matinée qu'on pourrait appeler productive. Ça me change de beaucoup d'autres matins où mon seul passe-temps était d'essayer d'avoir un maximum de matchs sur Tinder, les yeux scotchés sur mon smartphone pendant des heures. Reste l'histoire de mon oncle à gérer. Il habite pas très loin d'ici et je passerais bien directement chez lui sans l'avertir, mais il est très régulièrement à gauche et à droite. Je vais l'appeler et lui demander directement une de ses bagnoles, ça m'évitera de me déplacer pour rien.

Je compose son numéro et il décroche rapidement.

— Ouais, c'est qui ?

— Devine, t'es pas censé avoir mon numéro dans ton portable ?

— Balance ton nom, je suis pas d'humeur à jouer et j'ai changé de portable.

— C'est Bart !

— Oh, Bart, ça fait un bail que j'ai pas vu ta petite tronche de chacal !

— Et moi la tienne ! Qu'est-ce qui t'arrive, t'as pas l'air en forme ?

— Ça va, ça va, j'ai juste éclaté ma mustang hier soir.

Ouh la, ça commence mal pour moi.

— Ta mustang ? Comment ?

— Arfff, des conneries. J'étais avec Roméo sur le pont Edmund Pettus hier soir, il était sur le capot de la mustang pour sauter dans la rivière. J'ai roulé comme un bourrin jusqu'à arriver au milieu du pont où j'ai freiné brusquement pour faire tourner la mustang sur le côté et pour qu'il puisse sauter ! On avait déjà fait ça une fois et on avait posté la vidéo sur YouTube. Devine combien de personnes l'avaient regardée?

— Aucune idée.

— 700 000 ! T'imagines? Bref, du coup, on a voulu remettre ça, sauf que la Mustang n'a pas tourné comme prévu et je me suis pris la barrière.

— Bordel ! et Roméo il va bien ?

— Ouais, lui ça va, il a sauté au même moment, et a atterri dans la rivière, tranquille. Mais ma Mustang a pris cher. Enfin, on a quand même réussi à tout filmer et ça nous fait une belle vidéo ! Si je fais pas péter le million de vues avec ça, je comprends plus rien.

— Depuis quand tu fais des vidéos sur YouTube, toi ?

— Depuis que je sais qu'on peut se faire un paquet de fric avec la publicité qu'on met sur les vidéos. T'imagines si j'avais filmé toutes mes soirées de psychopathe? Je serais sûrement millionnaire à l'heure qu'il est !

— Ou tu serais peut-être déjà mort.

— Ouais, c'est possible. Bon, alors pourquoi tu m'appelles ? Tu veux que je débarque chez toi et qu'on se fasse virer de tous les bars de la ville en foutant un bordel comme jamais ils auront vu de leur vie ?

— Mmmm, non, c'était pas vraiment le plan. En fait, je vais partir en voyage. J'ai du monde à rencontrer et il me manque un truc pour voyager, donc j'ai pensé à toi pour me dépanner.

— Toi, je sens que tu voulais me piquer ma Mustang.

— Ça aurait été chouette, ouais, mais vu le contexte, je suppose que ça va être compliqué.

— Écoute, tu sais que j'ai d'autres bolides dans le garage, je pense à un modèle en particulier que tu devrais apprécier. Passe me voir, je verrai ce que je peux faire.

— T'es sûr, ça te dérange pas ?

— Non, t'es de la famille, merde ! Je peux te rendre service.

— Génial, bah écoute, je passe bientôt, peut-être même dès demain.

— Je bouge pas, de toute manière. Faut que je répare le carnage d'hier, donc ça va me prendre un petit peu de temps.

— OK, à plus tard alors.

Mon oncle fait des vidéos sur YouTube... J'aurai entendu pas mal de trucs délirants cette année, mais en voilà encore un autre. Enfin, ce qui compte, c'est que j'ai la voiture et l'argent, enfin presque. Il faut quand même que quelqu'un se décide à louer mon loft et que j'arrive à repartir de chez mon oncle, ce qui ne va pas être si facile que ça. En tout cas, tout est en bonne voie.

Je reprends le papier avec les trois noms que Billy m'a donné et que j'ai posé à côté du comptoir chez moi. J'y avais pas vraiment réfléchi avant, mais ça fait quand même un sacré voyage. Finalement, je pourrai faire ça en avion, mais les aéroports, je suis pas fan. Et puis, l'idée de partir à l'aventure sur les routes, ça m'attire cent fois plus que de me pointer à un aéroport pour prendre un vol. Même si, quand je pense à toute la route que j'ai, je me dis que ça va quand même me prendre un temps fou. Rien que la distance entre Austin et Los Angeles demande environ vingt heures de route ! Sans compter tout le reste. Bien sûr, je vais faire des pauses, il y a pas mal d'endroits qui ont l'air assez sympas sur le trajet. D'ailleurs, j'ai commencé aujourd'hui à regarder où je pourrais m'arrêter. On ne sait jamais, je peux aussi vivre des trucs cool sur le chemin.

En fin de journée, je passe voir ma mère pour lui annoncer que je vais partir un peu. Elle va beaucoup mieux. Elle a même trouvé un nouveau mec et veut me le présenter, signe que c'est sérieux ! Allons-y, on organisera ça à mon retour. Tout ce que je souhaite, c'est son bonheur. Il y a environ dix ans, elle était avec un camé qui un jour a levé la main sur elle. Elle n'a pas voulu me le dire, mais elle avait une éraflure sur la lèvre et j'ai tout de suite compris. Je lui ai posé la question mais elle n'a pas voulu me répondre. Pas besoin qu'elle me raconte pour passer à l'action : je suis arrivé chez ce connard avec une batte de baseball et je lui ai fracassé les côtes à deux reprises dès qu'il a ouvert la porte de chez lui. Je lui ai dit que s'il revoyait ma mère une seule fois, je revenais le voir pour lui retirer les ongles de pieds avec une tenaille. Bon, OK, je ne sais pas si je l'aurais vraiment fait, mais j'avais vu ça dans un film et ça n'avait pas l'air très agréable. Bref, le message a eu l'air de bien passer et il n'a jamais revu ma mère. Depuis, j'essaie de faire attention à ses fréquentations, je veux qu'elle soit avec quelqu'un de bien, c'est tout ce que je demande et c'est ce qu'elle mérite après toutes ces années où elle a souffert de la drogue et de toutes ses autres addictions. En tout cas, je lui ai pardonné le fait de n'avoir pas été là pendant mon enfance. Aucun de nous deux n'est parfait et, même si on ne pourra jamais rattraper le temps perdu, elle et moi, on a quand même passé de bons moments ensemble par la suite, et on essaie maintenant de se voir régulièrement. Tout ça pour dire, que je suis content de voir qu'elle va bien.

Après un bref calcul, je me rends compte que le premier trajet jusqu'à Austin va me prendre treize heures ! J'espère que je vais pas trop m'ennuyer. Généralement, ça me plaît de rouler, mais j'ai jamais conduit autant. De quoi suivre le conseil de Billy et commencer à me documenter au lieu d'écouter des conneries à la radio. Je vais essayer d'écouter des podcasts intéressants sur différents sujets qui pourraient m'être utiles par la suite. Faisons en sorte que même les trajets me soient bénéfiques.

Bon, commençons à préparer mes affaires. Évidemment, le truc qu'il ne faut absolument pas oublier, c'est la liste que m'a filée Billy, sinon, le voyage tombera à l'eau. D'ailleurs, je viens de prendre en photo ces trois contacts avec mon smartphone, parce que si je les perds, c'est mal barré pour moi. Je glisse quelques affaires dans un sac qui me suit depuis pas mal d'années. Ça va être léger, j'ai pas grand-chose à prendre avec moi. Je nettoierai mes vêtements dans des laveries au fur et à mesure, ou dans les motels dans lesquels je m'arrêterai sur le trajet. Motels qui vont me coûter un bras, j'en suis sûr. Je vais essayer de prendre les trucs les plus bas de gamme possible. Si je peux économiser quelques dollars, je suis preneur, et du moment que j'ai un lit et une douche, ça m'ira. Bling ! Je viens de recevoir une notification, un nouveau mail de Airbnb. Waouh, j'ai déjà une première demande de réservation ! Je me connecte rapidement au site et je vois que la personne a fait une réservation pour six nuits à partir de demain soir !

Maintenant, je suppose que je ne peux plus faire machine arrière, le train est en marche. Finalement, quand tu veux faire quelque chose, il suffit de se lancer, de lancer les toutes premières actions, et automatiquement, tu es ensuite engagé pour continuer. Maintenant, j'ai plus le choix que d'aller au bout de cette expérience. Si la personne arrive demain, je vais pouvoir m'occuper de la remise des clés. Julia aura juste à passer au moment du départ, je vais lui donner le numéro du type qui vient de réserver. Déjà six jours de bookés et 1 200 dollars qui rentrent. Enfin, il faudra quand même déduire la commission du site, mais ça fait déjà plaisir.

Dès demain, je partirai donc chez mon oncle avec mes affaires. Je vais prendre le train pour aller chez lui. Le trajet dure environ deux heures, mais c'est parfait car ça me rapproche d'Austin, ma première destination.

Mon futur locataire va passer vers 15 h 00, ça me laisse le temps de nettoyer un peu plus le loft, de finir de préparer mes affaires, et de passer voir mon pote Marco pour lui dire que je ne serai pas là pendant quelque temps. J'ai finalement relié mon compte Airbnb directement au mail de Julia, comme ça, c'est maintenant elle qui recevra les nouvelles demandes de réservation. Le problème que je n'avais pas anticipé, c'est qu'ils ne vont pas me payer tout de suite. Il y a un délai avant de recevoir l'argent et, honnêtement, avec ce que j'ai maintenant sur mon compte, l'essence que je vais devoir payer, les motels et la bouffe, autant vous dire que je suis dans la merde ! Je vais essayer de suivre le conseil de Billy et de garder confiance. On verra, je vais peut-être trouver une valise avec un million de dollars quand je m'arrêterai sur un bord de route pour vidanger... ! J'ai souvent vu ça dans des films, alors pourquoi pas ? En fait non, je retire ce que j'ai dit : dans les films, quand y'a un mec qui trouve une valise avec des millions, généralement, y'a une bande de sales types derrière qui veulent le buter. Si ce voyage peut être paisible et sans accroche, je suis preneur. Et ça changera de la majorité des aventures que j'ai vécues dans ma vie.

La nuit venue, j'ai du mal à m'endormir. Trop d'idées en tête. Et tout est allé si vite pour ce voyage que je me mets à douter en plein milieu de la nuit : est-ce que je fais le bon choix ? C'est vrai, finalement, je suis en train de suivre les conseils d'un type que je connais à peine, et qui me fait traverser tout le pays pour rencontrer trois personnes dont je ne sais rien alors que j'ai quasiment pas un rond. La situation n'est quand même pas hyper réjouissante. Je suppose qu'à la fin du trip, je serai fixé. Et je suppose aussi que le seul moyen de le savoir, c'est de le faire.

Il est 9 h 00 : ça fait au moins cinq fois que mon réveil sonne et que je le repousse. J'avoue que ça pique un peu ce matin, j'ai dû dormir seulement trois ou quatre heures avec cette insomnie. Je me lève, avale un shaker de protéines, fais une série de cent pompes, cent abdos, cent squats et fonce sous la douche, que je termine à l'eau froide, de quoi me réveiller un peu. Je n'ai plus que quelques heures avant de quitter cet endroit. Mes affaires sont presque terminées et mon loft semble plutôt propre. Enfin, bien sûr, ça, c'est sans ouvrir les placards où j'ai balancé tout le foutoir qui traînait par terre... Mais le locataire n'est pas censé les ouvrir normalement. J'ai d'ailleurs vidé un rangement entier pour lui permettre de mettre ses affaires, en espérant qu'il n'en ait pas beaucoup.

À 16 h 30 aujourd'hui, le train m'emmènera à Birmingham dans l'Alabama. Mon oncle a vécu dans plein d'endroits différents, je ne sais pas vraiment pourquoi il s'est posé dans cette ville, mais il a l'air de s'y plaire puisque ça fait deux ans qu'il y est – ce qui représente un exploit pour lui. Le trajet est un peu plus long que ce que j'avais imaginé, ça va me prendre presque trois heures pour y arriver.

À 15 h 05, quelqu'un frappe à la porte, j'ouvre et découvre un jeune dans la vingtaine, assez beau gosse, avec un chapeau de cow-boy sur la tête. Il s'est cru dans le Far West ou quoi, lui ! Son sac est assez petit. Tant mieux, la place que je lui ai laissée devrait suffire. Je lui explique deux ou trois trucs, et lui dit que Julia prendra contact avec lui pour son départ. Évidemment, je ne peux m'empêcher quelques blagues en lui disant que les plus belles femmes d'Atlanta sont venues faire un tour dans ce loft. À lui d'assurer la relève ! En partant, je lui file les clés et lui mets une petite tape dans le dos, histoire de lui faire comprendre de faire attention. Il me regarde d'un air un peu gêné, je pense qu'il est un peu timide, il n'a quasiment pas décroché un mot. Bref, il a l'air sérieux et c'est parfait. J'attrape mes deux petits sacs qui seront mes seules affaires pendant les prochaines semaines et c'est parti ! Je franchis le seuil de la porte et croise ma voisine sur le palier. Une vieille dame plutôt sympa. Je lui explique que je serai absent pendant quelque temps et que l'appartement sera occupé pendant mon absence. Elle me répond qu'elle espère que ce n'est pas de la location de courte durée, car c'est interdit dans l'immeuble. Bordel, j'ai même pas vérifié ça ! Je me rappelle qu'en effet, ils me l'avaient dit à la remise des clés. J'ai complètement oublié, merde ! D'ailleurs, ça m'étonnerait que mon contrat de location m'autorise à sous-louer… Tant pis, maintenant, c'est fait ! Je lui réponds que non, que je prête l'appartement à des amis. Elle me sourit et me souhaite une bonne journée. En espérant que personne ne découvre que mon loft est sur Airbnb, sinon je suis dans la merde ! Enfin, ne pensons pas à ça maintenant, ayons confiance. J'aime cette phrase de Billy, finalement. Dès qu'il m'arrivera une tuile maintenant, je dirai « allez, c'est bon, ayons confiance ». Pas sûr que ce soit vraiment efficace dans toutes les situations, mais bon, on va voir ce que nous réserve l'avenir ! Quand je repense que j'étais en taule il y a quelque temps ! D'ailleurs, je me demande ce que devient Jimmy, mon voisin de cellule. Sa femme m'aurait vraiment kiffé si j'avais réussi à le transformer en quelque chose d'un peu plus convenable. Je ne sais pas si je le reverrai un jour ou pas. De toute façon, il ne me reconnaîtrait pas. Alors, comme ça, la question est réglée. Pareil pour toute la bande de tocards de Yadira. Bordel, mais pourquoi je pense à tout ça ? Je m'en fous de ces types, c'est du passé et c'est derrière moi, ce qui est important maintenant, c'est ce qui va se passer dans mon futur. Et comme me l'a dit Billy, mon futur est conditionné par les décisions que je prends à l'instant présent, tâchons donc de prendre les bonnes décisions et de faire les bons choix.

Direction la gare centrale pour prendre mon train. J'attends un peu sur un banc à regarder tous ces gens aller et venir dans plein de directions différentes. Quand je pense que toutes ces personnes qui passent devant moi ont chacune leurs histoires, leurs problèmes… On ne s'imagine pas la vie que peuvent avoir les personnes qui passent juste à côté de nous. Je prends souvent conscience de ça, dans les gares ou dans les aéroports, ces endroits où tu vois plein de monde passer. 16 h 30 arrive vite et je monte dans mon train, qui est bondé. Je m'assois à la place indiquée sur mon billet, la 12A. À ma gauche, deux mecs et, en face de moi, une fille assez charmante, je dois dire. Je vais essayer de dormir un peu le temps du trajet, car je suis déjà claqué. Et je ne sais même pas où je vais dormir ce soir, je suppose que mon oncle va me proposer de rester. Mais demain, j'ai de la route et il faut que je sois en forme. Si je reste chez lui, à tous les coups, il va vouloir qu'on se la colle, ça peut être dangereux. Il aura d'ailleurs peut-être déjà commencé à picoler avant que j'arrive.

Le train démarre et j'essaie de fermer les yeux. Je pense à l'aventure qui m'attend, ça peut être extraordinaire à vivre, comme ça peut s'avérer un désastre total. Je vais plutôt imaginer que tout va bien se passer, mais c'est quand même un sacré périple. J'ai hâte de voir ce que la vie me réserve. Même si, après toutes les aventures que j'ai vécues ces dernières semaines, il y a plus grand-chose qui peut me surprendre, je pense.

Les deux mecs à côté de moi commencent à reluquer un peu trop la fille devant nous, qui a l'air gêné. Ils se marrent tous les deux en parlant d'elle. La pauvre, je me dis que ce genre de truc doit tout le temps lui arriver. Toute la journée, il doit y avoir des mecs avec qui elle n'a même pas envie de passer une seconde qui essaient d'attirer son attention. Ça doit quand même être chiant au bout d'un moment. Elle pourrait essayer de porter un tee-shirt qui dirait un truc du genre :

« Je suis en couple, arrête de me mater ! »

ou encore :

« Avant de venir m'aborder, regarde-toi dans une glace. Si ce que tu vois est dégueulasse, fait demi-tour ! »

D'ailleurs, ce serait pas hyper cool de savoir qui est célibataire et qui ne l'est pas, sérieusement ? J'avais déjà parlé de ça à un mec de la bande en taule. Imagine, t'es dans un bar ou une discothèque, ou même dans la rue, et tout le monde peut savoir en temps réel qui est libre et qui ne l'est pas. Ce serait carrément dingue et ça éviterait quelques problèmes. Pour les hommes, dès que tu es marié, tu as une trace indélébile bien voyante, sur les mains ou les bras par exemple, un truc que tu peux pas enlever. Du coup, tous les mecs mariés qui prétendent ne pas l'être ne pourraient tout simplement plus faire les cons. En fait, le jour du mariage, quand tu vas à l'église, le prêtre devrait mettre une barre de fer dans un feu puis regarder le marié et dire : Nous allons maintenant procéder au marquage de votre fidélité au fer rouge, tenez-lui le bras ! Imagine la scène de dingos… Ça me fait penser au film *The social network* sur l'histoire de la création de Facebook… À un moment, le créateur de Facebook a une idée en plein milieu d'un cours, alors que son pote lui demande s'il pense qu'une fille de la classe est célibataire. Il court jusqu'à sa chambre et ajoute une touche supplémentaire au profil Facebook, qui fait toute la différence. Les statuts : « célibataire » ou « en couple ». Ce n'est pas la seule raison qui fait que Facebook a fonctionné au départ, mais ça y a largement contribué. C'est le sujet de conversation favori des gens finalement, surtout quand tu es jeune. Alors, imagine si tu pouvais avoir cette information sans même avoir besoin de te connecter sur le profil Facebook de la personne, ce serait génial ! Je vais peut-être devenir le nouveau Mark Zuckerberg, qui sait.

Les deux mecs commencent à parler à la fille devant moi, qui n'a vraiment pas l'air intéressée et qui finit par leur dire poliment qu'elle a envie de dormir, mais ils insistent. Un des mecs lui demande s'il peut dormir avec elle, elle ne répond pas et je sens que je vais bientôt devoir intervenir. Bart, le sauveur de ces dames est appelé à la barre. Soit je me la joue tranquille et je leur dis de se calmer, soit j'en chope un et je lui mets un coup de pression dont il devrait se rappeler longtemps. J'hésite entre les deux, puis me décide pour la demi-mesure. Un des mecs se lève et s'assoit à côté d'elle. Finalement, je vais devoir augmenter un peu le niveau, je me lève également et lui dis de se rasseoir à sa place :

— Reste tranquille toi, t'es qui ?

— Je suis un mec qui va éclater ta putain de tronche si tu fais pas exactement ce que je te dis.

J'ai l'impression qu'il n'a pas vraiment aimé cette remarque, mais son pote est mort de rire et lui dit de revenir se poser à côté de lui.

— Tu ferais mieux d'écouter ton pote et d'aller te rasseoir à ta place. Mais si tu veux finir avec le nez pété, c'est toi qui vois.

Il se lève, et se dirige vers sa place, en me mettant un petit coup d'épaule au passage. Ce sont des gamins, je vais laisser courir. Je me rassois, tranquille, et finalement, je me dis que j'ai assez bien géré la situation. La fille en face de nous me regarde, me sourit et me dit merci. Et voilà, à peine parti, je fais déjà de bonnes actions, magnifique. C'est sûr, le jour de ma mort, j'irai au paradis. J'arriverai au bout d'un tunnel devant le mec qui nous dit soit de prendre à gauche, soit de prendre à droite. D'un côté, ce sera l'enfer et de l'autre le paradis. Il me regardera et me dira « Monsieur Miller, malgré toutes les conneries que vous avez pu faire, dont certaines ont failli vous mener vers la voie de gauche, vous avez aussi contrebalancé vos conneries avec de bonnes actions. Félicitations, nous avons, après discussion avec mes collaborateurs, décidé que vous pouvez prendre le chemin de droite, le paradis » ! Ouais, je sens que ça pourrait se passer comme ça. C'est quand même flippant de se dire qu'une fois que tu meurs, c'est fini. Mais qu'est-ce qui est fini ?

Là, par exemple, je peux réfléchir, je peux penser, je peux me rappeler ce que j'ai vécu. Comment imaginer que je puisse plus du tout faire ça ensuite ? Tu es mort, OK, mais où va ta conscience ? Elle ne peut pas s'éteindre non plus, si ? Je crois que personne n'aura vraiment la réponse à cette question. Le seul moyen de savoir, c'est de vraiment mourir en fait. Le problème, c'est que tu peux plus revenir ensuite pour partager la vérité avec les autres, quelle galère. Je vais me pencher sur la question, je me vois bien devenir un mix entre Mark Zuckerberg et Albert Einstein. Une sorte de génie qui ne s'est pas encore révélé au grand jour, ouais, comme si ces deux types avaient eu un enfant ensemble et cet enfant, c'était moi ! Faut vraiment que j'arrête de cogiter, moi. C'est le problème en fait, quand je laisse mon esprit s'évader, ça finit toujours dans un truc hyper chelou, genre, vraiment hardcore. Parfois, je crois que je me fais peur moi-même. Bref, je finis par réussir à fermer un peu les yeux, et je me réveille cinq minutes avant d'arriver à la station où je descends. Je me lève et je vois que la fille en face de moi s'arrête également dans la même gare. Je prends mes deux sacs au-dessus de mon siège, puis sort du train. La fille s'approche de moi :

— Merci encore pour tout à l'heure.

— Oh, c'est rien, avec plaisir. C'est quoi ton prénom ?

— Annabelle.

— Enchanté, Annabelle, moi c'est Bart. T'habites dans le coin ?

— Pas vraiment, je suis ici pour passer un entretien avec une grosse boîte pour laquelle j'aimerais bosser.

— Génial, je suis sûr que ça va bien se passer. Je te le souhaite, en tout cas.

— Merci et toi ?

— Moi, je vais voir mon oncle, qui doit me prêter une voiture pour que je puisse faire ensuite un petit voyage.

— Bon voyage, alors !

— Et toi, bon entretien !

Elle s'éloigne et moi aussi. Je me dirige vers la sortie. Et, oui, j'ai pensé à lui demander son numéro pendant la conversation. Mais, non, je ne l'ai pas fait : même si je ne suis pas encore avec Julia, c'est elle qui m'intéresse, et elle seule.

J'ouvre mon smartphone et commande un Uber. Mon oncle habite à quinze minutes de la gare. J'aurais pu l'appeler pour qu'il vienne me chercher, mais j'ai bien envie de lui faire la surprise. En espérant qu'il soit là…

Mon Uber arrive et c'est parti, dernière ligne droite. Enfin, dernière, façon de parler. Au prochain virage, je prendrai une nouvelle ligne droite qui, cette fois-ci, sera beaucoup plus longue.

Chapitre 13

SUR LA ROUTE

Je sors de la voiture et récupère mes affaires. En me dirigeant vers la porte d'entrée, j'entends une tronçonneuse dans l'arrière-cour. À coup sûr, il s'agit de mon oncle. Je fais le tour de la maison et c'est bien lui que j'aperçois en train de couper du bois. Il tourne la tête et un grand sourire se dessine sur son visage alors que j'avance vers lui.

— Mon petit Bart, comment ça va ? T'aurais pu me rappeler pour me dire que tu débarquais bien aujourd'hui !

— Tu sais comment je suis : j'aime les surprises. T'es occupé à ce que je vois ?

— Ouais, y'a tout le temps quelque chose à faire dans cette baraque. Regarde-moi ce bordel dans la cour.

En effet, la cour est remplie d'objets et de matériaux en tout genre, il y en a partout.

— En même temps, j'ai pas le souvenir d'avoir déjà vu ta maison autrement.

— T'as pas tort. Parfois, je range un peu mais, une semaine après, c'est de nouveau la pagaille, du coup, je me suis fait une raison. C'est comme mon lit le matin. À un moment de ma vie, je faisais mon lit après m'être levé. Puis un jour, j'ai réfléchi et je me suis dit « mais ça sert à quoi de faire mon lit alors que le soir même, je vais le re-défaire » ? Bref, depuis ce jour, j'ai arrêté.

— Ah ouais, c'est vrai que, quand tu réfléchis un peu, t'as des bonnes idées quand même !

— Tu serais pas en train de te foutre de ma gueule là ?

— On peut dire ça !

— Ah, tu changeras pas, toi ! Et moi non plus d'ailleurs.

— Mmmm, figure-toi que j'ai pas mal changé ces dernières semaines. Disons que ma vie a été un peu chamboulée.

Non, lui parle pas des tunnels et des sauts dans le temps. De toute manière, peu de chance qu'il te croie.

— Chamboulé, comment ?

— Disons qu'il y a pas mal de changements en cours, je crois que je deviens une meilleure personne…

— Je te l'ai toujours dit : l'important, c'est que tu graves des putains de souvenirs dans ta mémoire, c'est le but du jeu.

— Oui, tu me l'as assez répété, t'inquiète pas pour ça. J'ai été servi ces dernières semaines. Et toi, au fait, ta carrière de YouTuber, ça avance ?

— Tu parles ! La dernière vidéo qu'on a postée a fait que 5 000 vues !

— 5 000 vues, c'est déjà pas mal non ?

— C'est de la merde, il me file que dal en pub pour ça, alors que ma première vidéo est à plus de 700 000 vues. J'essaie de comprendre comment fonctionne leur fichu algorithme, mais je deviens trop vieux pour ces conneries. Enfin… j'ai pas dit mon dernier mot ; on a des nouvelles idées avec mon pote. Si avec ça on n'explose pas les compteurs, je débarque chez YouTube avec ma tronçonneuse et je fais un carnage.

Je me marre.

— Alors toi, tu m'épateras toujours, tu sais même pas où sont les bureaux de YouTube !

— T'inquiète pas, je trouverai.

— Et c'est quoi ta nouvelle idée ?

— En gros, si t'as un titre et une image accrocheuse, les gens vont cliquer sur ta vidéo, parce qu'ils sont curieux, ils veulent voir ce qui se passe. Tu vois ce bout de ferraille sur ta droite ?

— Heu, celui-là, ouais, qu'est-ce que tu vas en faire ?

— On va l'attacher sur le toit d'une de mes bagnoles, mon pote va prendre sa paire de skis et se mettre sur le toit, pendant que moi je serai au volant, à conduire le bolide.

— Heuuu, je te suis pas trop là, pourquoi une paire de skis ?

— Attends, attends, c'est que le début. Les skis seront fixés dans la ferraille histoire qu'il puisse tenir facilement en équilibre. Ensuite, j'ai un autre pote qui va faire exactement la même chose avec une vieille bagnole va accrocher une cible sur mon pote et sur le mec de l'autre bagnole, puis on va les équiper de paintball. On va faire des parties de cinq minutes en plein sur la route. La personne qui aura le plus d'impacts sur sa cible aura perdu. Qu'en penses-tu ? Tu veux être de la partie ? On peut peut-être le faire à trois bagnoles !

— Heuuu, pas vraiment sûr du résultat, je passe mon tour. Mais je suis quand même très curieux de voir la vidéo, donc tu m'enverras ça !

— T'inquiète, cette fois-ci, on va mettre les moyens ! Tout sera filmé en super définition avec un drone pour nous capter sous tous les angles !

— Depuis quand tu parles comme un jeune toi ?

— Je te l'ai dit, depuis que je sais que YouTube peut me rapporter un paquet de fric.

— Fais gaffe quand même, t'es au courant que si les flics vous chopent, vous êtes mal ?

— Ouais, on y a pensé, mais t'as déjà vu une loi qui interdit de faire du paintball sur le toit d'une voiture ? Moi non. On verra, ça passe ou ça casse. De toute manière, il nous reste encore pas mal de boulot avant d'être prêts. En tout cas, je suis excité comme un puceau le jour de sa première viré dans une boîte de strip.

— Je vois, je vois. En parlant de bagnole, tu crois que t'en aurais une pour moi, du coup ?

— Oui, je t'ai dit oui. Je vais pas te dire non maintenant que t'es là. Suis-moi, je vais te montrer le bolide.

On avance vers une grande porte bleue qui mène au garage. Après qu'il a ouvert la porte, j'aperçois trois voitures.

— Tu vois ce petit bijou-là ?

Il me montre celle sur la droite, rouge avec des bandes noires. Je sais pas si c'est ça qu'il compte me prêter, mais si c'est le cas, je commence à être vraiment excité.

— Ouais, je la vois.

— Ah, je vois que tu salives déjà ! Ça, mon petit, c'est une Chevrolet Chebvelle SS 454. Tu sais ce que ça veut dire ?

— Pas vraiment, non.

Mon oncle est un passionné de voitures anciennes, tu verras jamais du neuf chez lui.

— Ce modèle que tu vois devant toi date de 1970, il y en a eu que 4 500 exemplaires de sorties. Et c'est qui, qui en a un dans son garage ? C'est Bibi !

— T'assures grave ! C'est celle-là que tu me prêtes ?

— Ouais. J'ai passé trois mois à la retaper en début d'année, alors t'as intérêt à y faire attention.

— Compte sur moi ! Et je peux faire beaucoup de kilomètres avec, ça pose pas de problème ?

— Elle est increvable cette bagnole, tout a été refait dessus, tu peux rouler autant que tu veux.

Bon, je vais peut-être quand même éviter de lui dire le nombre de kilomètres qui m'attend, parce qu'il risque de changer d'avis et plutôt me refiler la bagnole toute pourrie que je vois au fond du garage.

— Alors, content ?

— Et comment, merci, vraiment, c'est canon !

— Combien de temps tu pars, quelques jours ?

— Heuuuu, plutôt quelques semaines, en fait…

— Ha ouais, tu fais pas semblant ! T'as intérêt de me donner des nouvelles !

— Ce sera fait, t'inquiète.

— C'est le « t'inquiète » justement qui m'inquiète. Tu te souviens la dernière fois que tu m'as dit « t'inquiète » quand je t'ai prêté une bagnole ?

Je lui avais en effet défoncé le pare-chocs avant, mais c'était il y a douze ans.

— Oh mais c'est une erreur de jeunesse, ça !

— Ouais, mais pas de nouvelle erreur avec elle, sinon je te botte le cul !

Je n'en reviens pas qu'il me prête cette Chevrolet, elle est magnifique. Avec ça, je vais être à l'aise pour rouler. Enfin, j'espère. Croisons les doigts pour qu'il n'arrive rien sur le chemin.

— Tu penses que je peux rester là ce soir ? Je vais pas prendre la route maintenant, plutôt demain matin.

— Ouais, bien sûr, y'a un plumard de libre à l'étage, enfin tu connais, ce sera pas la première fois que tu l'utilises.

En effet, mais je ne garde pas un si bon souvenir que ça de la dernière fois où j'ai dormi ici. Un des collègues de mon oncle avait débarqué chez lui vers 9 h 00 le soir avec de la psilocybine. En gros, la substance qui est présente dans les champignons hallucinogènes, mais injectée dans une tablette de chocolat. Chaque carré de chocolat contenait 250 mg de psilocybine. J'ai commencé à bouffer un ou deux carrés, je me suis senti un peu perché, mais pas vraiment de quoi m'envoler. Comme on commençait par ailleurs à être bien bourrés, on a joué au UNO, ce jeu de cartes à la con où je perds malheureusement quasiment tout le temps. Bref, cette fois-ci, j'ai perdu encore une fois et mon gage a été de bouffer le reste de la tablette de chocolat. Il restait douze carrés, ce qui représentait trois grammes de psilocybine, sachant que j'avais déjà bouffé 500 mg avant… Bref, un pari est un pari. Une heure après, je suis parti dans un trip dont je me souviendrai toute ma vie. En gros, c'est comme si j'avais quitté mon corps, je sentais plus rien du tout, mon esprit est parti très très très loin, c'était vraiment étrange. Un peu flippant aussi et à la fois excitant ; j'ai même pensé que j'étais mort à un moment. J'ai vu plein de choses complètement dingues, je me suis baladé dans le cosmos et ça a duré environ trois heures avant que je reprenne conscience et que je revienne à la réalité. Quand je suis revenu, tout était déformé et j'ai continué à avoir de grosses hallucinations. Bref, je me souviens que j'étais couché dans ce fameux lit dont mon oncle vient de me parler… Je ne regrette pas l'expérience – vous commencez à me connaître –, mais c'était quand même très violent.

La soirée se déroule plutôt bien, on se raconte des tonnes de conneries. Mon oncle me surprend même, car à aucun moment il ne propose d'organiser un truc spécial, ou d'aller faire la tournée des bars ou bien encore d'appeler tous ses potes pour qu'ils débarquent. C'est juste lui et moi, avec une bière et c'est sympa. Ça fait longtemps qu'on ne s'est pas retrouvés comme ça.

Je vais me coucher vers minuit, après quelques bières, en pensant à tout ce qui m'attend, et surtout aux trois personnes que Billy souhaite que je rencontre. Qui sont ces gens ? Pourquoi dois-je aller les voir ? J'en ai aucune idée. Billy est toujours mystérieux. D'ailleurs, je ne sais toujours pas pourquoi il a été enfermé. Je poserai la question lors de mes rencontres, tiens. Il y a bien une personne qui aura plus d'informations à me donner.

Je m'endors comme un bébé et je me réveille en pleine forme, me sentant prêt pour l'aventure ! Enfin, j'ai toujours été prêt pour les aventures mais, la plupart du temps, j'étais accompagné, pas tout seul. Là, c'est une première ! Je partage mon petit déj avec mon oncle qui cuisine des pancakes pour l'occasion ! Autant dire que le voyage commence plutôt bien.

— Je sais pas si c'est le fait de faire des vidéos sur YouTube qui te change, mais continue, je crois que c'est la première fois que tu cuisines pour moi !

— T'habitue pas trop à ça mon petit, j'me cuisine ça tous les matins, donc autant t'en faire profiter ! Mais si t'ouvres encore ta gueule, je te refile la boîte de pâté qu'il y a dans le frigo pour Rosko !

Rosko, c'est son nouveau chien, un labrador qui doit avoir six mois, si j'ai bien compris.

— Non, merci. Il est où d'ailleurs Rosko, je l'ai pas vu ?

— En ce moment, il est pas ici, j'ai un pote qui le garde quelques jours, il y tenait absolument, il me le ramène demain.

— Je le verrai peut-être en revenant alors.

— Ouais, et si ma Chevrolet a une seule égratignure, je lui dirai de te sauter à la gorge.

— T'inquiète pas, elle sera flambant neuve !

Après le petit déj, mon oncle me file les clés et m'explique deux ou trois bricoles au cas où la voiture chaufferait trop, et ce que je devrais faire en cas de panne. Je le remercie pour tout. Même si ce mec est un dangereux psychopathe, ça reste mon oncle, et je dois dire que je l'apprécie vraiment. Je peux pas oublier tout ce qu'on a vécu ensemble.

Je vérifie une dernière fois mes affaires : mon portable est chargé à fond, j'ai un chargeur portable en plus au cas où, et l'itinéraire jusqu'au premier arrêt, Austin au Texas ! Mon smartphone va me servir de GPS tout le long du trajet. Onze heures de route me séparent d'Austin, pas question que je me tape tout dans une journée. Le but, c'est aussi de profiter du voyage. J'ai donc planifié de m'arrêter à Shreveport en Louisiane qui est à six heures de route, ce sera parfait, je ferai l'autre moitié demain.

— Bon voyage, mon petit, amuse-toi bien et n'oublie pas : incruste les souvenirs dans ta tête, c'est tout ce qui te restera à la fin de ta vie !

Il est clair que, des souvenirs, je vais certainement m'en créer un paquet pendant ce périple ! C'est parti, me voilà à bord de la Chevrolet, prêt à vivre ce qui sera une des expériences les plus belles de ma vie. Enfin, j'essaie de m'en persuader. C'est aussi une des choses que j'ai retenues de Billy : toujours mettre une intention avant d'effectuer une action. Et mon intention, c'est de vivre le plus beau voyage de ma vie. Un voyage qui va m'apporter beaucoup de choses, me transformer de manière positive, m'aider à devenir une meilleure version de moi-même et à atteindre les objectifs que je vais me fixer.

Je profite de la route pour suivre un autre conseil de Billy et écouter plusieurs podcasts passionnants. En plus, avec ça, la route passe un peu plus vite. Environ quatre heures après avoir décollé de chez mon oncle, je traverse la ville de Jackson et décide de m'y arrêter pour manger un bout. Ça me rappelle pas mal de souvenirs : je suis déjà venu ici avec trois potes pour un concert de Slayer, un groupe de métal assez brutal, dont un de mes potes était fan. Bien que je ne me souvienne pas exactement de tout ce qui s'est passé dans la soirée, c'était plutôt cool et on avait bien déliré. On était restés trois jours avant de repartir à Atlanta.

Je m'arrête dans un petit magasin qui fait des sandwichs qui m'ont l'air plutôt bons. J'en prends deux puis vais m'asseoir sur un banc dans un petit parc juste en face. Ça fait bizarre de se retrouver tout seul après avoir vécu enfermé, toujours entouré, mais je dois dire que ça me fait du bien. En taule, tu n'as quasiment aucun moment où tu es seul. Quand je pense qu'il y a très peu de temps, j'y étais encore… et que j'en suis sorti comme par magie. Jamais j'aurais pu croire un truc pareil sans l'avoir vécu !

Billy, son grand-père, sa famille entière : pourquoi peuvent-ils faire tout ça et surtout, qu'est-ce qu'ils peuvent faire d'autres ? J'ai l'impression que Billy me cache encore pas mal de choses. D'ailleurs, en parlant de lui, j'ai pris soin d'appeler la taule avant de partir pour réserver un créneau pour un rendez-vous téléphonique. Normalement, je pourrai l'avoir après-demain. Je pourrai lui expliquer le début de mon périple, je vais essayer de le tenir informé assez souvent.

Après mon déjeuner, je décide de m'allonger sur un bout de pelouse ; une petite sieste ne me fera pas de mal. C'est bizarre, maintenant, à chaque fois que je m'endors, il y a une partie de moi qui n'est pas sereine. J'ai l'impression que je vais me réveiller à côté de Jimmy en sursaut, comme si tout ça n'était qu'un rêve et que tout pouvait s'arrêter. Au bout de quelques instants, je parviens quand même à trouver le sommeil et me repose pendant vingt minutes.

Il est ensuite temps de reprendre la route. Direction Shreveport. En arrivant aux abords de la ville, je repère un petit motel à 39 dollars la nuit, ce sera parfait. Comme je suis arrivé de bonne heure, je décide d'aller me balader un peu aux alentours. C'est toujours sympa de découvrir de nouveaux endroits. J'aperçois un petit bar avec une belle ambiance, un peu de musique, quelques tables de billard. Et si j'allais boire un verre ? Je m'assois au comptoir et commande une pression. Pendant que le serveur s'active, j'aperçois à ma droite une jolie blonde assise au comptoir qui parle avec une des serveuses. Elle a l'air seule, nos regards se croisent, mais je ne bouge pas. Le problème, quand tu ne veux pas penser à un truc, c'est que t'y penses encore plus. Du coup, je croise son regard quatre ou cinq fois avant de me décider à lui faire un petit salut. Je peux m'accorder le droit de parler à une nana quand même !

— Salut, toi !

— Salut, je t'ai jamais vu ici ?

— Ah, ça c'est normal, c'est la première fois que je viens.

— T'es nouveau dans le coin ?

— Pas vraiment, je suis juste de passage, je vais à Austin voir quelqu'un. Et toi, tu habites là ?

— Oui ! Je suis née ici, et même si je passe maintenant une partie de mon temps à Los Angeles pour mes études, je reviens régulièrement voir ma famille et mes amis.

— Cool, donc t'es du style étudiante qui se la raconte à faire des selfies sur Instagram en montrant sa vie à Los Angeles ?

— On t'a jamais appris à parler aux femmes, toi, à ce que je vois !

— J'essaye juste de définir ton profil !

— Je vois, je vois, et toi, c'est quoi ton histoire ? Tu vas seul dans les bars le soir, car t'as pas vraiment d'amis ni de copine ?

— Ouchhh, belle répartie ! J'aime ça ! À vrai dire, j'ai tout ce qu'il me faut, mais comme je voyage seul et que j'avais envie de boire un verre, je me suis dit que j'allais venir ici, l'ambiance a l'air plutôt cool.

— T'as bien fait, je connais ce bar depuis que je suis toute petite et on fait de sacrées fiestas ici, si tu vois ce que je veux dire.

Au moment où elle me dit ça, elle fait tomber son sous-verre et se baisse pour le ramasser. Bordel, c'était le truc à ne pas faire. Elle a un corps incroyable ! Elle porte un mini short qui laisse entrevoir une partie d'un tatouage qui lui descend sur la cuisse et elle a un décolleté ravageur ! Cette femme est dangereuse, oh oui, très dangereuse ! Je vais prendre mes distances, parce que sinon, je vais avoir un nouvel objectif pour la soirée. Merde, faut que je me calme, je suis juste en train de parler à une inconnue, rien de plus. Ça faciliterait juste les choses si je pouvais parler à une femme de soixante-dix balais avec une canne, qui serait en train de siroter un soda avec ses petits-enfants.

— T'es dans les nuages ou quoi, l'étranger ?

— Non, non je pensais juste à... rien, les pensées quotidiennes de la vie en fait !

— T'as un nom sinon ?

— Ouais, Bart, et toi ?

— Mila.

— Enchanté, Mila.

— Je vais manger un bout juste à côté, tu veux venir ?

Dis non, dis non, pense à Julia, refuse cette proposition.

— Heuuuu disons que, ouais, écoute, pourquoi pas, autant partager mon repas avec toi !

On finit nos verres et elle m'amène dans un japonais juste à côté qui nous sert des ramens, pas vraiment le genre de bouffe que je mange d'habitude, mais je dois dire que c'est bon. Cette Mila est vraiment sympa et, de ce que je perçois, j'ai l'air de pas mal l'intéresser.

C'est ma deuxième soirée et je suis déjà en train de la passer avec une gonzesse. En même temps, je ne fais rien de mal et, pour le moment, on ne s'est pas remis ensemble, Julia et moi. Mais bon, si je me mets à sa place, et si je savais qu'elle était en train de passer la soirée avec un mec, je ne serais pas vraiment d'humeur. Et je sais que si elle me voyait en ce moment, ce serait la même chose.

À la fin du repas, Mila me propose de la raccompagner chez elle. Comme un con, j'accepte et on atterrit chez elle, ou plutôt chez ses parents mais qui ne sont heureusement pas là. Elle habite juste à deux rues derrière le restau dans lequel on était, une petite maison avec un extérieur. On se pose sur la terrasse et on boit un autre verre. Alors que je lui raconte un peu le périple qui m'attend, elle vient s'asseoir sur le rebord de ma chaise, et se colle à moi. Elle est vraiment canon. J'ai couché avec de nombreuses filles sublimes dans ma vie, mais elle, c'est vraiment quelque chose. Tout le quartier doit la dévisager dès qu'elle bouge. Et, en plus, ce soir, elle a apparemment décidé d'être très ouverte. Chose qui ne me déplaît pas, je ne vais quand même pas me plaindre, mais bon… Est-ce que c'est la vie qui est en train de tester ma résistance ? Si je craque ce soir, est-ce que je vais me prendre demain un poids lourd sur la route et défoncer la caisse de mon oncle ?

À un moment, elle me regarde avec des yeux qui en disent très long sur ses plans. Elle s'approche de moi, on commence alors à s'embrasser et mes mains se posent naturellement sur son corps de déesse ; c'est automatique, j'ai l'impression que je contrôle plus mes gestes.

— Attends, attends, laisse-moi aller aux toilettes, je reviens.

Je ne sais comment, j'ai réussi à stopper un moment très agréable. Un éclair de génie. Une fois dans la salle de bain, la première chose que je vois par terre, c'est un string que j'ai immédiatement envie de bouffer. Bordel. Je me regarde dans la glace et commence à peser le pour et le contre. Bon, clairement, Julia n'apprendra jamais ça, et puis on est pas encore ensemble, donc ça ne compte pas. En même temps, je serai plutôt fier de moi si je me barre de cette maison dès maintenant. Je suis face à un dilemme. Je retourne la voir et ça finit en feu d'artifice dans son lit ou je dégage d'ici tout de suite ! Ça tourne dans ma tête comme si j'avais un choix important à faire. Je crois que je me prends trop la tête.

D'un coup, j'ouvre la porte de la salle de bain, Mila m'attend dans le salon, je m'approche d'elle et lui dis :

— Écoute, je te remercie pour la soirée, t'es honnêtement une des plus belles femmes que j'ai embrassées de ma vie et, crois-moi, j'ai vraiment envie de passer la nuit avec toi, mais il y a quelqu'un dans ma vie et je ne peux pas faire ça.

Je n'en reviens pas, je viens de faire le truc le plus fou de toute ma vie. Enfin, après les fameux voyages avec Billy, bien sûr.

— Pas de pression, l'étranger, cette personne à bien de la chance, car t'as l'air d'être un bon gars, je te laisse repartir. C'était cool de te croiser ce soir.

Je m'excuse une nouvelle fois auprès d'elle et quitte sa maison. Je me retrouve dehors, il est 23 h 00, il fait nuit noire et il me faut maintenant retrouver mon chemin. Après avoir marché un peu et essayé de digérer ce qui vient de se passer, je retrouve mon motel et rentre dans ma chambre. Bon, l'aventure démarre bien. Je n'en reviens toujours pas de ce que je viens de faire, mais je crois que les leçons de Billy font effet. Ce soir, je pense avoir fait le bon choix puisque ce que je souhaite, c'est d'être avec

Julia pour le restant de mes jours. Je me demande juste comment je vais réussir à tenir plusieurs semaines sans personne dans mon lit. Mais finalement, si j'étais en taule, ce serait la même chose, sauf qu'en plus j'aurais un mec à côté de moi toute la nuit, donc on ne va pas se plaindre. Je m'endors peu de temps après en pensant à la journée qui m'attend le lendemain, et surtout, à ma première rencontre avec une des trois personnes recommandées par Billy.

Le lendemain matin, je me réveille à 8 h 00. La nuit a été courte, une bande de jeunes a foutu le bordel en face du motel à 4 h 00 du mat et c'était limite comme s'ils parlaient dans la chambre tellement je les entendais. Bref, heureusement que j'avais des boules Quies. Une douche, un petit déj, un café proposé par le motel, rien d'extraordinaire mais de quoi me tenir éveillé pour la matinée, et c'est reparti. Encore six heures de route et je serai à Austin. Ville que j'apprécie beaucoup. J'y suis venu deux fois, la première pour… une femme, et la deuxième pour le mariage d'un pote, enfin plutôt une connaissance de l'école, et ça a été surtout une bonne occasion d'aller faire la bringue. J'en garde de très bons souvenirs, en espérant que la troisième fois ne fasse pas exception.

Après deux heures de route, je m'arrête dans un petit magasin acheter deux ou trois bricoles et boire un nouveau café. Je sors le papier de ma poche et me décide à appeler la fameuse Samantha. Il serait peut-être temps de la prévenir de mon arrivée. Je me sens tout bizarre, comme si j'avais peur de l'appeler. Je ne sais même pas ce que je vais lui dire. Bordel, prends ton courage à deux mains, sors ton portable de ta poche et compose son numéro. Allez, aie confiance comme dit Billy. Après quatre sonneries, quelqu'un décroche et j'entends :

— Oui ?

— Bonjour, est-ce que je parle bien à Samantha ?

— C'est moi, oui, qui est à l'appareil ?

— Je suis Bart, Bart Miller.

— Oui ?

— Quelqu'un que vous connaissez sûrement m'a donné votre numéro et m'a dit de venir vous voir.

— Et qui est cette personne ?

— Billy.

— J'en étais sûre, j'attendais ton appel ! Je me permets de te tutoyer.

— Oui, carrément ! Tu savais que j'allais t'appeler ?

— Oui et non, c'est un peu compliqué à expliquer au téléphone. Tu es à Austin ?

— Non, je suis sur la route. Il me reste trois à quatre heures maximum, je serai là dans l'après-midi.

— D'accord, t'as de quoi noter ? Je vais te donner une adresse, tu peux me rejoindre à quatre heures trente cet après-midi, ne sois pas en retard.

— OK, OK, mais tu peux pas m'en dire plus avant ? Qui es-tu pour Billy ?

— Ça devra attendre un peu, j'ai un rendez-vous, t'as de quoi noter ?

— Oui, c'est bon.

Je mets mon smartphone en haut-parleur et ouvre en même temps un bloc-notes pour noter l'adresse.

— OK, rejoins-moi au Fareground, 111 Congress avenue.

— C'est noté, à 4 h 30 exact ?

— 4 h 30, je le répète, ne sois pas en retard.

Elle est marrante, elle, elle a pas trois heures de route à se taper ! Bon, OK, il n'est que dix heures, ça devrait aller. C'est juste que j'ai du mal à recevoir des ordres de manière générale, surtout venant d'inconnus.

— Je serai là.

Elle raccroche. Bon… la bonne nouvelle, c'est que cette Samantha existe vraiment et que je vais la rencontrer. Peut-être que je pourrais appeler les deux autres personnes de la liste pour essayer d'avoir plus d'informations ? J'aimerais vraiment comprendre, en savoir plus sur Billy. Je vais attendre de voir Samantha tout à l'heure et on verra bien ce qu'elle me raconte. Honnêtement, je m'attends à tout. Peut-être qu'elle aussi va me faire voyager dans le temps, et me ramener à l'époque des dinosaures, et demain, je serai peut-être en train de me battre contre un tyrannosaure qui aura envie de me bouffer ! OK, je suis en train de partir dans mes délires, mais on ne sait jamais.

Je reprends la route et ne tiens plus en place, j'ai tellement envie de savoir qui est cette Samantha, qui sont les trois personnes de la liste et pourquoi Billy m'a dit d'aller à leur rencontre.

Je roule, roule, roule et je dois dire que je mets la gomme sur l'accélérateur, on va la pousser la Chevrolet ! J'atteins Austin en début d'après-midi, ce qui me laisse le temps d'aller manger et de me trouver un endroit où dormir ce soir avant mon rendez-vous. Je trouve un petit hôtel sympa à l'entrée de la ville, pas trop cher. Et pour la bouffe ce midi, ce sera une bonne côte de bœuf.

4 h 00 arrive très vite et je me dirige vers l'adresse que m'a donnée Samantha. J'arrive en avance, à 4 h 20. Il y a pas mal de monde et je ne sais même pas à quoi elle ressemble. Je m'assois sur une table à l'extérieur et regarde mon smartphone. Au moment où je regarde l'écran, je reçois un appel :

— T'es arrivé, Bart ? Je te vois pas.

— Je suis dehors, assis devant les jeux d'enfants.

— Attends, je suis à l'intérieur, j'ouvre la porte. Lève ta main. Ah, te voilà ! J'arrive.

J'aperçois au loin une femme dans la trentaine ou peut-être la quarantaine, qui se dirige vers moi avec un grand sourire et des bottes de cow-boy. Quand elle arrive à ma hauteur, je me lève pour la saluer.

— Samantha ?

— C'est bien moi !

J'ai l'impression que les prochaines minutes vont être déterminantes pour la suite de mon voyage et que je vais comprendre pas mal de choses. Enfin ! Je suis un peu comme un enfant qui attend au pied du sapin le jour de Noël, sauf que je ne sais vraiment pas ce que j'attends.

Chapitre 14

SAMANTHA

Samantha s'assoit à ma table, me regarde, et me sourit à nouveau. Ses yeux bleus me transpercent. Elle a un teint magnifique et je la trouve plutôt charmante.

— Raconte-moi, comment t'as rencontré Billy ?

— Heuuu, je sais pas si tu veux vraiment le savoir, disons que l'endroit où il se trouve actuellement, j'y étais moi aussi.

— T'inquiète pas, je suis habituée.

— Comment ça, t'es habituée ?

— Disons que je m'attends à beaucoup de choses avec lui ! Rassure-moi juste, je suis pas en danger avec toi ?

— Non, bien sûr que non. T'inquiète pas, tout va bien. J'ai fait une connerie, c'est vrai, mais rien de très méchant.

— Je te crois, si Billy t'a envoyé ici, c'est qu'il te fait confiance.

— Et toi alors, comment tu le connais ? Vu qu'il est enfermé depuis près de quarante ans, il y a un truc que je saisis pas... Aux dernières nouvelles, les prisons mixtes n'existent pas, donc comment c'est possible ?

— Je n'ai pas fait de séjour en prison, en effet, et je compte pas en faire d'ailleurs !

— Alors, comment ?

— Je connais Billy depuis maintenant quinze ans, je l'ai rencontré alors que j'allais avaler une boîte de médicament qui traînait dans un placard de la salle de bain où je vivais avec ma mère. C'était ma première rencontre avec lui. Il m'a fait voyager, on a vécu différentes expériences incroyables et je continue de le voir pour partager avec lui ce qui m'arrive depuis notre rencontre.

— Il y a quinze ans ? Attends, mais c'est quand la dernière fois que tu l'as vu ?

— Je dirais... il y a trois semaines environ.

— Quoi ? Mais il y a trois semaines, il était en taule avec moi ! D'ailleurs, il y a quinze ans aussi il était enfermé… Il y a un truc que je comprends pas...

— Billy t'a sûrement caché quelques petites facultés qu'il a et qui lui permettent également de voyager dans le présent !

— Voyager dans le présent ? Donc il pourrait être avec nous là, maintenant, par exemple ?

— C'est bien ça, oui !

— Oh, bordel, c'est quoi encore ce délire... ? Mais du coup, il est où physiquement quand il voyage dans le présent ?

— Il reste là où il est en train de dormir, donc dans sa cellule. Et, en parallèle, par exemple, il me rend visite.

— Attends, je suis en train de comprendre quelque chose là. À de multiples reprises, je ne le voyais pas à la cantine ou dans la cour pendant les promenades, je comprenais pas pourquoi il ne sortait pas de sa cellule... C'est ça, en fait ! En gros, le mec était pas là ?

— C'est probablement ça, oui.

— Je comprends mieux pourquoi la taule, c'est facile pour lui ! Une partie de la journée, le mec se barre à Venice beach et le temps est figé et, l'autre partie, il dort, le temps avance et il se téléporte quelque part !

Samantha se met à rigoler.

— Oui, j'avoue que c'est un peu bizarre dit comme ça. Crois-moi, j'ai aussi eu du mal à avaler tout ça quand je l'ai rencontré. D'ailleurs, il m'a pas dit grand-chose au début... Mais j'ai pu constater par moi-même que tout ça était bien vrai, comme tu as aussi dû t'en rendre compte si tu as voyagé avec lui...

— C'est décidé, je vais vraiment appeler Steven Spielberg, on va tourner un film ! Je tiens le scénario le plus dingue de l'histoire ! Donc en fait, il y a des chances que je le voie pendant ce voyage ?

— Il a sûrement prévu de passer te voir, oui.

— Incroyable ! Mais il me reste toujours une part d'ombre à éclaircir. Enfin, plusieurs même. Pourquoi on se rencontre ? Qu'est-ce que je viens faire ici ?

— Billy a aidé un paquet de monde, et il aime bien que les anciens et les nouveaux se rencontrent, on va dire ça comme ça.

— Donc toi t'es l'ancienne et moi le nouveau ?

— Oui, enfin, fais quand même attention quand tu dis l'ancienne !

Elle me fait un petit sourire à la fin de sa phrase.

— T'as rencontré d'autres personnes comme moi ?

— Oui, t'es loin d'être le premier. D'ailleurs, chaque année, on se retrouve tous le premier week-end de septembre. Nous étions quatre-vingt-quatre personnes lors du dernier rassemblement.

— Quoi ? Quatre-vingt-quatre ! Oh le délire! Me dis pas que Billy vous fait tous basculer dans des tunnels pour être recrachés dans un champ de maïs avec lui ?

Samantha explose de rire et s'étouffe à moitié avec l'eau qu'elle était en train de boire.

— Oh, Billy ne m'avait pas prévenue que t'étais si drôle !

— Ma question était sérieuse, mais merci pour le compliment !

— Ha, ha, ha ! Notre week-end de retrouvailles, c'est juste pour échanger sur nos progressions. On passe un bon moment le temps d'une journée, puis tout le monde reprend sa route.

— Donc Billy a enseigné des choses à toutes ces personnes ?

— Oui, j'ai pas encore eu l'occasion de parler en tête à tête avec tout le monde, mais c'est l'idée, en effet. Ce que tu fais aujourd'hui, c'est ton voyage d'initiation. Tu viens compléter tes connaissances afin de vivre la vie que tu souhaites, avec des personnes qui ont déjà fait ce chemin, pour que tu puisses voir différents parcours et différents résultats et te rendre compte par toi-même ce qu'il est possible de réaliser.

— Un voyage d'initiation… Comme s'il n'avait pas pu choisir des gens plus proches de chez moi parmi ces quatre-vingt-quatre personnes ! Je vais faire le tour du pays pour rencontrer trois personnes !

— Il choisit toujours les gens en fonction de ce que tu dois voir, pas en fonction de ce qui est le plus simple pour toi.

— Ouais, je m'en serais douté ! Du coup, le prochain rassemblement c'est pour bientôt !

— Oui, dans trois mois. Tu recevras certainement une invitation pour venir nous rejoindre.

— D'ici là, j'espère que j'aurai mis un peu d'ordre dans ma vie et que j'aurai déjà accompli pas mal de choses.

— Si tu suis les leçons que tu as déjà apprises et que tu continues d'apprendre, alors la réponse est oui.

— Ce qui est sûr, c'est que je suis prêt à lui faire confiance. Mais il aurait pu me parler de tout ça avant !

— Tu sais comment il est, il aime garder des choses pour lui. D'ailleurs, il y a probablement des choses que même moi je ne sais pas. Et pourtant ça fait quinze ans que je le côtoie. Mais, viens, suis-moi, je vais te présenter à l'équipe.

— À l'équipe ?

— Allez, suis-moi.

Je la suis et me dirige avec elle de l'autre côté de la route, devant un grand bâtiment. En y entrant, je découvre différents plans de travail, avec plusieurs personnes en train de créer des meubles. Samantha fait un signe de main à tout le monde et monte sur un tabouret. Les machines s'arrêtent et elle commence à parler :

— Votre attention à tous, je vous présente Bart. Ce jeune homme est nouveau ici et il va passer un peu de temps avec moi ces prochains jours. Vous allez donc le croiser régulièrement, je compte sur vous pour l'accueillir comme il se doit.

Tous les regards sont braqués sur moi, il doit y avoir une trentaine de personnes dans la pièce. C'est une sorte d'entrepôt avec deux étages, différents postes de travail et de nombreux cartons un peu partout. J'ai l'impression que c'est Samantha qui dirige cet endroit.

— Merci pour l'accueil !

— Je t'en prie, suis-moi.

Elle se dirige vers l'escalier sur la droite qui permet d'accéder au premier étage, tout en saluant différentes personnes sur le chemin, avec lesquelles j'échange aussi quelques sourires. On monte l'escalier puis on arrive dans une nouvelle salle remplie de meubles en tout genre, d'un bois vraiment magnifique.

— Tu vois tous ces meubles, Bart ?

— Oui.

— C'est ce qu'on fait ici, j'ai lancé mon entreprise il y a dix ans, cinq ans après avoir rencontré Billy. J'étais passionnée de menuiserie et tout le temps en train de construire quelque chose. J'en avais marre de toutes ces enseignes bon marché qui construisent des meubles bas de gamme et j'ai décidé de me lancer.

— Génial, Félicitations ! Ça a l'air de bien marcher, non ?

En guise de réponse, elle se dirige vers un petit bureau sur lequel elle s'assoit après m'avoir proposé une tasse de café.

— Oui, on a dix-sept entrepôts comme celui-ci maintenant. Le dernier vient d'ouvrir à Oksville.

— Dix-sept ?

— Oui, on vend des meubles dans tout le pays, ainsi qu'au Canada et également en Europe depuis deux ans.

— Waouh, impressionnant !

— Merci, c'était pas évident, surtout pour une femme, je dois dire, et surtout dans ce secteur. Je peux dire que sans avoir rencontré Billy, jamais j'aurais osé me lancer et jamais j'aurais pu construire ce projet. Tout ça, c'est en partie grâce à lui. Aujourd'hui je suis fière de ce qu'on a inventé et mis sur pied, et heureuse d'attaquer ma journée le matin quand je me lève.

— Vraiment inspirant. Combien tu gagnes ?

— L'argent n'est pas un problème. Je pourrais arrêter de travailler et me laisser dorer sur la page jusqu'à la fin de mes jours, mais je poursuis une réelle mission ici. C'est plus que simplement gagner de l'argent. Mais, pour répondre à ta question, on génère aujourd'hui plusieurs dizaines de millions de dollars de chiffre d'affaires par an.

— Whoooooo, j'aimerais aussi pouvoir lancer un projet, mais je sais pas vraiment comment m'y prendre.

— Je vais t'enseigner ce que j'ai appris. Je suppose que si Billy t'a mené jusqu'ici, c'est pour que je te transmette tout ça. Allez, viens, je te fais visiter.

Me voici en train de faire le tour de l'entrepôt et de découvrir les différentes parties de son travail. J'en profite pour discuter avec quelques personnes, et je mets même la touche finale à un meuble. Je suis vraiment à la première loge pour pouvoir observer à quoi ressemble le quotidien d'une personne qui dirige une méga entreprise. Quel pied, ce voyage commence vraiment bien ! Je dois avouer, encore une fois, que Billy a vu juste. Je crois que c'est exactement ce dont j'avais besoin. Tout ça va me rendre « inarrêtable » quand je vais rentrer. Au côté de Samantha, je ne vois pas le temps passer. Vers 7 h 00, elle me laisse pour un rendez-vous, un dîner avec une marque allemande pour un gros partenariat, tout en me disant de la rejoindre demain à 8 h 00 dans un petit café pas loin d'ici.

J'ai pas eu le temps de lui poser toutes les questions qui me travaillent – les voyages qu'elle a dû faire, comment elle a commencé toute cette aventure, comment s'est passée plus exactement sa rencontre avec Billy – mais je suppose que j'aurai le temps de le faire par la suite. Je vais sûrement passer quelques jours ici avant de repartir.

De mon côté, je me pose dans un petit resto local pour manger, en pensant à cette nouvelle journée de dingue. Qu'est-ce que ma vie a changé en si peu de temps ! Comme Samantha m'a dit que Billy pouvait voyager dans le présent, je m'attends à ce qu'il débarque à n'importe quel moment. Et je me dis que ça ne sert a rien que je l'appelle ; autant le voir en personne !

Une fois mon repas terminé, je rentre à l'hôtel et je commence à noter ce que j'ai appris. Billy m'a fait promettre quelque chose – transmettre ses connaissances – et je compte bien tenir cette promesse. Comme je sens que je vais apprendre énormément de choses et que ça va être difficile de me souvenir de tout, la prise de notes va être mon alliée. Je me concentre sur l'essentiel et, tout à coup, une idée me vient. Pourquoi ne pas écrire des leçons, des phrases qui résument une bonne partie de ce que j'assimile comme connaissances ? Je vais déjà tâcher de me rappeler ce que Billy m'a transmis, puis je compléterai avec ce que je vais apprendre au fil de mes rencontres.

J'attaquerai ça demain en espérant tout me rappeler. Pour le moment, j'ai juste envie d'appeler Julia et de parler un peu avec elle. Je vais éviter de lui raconter le challenge auquel j'ai dû faire face hier soir. Même si j'ai choisi l'option sage et réglo, on va quand même éviter. Aussitôt, elle décroche et on parle de ma journée sans que je rentre trop dans les détails, ainsi que de la sienne. C'est vraiment chouette de l'entendre et de discuter avec elle, on se marre bien. Par contre, il n'y pas eu d'autres réservations pour mon loft. J'espère en recevoir d'autres, surtout si je suis en voyage pendant encore un long moment. Car pour l'instant, en seulement deux jours, j'ai déjà dépensé pas mal d'argent. Entre la route, la bouffe, les nuits d'hôtel, ça va vite ! Peu de temps après avoir raccroché, je m'endors ensuite en pensant à Julia et à toutes les questions en suspens que je veux poser à Samantha et à Billy. Un beau bazar dans ma tête !

Le lendemain matin, pressé de revoir Samantha, je file sous la douche, enfile un short et je suis déjà dehors. Juste avant de partir, je prolonge mon séjour à l'hôtel d'une nuit. C'est clairement pas le grand luxe mais j'ai l'essentiel pour quarante-cinq dollars par nuit, alors je vais pas me plaindre. Comme il n'y a pas l'air d'y avoir grand monde, je vais gérer au jour le jour la réservation, comme ça, dès que j'aurai envie de partir et de reprendre la route, je pourrai le faire. À 8 h 00, je rejoins comme convenu Samantha dans le café dans lequel elle m'a donné rendez-vous. Elle est déjà assise, un café à la main et un mec à ses côtés.

— Bart ! Je te présente Romain, mon mari.

— Oh, enchanté, Romain !

— Salut Bart, ma femme m'a parlé de toi hier soir.

— En bien j'espère !

— Bien sûr !

À son prénom et à son accent très prononcé, je me dis qu'il doit être français, car je me souviens du pote d'un de mes potes qui était français et qui avait le même genre d'accent.

— Tu as un accent français, pas vrai ?

— Exact, je viens du sud de la France, de Montpellier pour être précis. Tu connais ?

— Malheureusement, non, mais j'aimerais vraiment visiter la France un jour. Comment vous vous êtes rencontrés ?

— Ah ! C'était un peu improbable. Je suis venu en vacances ici tout seul il y a maintenant six ans et j'ai rencontré cette charmante personne en face de toi. J'avais pas du tout prévu de quitter la France et de vivre ici, mais ses beaux yeux m'ont fait changer d'avis ! Bref, six mois après notre rencontre, j'emménageais chez elle.

— Super histoire !

J'adore ce type d'histoire, des rencontres improbables qui bouleversent totalement ta vie.

— Allez, je vous laisse entre vous, vous avez sûrement plein de choses à vous dire, je dois filer. Ravi de t'avoir rencontré, Bart.

— Ravi également, bonne journée !

Romain se lève et quitte le café qui est en fait également une boulangerie française.

— Est-ce qu'il est au courant pour Billy ?

— Oui, je lui ai tout raconté. Pour moi, ce n'est pas possible de garder ça secret. Un couple doit être basé sur la confiance et le partage, donc je lui dis tout, peu importe ce qu'il en pense. Il a d'ailleurs rencontré Billy à plusieurs reprises, et devine quoi ?

— Dis-moi.

— Tu te doutes que quand je lui ai parlé de tout ça, il m'a un peu prise pour une folle, même s'il ne me le disait pas. Du coup, j'ai supplié Billy pendant des semaines et des semaines pour qu'il le fasse voyager au moins une fois !

— Brillant ! Je crois que le meilleur moyen pour le croire, c'est en effet de le vivre.

— Exact. Sauf que Billy choisit précisément les personnes qui voyagent avec lui et comme Romain n'était pas sur sa liste, il a refusé.

— Sa liste ? Il a une liste qui lui indique les gens qu'il doit aider ?

— Il a été très vague sur le sujet, mais je crois qu'en effet, il sait à l'avance les personnes qu'il va rencontrer.

— En y repensant, la première fois que je me suis assis à sa table, j'ai eu l'impression qu'il avait déjà l'air de me connaître.

— Ça ne m'étonnerait pas. Pour en revenir à mon mari, Billy a finalement cédé et Romain a pu vivre un voyage. C'était extraordinaire qu'il puisse vivre la même chose que moi et surtout qu'il puisse comprendre tout ce que j'ai pu lui raconter pendant des mois et des mois.

— Waouh, c'est génial, j'aimerais que Julia vive ça aussi.

— C’est ta femme ?

— Heu, pas vraiment, non. On s’est séparés il y a quelques années, mais j’aimerais bien qu’on se remette ensemble et je crois que c’est en bonne voie. Du moins, j’espère ! Je sais que c’est elle celle qui est faite pour moi, alors je fais tout pour que ça se concrétise.

— Si tu le ressens, alors suis la petite voix à l’intérieur de toi, ça ne te fera jamais défaut.

— C’est comme ça que tu as créé ton empire, tu l’as senti ?

— C’est la première fois qu’on me dit que j’ai construit un empire, je crois !

— Bah, regarde-toi, regarde ce que tu as construit, c’est exceptionnel !

— Merci… Est-ce que j’en ai eu l’intuition ? Oui, je pense que oui. Pour moi, ça fait partie de mon quotidien. Le plus important je pense, c’est que je fais quelque chose qui m’anime profondément. Avec cette entreprise, on a un réel impact sur le monde, et ça c’est le plus important.

— Comment ça s’est passé d’ailleurs hier soir avec les Allemands ?

— Mal. Ils voulaient me faire signer un contrat conséquent. Pour tout te dire, 26 millions de dollars de commande.

— Quoi ? Incroyable !

— J’ai refusé et je suis partie.

— QUOI ? T’as refusé 26 millions de dollars ?

— Tout à fait.

— Tu viens de passer devant Billy et mon oncle au premier rang des personnes plus dingues que je connaisse !

— Ah, merci pour cette première position !

La serveuse arrive au même moment avec un café et deux croissants.

— Explique-moi pourquoi.

— Dans une entreprise, une des choses les plus importantes, c'est ta mission, tes valeurs et la direction que tu veux donner à ton projet. La proposition de ces potentiels clients était en effet intéressante d'un point de vue financier. Mais du point de vue de nos valeurs, c'était un désastre. Leur positionnement est en totale contradiction avec ce pour quoi moi et mon équipe nous battons tous les jours. Quand tu as des valeurs, que ce soit à titre professionnel ou personnel, il me semble primordial que tes actions soient en cohérence avec ces valeurs, sinon, tu vas droit dans le mur.

Encore une leçon à noter dans mon carnet ce soir.

— Je comprends, mais quand même, 26 millions de dollars, c'est astronomique !

— Je suis convaincue que nous aurons d'autres contrats de ce type ! Et peut-être encore plus gros. Et tu sais pourquoi ? Parce qu'on sera resté sur une ligne directrice avec une mission forte tout au long de notre parcours. Quand tu fais les choses de manière juste, les résultats sont là.

— OK, je prends un petit déjeuner avec quelqu'un qui vient de refuser, il y a moins de 24 heures, 26 millions de dollars. S'ils sont encore dans le coin tes Allemands, moi je peux essayer de leur construire une table ou deux pour 10 000 balles !

— T'es un vrai comique, toi, tu le sais ça ?

— C'est ce qu'on dit !

— Ça doit sans doute être l'une de tes forces. Tu as l'air d'être plutôt confiant, drôle, attachant aussi, je pense. Voilà autant de cordes à ton arc. Et généralement quand tu cherches ce que tu devrais faire de ta vie, la réponse gravite toujours autour de ce que tu aimes faire et que tu fais naturellement.

— Oui, je pense que j'ai peut-être trouvé ma voie, mais pas encore sûr. Je veux organiser des cours de gym, permettre aux gens de se bouger, changer leurs corps, se regarder le matin et se trouver sexy devant la glace. Ça, ça m'excite pas mal !

— Génial, tu sais que tu as beaucoup de chances de savoir dans quelle direction tu veux aller !

— Oui, mais je veux aussi gagner de l'argent. C'est pas avec des cours à trente dollars de l'heure que des Allemands vont prendre rendez-vous avec moi pour me proposer un chèque de vingt-six millions !

— Ça, c'est parce que tu es coincé dans un conditionnement dans lequel tu as grandi qui t'empêche de réfléchir en dehors du cadre.

— Comment ça ?

— Qui t'a dit que tu devais donner des cours à trente dollars de l'heure ? Si ta mission est de transformer les gens et qu'ils se sentent mieux dans leur corps, tu veux que ça touche le plus de monde possible, non ?

— Oui, je suppose que oui.

— OK, donc la question qu'il faut que tu te poses, c'est comment quelqu'un qui habite à New York va être impacté par ton travail, alors que toi tu seras chez toi à des centaines ou des milliers de kilomètres de là. Il faut que tu dissocies le résultat de ta présence physique.

— Il faut que je dissocie le résultat de ma présence physique ? Attends deux secondes, que je digère cette phrase. Ah, mais bordel, cette phrase est brillante ! Dissocier le résultat de ma présence physique, j'adore ! Mais comment je fais ça ?

— Ne te préoccupe pas du « comment » pour le moment. Des possibilités tu en trouveras, il en existe beaucoup. Ce sur quoi tu dois te concentrer, c'est changer la manière dont tu vois les choses. Pense différemmen auras des résultats différents. Si au lieu de te demander comment tu peux remplir un cours, tu te demandes comment tu peux impacter la vie de 100 000 personnes dans les vingt-quatre prochains mois en transformant leur corps, alors les pensées que tu vas commencer à émettre seront totalement différentes. Les décisions que tu vas prendre le seront également et les résultats, forcément, tu t'en doutes, seront aussi différents. L'important est de savoir ce que tu veux. Si tu veux impacter dix personnes par semaine que tu peux suivre personnellement, c'est OK. L'important, c'est que ce que tu fais te rende heureux et accompli. Si tu veux maintenant impacter 100 000 personnes, un million de personnes… ce ne sera pas la même chose, ce ne sera pas les mêmes réflexions et ce ne sera pas les mêmes décisions.

— Tu vois vraiment les choses en grand, toi ! Comment en es-tu arrivée à penser comme ça ?

— Je dois remercier Billy car c'est lui qui a commencé à me parler de tout ça. Puis, peu à peu, grâce aux expériences de la vie, j'ai pris confiance dans mes objectifs et mes ambitions. De toute manière, tu commences toujours par quelque chose de modeste, mais avoir la vision d'aller loin, te permet d'exécuter les choses différemment. J'ai commencé en vendant un meuble que j'avais construit moi-même. Et les cent premiers, j'étais seule à les construire. Puis, au fur et à mesure, j'ai développé cette vision et je me voyais vendre mes meubles dans tout le pays. J'ai cultivé cette vision chaque jour dans ma tête, dans mes rêves, pendant mes méditations, mes moments de réflexion, avant que ça se concrétise vraiment. Mon mari a un ami français ici à Austin qui nous répétait souvent cette phrase : « On ne fait pas d'un âne un cheval de course. » Il utilisait souvent cette expression pour désigner des personnes qu'ils avaient pu rencontrer au cours de sa vie. Tu l'as déjà entendue ?

— Jamais.

— Je suppose que c'est une expression française. Bref, un jour je lui ai répondu que son expression ne s'appliquait pas à nous, les êtres humains. Car peu importe d'où tu viens et ce que tu fais au départ : en tant qu'humain, tu as cette possibilité d'apprendre, de changer et de modifier le cours de ton existence et de tes résultats. La première personne à convaincre que tu peux, toi aussi, être un cheval de course, c'est toi-même. Une fois que tu en es convaincu, tes actions et tes décisions commencent à changer.

— J'ai jamais eu trop de difficulté à être confiant, mais par contre, je n'ai jamais vu les choses en grand comme toi. Je dois dire que ça m'excite encore plus ! Faut vraiment que je retienne tout ça.

— Oui, note tout, c'est important. Je suppose que Billy t'a fait promettre de transmettre ce que tu allais apprendre.

— Oui, à toi aussi ?

— Oui, et c'est d'ailleurs ce que je fais en ce moment même !

— Je suis vraiment chanceux de l'avoir rencontré. Non mais t'imagines un peu, si c'était pas le cas ? Je serais en taule en train de réfléchir à ma vie de merde !

— Ne pense plus à ça. Ce qui compte, c'est le présent. Être reconnaissant est une très bonne chose, je dois aussi toute ma vie à Billy. Un jour, je lui ai remis un chèque d'un million de dollars pour le remercier. Tu sais ce qu'il a fait ?

— Non.

— Il a refusé et m'a fait promettre de donner ce chèque à une personne qu'il a aidée et qui construit aujourd'hui une fondation pour venir en aide aux enfants démunis. Cet homme est vraiment là pour donner, et l'impact qu'il va laisser dans ce monde est bien plus grand que ce que l'on peut imaginer.

— Waouh, vraiment inspirant ! Au fait, forcément, j'ai une autre question pour toi. Impossible de lui faire cracher le morceau, mais tu sais pourquoi il est enfermé ?

— Malheureusement, je ne vais pas pouvoir t'aider. Au bout de quinze ans, je ne le sais toujours pas. Et je ne suis pas sûre que quelqu'un le sache.

— C'est quand même fou ça, tu prends pas quarante ans de taule pour un truc banal… Il a quand même dû faire une grosse connerie.

— C'est ce que je me suis dit à plein de reprises, mais en même temps ça me paraît tellement improbable…

— Peut-être qu'il y a quarante ans, c'était pas la personne qu'on connaît aujourd'hui ?

— Peut-être… Mais je continue de penser qu'il y a une logique derrière tout ça.

— Compte sur moi pour continuer à le cuisiner sur le sujet.

— Moi, j'ai abandonné. J'aime Billy comme il est, peu importe ce qu'il a fait auparavant.

— Ouais, t'as raison, ça ne changera rien non plus dans ma vie. Mais je suis trop curieux pour laisser tomber. Je vais lui préparer une bouteille de whisky un soir avec quelques grammes de champignons, histoire de le faire partir sur Vénus. À ce moment-là, il sera plus susceptible de parler.

— Ouh la ! Faire boire Billy, ça va être très compliqué, mais tu peux toujours essayer ! me dit-elle juste avant qu'un jeune vienne la saluer.

— Tu connais tout le monde ici ou quoi ?

— Disons que je participe à beaucoup d'événements. Entretenir son réseau, c'est très important. Tu n'as pas idée combien de personnes j'ai pu croiser ces quinze dernières années et qui ont contribué aux résultats de l'entreprise. Des centaines, probablement ! Et sans eux, je n'en serai pas arrivée là, c'est certain. Quand tu crées ton entreprise, non seulement tu dois toi-même être un leader dans ton comportement, tes décisions et tes actions, mais tu dois aussi connecter avec les bonnes personnes qui peuvent t'aider.

— Je suis d'accord sur ce point. Je me dis que je vais commencer à chercher des gens qui ont construit des choses importantes dans le domaine sportif ou le coaching, pour voir si je peux les rencontrer.

— Excellent, une simple idée peut parfois tout changer.

— Et quel est le programme du jour ?

— J'ai plusieurs rendez-vous, je ne pourrai pas t'emmener avec moi partout, mais toute la matinée, tu peux rester avec moi.

— OK, c'est parfait. Cet après-midi, j'écrirai tout ce que tu viens de me dire pour bien le garder en mémoire.

— Excellente idée ! Allez, c'est parti. Je vais te montrer une journée-type.

Chapitre 15

UNE JOURNÉE TRÉPIDANTE

Nous voici de retour à l'entrepôt. J'ai vraiment beaucoup d'admiration pour Samantha, elle a l'air inarrêtable. En plus d'incarner la vision de son entreprise, elle prend soin de son équipe et s'assure que tout le monde se sente bien.

Elle passe une partie de la matinée à discuter avec plusieurs employés pour être certaine que tout va bien, et voir s'il y a des choses qui peuvent être améliorées. Jamais mon ancien patron ne serait venu me voir pour me demander s'il y avait des choses à revoir au sein de la boîte de nuit dans laquelle je bossais. J'aurais eu tellement de trucs à lui dire ! Premièrement, vire-moi tous ces gamins qui se pointent à deux heures du mat défoncés, ça nuit à l'image de la boîte et ils apportent plus de problèmes qu'autre chose. Mais mon boss me disait toujours de les laisser passer, même s'ils ne tenaient plus debout, car ils allaient consommer et probablement acheter une bouteille. La plupart du temps, ils ne consommaient pas grand-chose et généralement, trente minutes après, je devais intervenir parce qu'une baston avait éclaté. Il est clair que j'aurais fait les choses différemment et transformé la boîte en un endroit plus « select », quitte à faire monter un peu les prix. Le genre d'endroit où tu te sens privilégié de pouvoir y accéder. Bref, c'est du passé, plus question de travailler dans cet univers.

Quel parcours quand même que celui de Samantha : partir de rien et réussir à construire tout ça. Ça me montre encore une fois la force du message de Billy. Les résultats qu'a Samantha aujourd'hui, je pourrais les obtenir dans quelques années. Je pense vraiment que personne ne peut m'en empêcher, mis à part moi-même, bien sûr.

Le reste de la matinée est assez mouvementé : réunions, rencontres, paperasse à signer, quelques problèmes à gérer. C'est une super opportunité de pouvoir la voir à l'œuvre. Ça me met une belle claque. Je me dis qu'il y a beaucoup de patrons qui devraient venir passer une semaine avec elle, ils tomberaient de haut. Je comprends pourquoi Billy m'a fait la rencontrer, Samantha est vraiment source d'inspiration. Qui sait, Julia pourra peut-être travailler à mes côtés dans ma future entreprise ? Pour en arriver là, il est clair que je vais d'abord devoir construire cette vision dont m'a parlé Samantha. Elle a raison : si je me concentre sur le fait d'aider dix personnes, c'est pas la même chose que d'en aider 100 000. Même si forcément, je vais commencer par quelques élèves. Je me rends compte que beaucoup de gens restent bloqués à certains paliers, car ils ne s'autorisent pas à penser qu'ils pourraient avoir plus. Je suppose aussi que certaines personnes sont heureuses de cette manière, et c'est le plus important.

En fin de matinée, Samantha m'a dit une phrase qui m'a marqué : « Si tu te réveilles chaque matin, avec de l'énergie et le sourire sur ton visage en pensant à la journée que tu es sur le point de vivre, alors tu es sur la bonne voie. » Bon, bien sûr, je ne me fais pas d'illusions : même si tu fais quelque chose que tu aimes, il y aura forcément des matins où tu n'auras pas vraiment envie de sourire en pensant aux problèmes que tu as ou aux galères que tu dois régler. Dans ces moments compliqués, comme me l'a dit Billy, « fais confiance et laisse la magie opérer ». Moi, je suis partant pour voir la magie opérer, tant qu'elle ne m'envoie pas en taule ! Je devrais déjà être heureux rien qu'à l'idée d'être libre. D'ailleurs, je pense que c'est ce qui me donne cette soif d'avancer et l'envie de montrer à Billy qu'il ne s'est pas trompé en me choisissant. Je ne veux pas le décevoir. Depuis que je suis sorti, j'ai comme une flamme à l'intérieur de moi qui brûle et qui me fait agir. Et je pense que c'est dans la bonne direction. On aura la réponse dans quelques années...

Après avoir partagé mon repas du midi avec Samantha, je la laisse repartir à ses occupations. De mon côté, j'ai décidé de passer mon après-midi en trottinette ! J'ai envie d'explorer Austin. J'aimais déjà cette ville, mais depuis que je suis arrivé, je sens vraiment que c'est une ville où je pourrais vivre.

Je m'approche d'une trottinette électrique, je télécharge l'application pour la réserver et en cinq minutes me voilà dessus prêt à démarrer. Ça ne doit pas être trop compliqué à manier ce genre de truc. J'actionne l'accélérateur et c'est parti, je pousse au max que je peux, ça ne va pas très vite, mais les sensations sont quand même pas mal. J'arrive à un feu rouge que j'ai envie de griller car il n'y a absolument personne. Mais devenons un bon citoyen, on va attendre le vert. Je redémarre et me prends des rafales de vent sur le visage, ça souffle un peu aujourd'hui. Je longe le fleuve du lac d'Austin, qui donne encore plus de charme à cette ville. Plusieurs personnes sont en train de faire du Kayak, je passe devant la bibliothèque, puis je continue jusqu'au Eilers Park. Sur le chemin, je crie de toutes mes forces : JE SUIS LIBRE, je continue et continue, j'ai l'impression que j'ai de la retenue comme si je ne criais pas au maximum de ce que je pouvais. Je crie une nouvelle fois de toutes mes forces : JE SUIS LIBRE !!! Les gens autour me regardent, mais je file avec ma trottinette sans m'arrêter.

Au bout d'un moment, je m'arrête et regarde autour de moi. Je commence à avoir une émotion assez intense qui monte, bordel, je vais pas me mettre à chialer quand même ! Eh bien, devinez quoi ? On n'en était pas loin ! Les larmes me sont montées, ça fait des lustres que ça ne m'était pas arrivé. Whouaa, quelle sensation, je me suis rarement senti aussi vivant que maintenant.

Au bout d'un moment, je décide de poser la trottinette et, juste en face de moi, je vois un centre de crossfit ! Je réfléchis un peu, puis je me dis « et pourquoi pas leur demander si je peux faire une session aujourd'hui » ? Le crossfit, c'est pas vraiment mon truc, mais faut se challenger. On va encore se confronter à de la nouveauté aujourd'hui ! Je rentre donc dans le club, c'est assez grand et plusieurs personnes sont en train de s'entraîner. À l'accueil, il y a deux mecs, plutôt baraqués, enfin pas autant que moi bien sûr, mais quand même. Je m'approche d'eux et leur demande s'ils ont un entraînement de groupe auquel je pourrais participer aujourd'hui. Ils me disent que oui, à 17 h 00, mais que c'est réservé aux membres qui ont souscrit un abonnement. Je leur explique que je ne suis là que pour quelques jours, mais ils me disent que l'abonnement est obligatoire. Tant pis. Au moment de passer la porte de sortie, je me dis que je veux vraiment faire ce cours. Je suis motivé à fond aujourd'hui, encore plus que d'habitude. Je veux faire ce cours. Non, je corrige, je *vais* faire ce cours. Je me retourne et marche une nouvelle fois en direction de l'accueil.

— Hey, les gars, désolé, mais j'ai vraiment envie de faire ce cours. J'ai compris ce que vous m'avez dit, mais on peut s'arranger autrement, non ? Je pourrai même revenir demain peut-être, je veux pas être chiant, mais je suis sûr qu'il y a une solution.

Le mec qui m'avait répondu regarde son collègue.

— Écoute, ça aurait été avec plaisir, mais normalement tu dois passer des tests pour qu'on sache si tu es apte. Et puis, ce soir, c'est le groupe des avancés et on ne connaît pas ton niveau.

— Je comprends, mais regarde mes bras, je vais à la salle soulever de la fonte depuis que j'ai quinze ans ! Je ne suis vraiment pas un débutant, et puis, je peux vous signer une lettre ou un truc du style qui dit que je suis responsable de tout ce qui peut arriver. Allez, les gars, juste ce soir, juste un cours.

Le mec qui m'a répondu regarde de nouveau son collègue.

— Bon, allez, le cours sera pas complet ce soir de toute façon. C'est d'accord.

— Génial, merci.

— Par contre, nous aussi on va faire le cours, alors t'as intérêt à être à la hauteur !

— Ha ha, un challenge, j'aime ça, ne vous inquiétez pas, je serais un élève exemplaire. Je peux connaître vos noms ?

— Moi, c'est John et lui c'est Mike.

— John et Mike, enchanté. Moi, c'est Bart, à ce soir du coup. 17 h 00, c'est ça ?

— 17 h 00 !

— Je serai là.

En repartant, je réalise à quel point tu peux avoir à peu près tout ce que tu veux dans la vie. Mais pour cela, il faut faire la petite action supplémentaire. C'est elle qui fait toute la différence. Dans le cas présent, c'était de retourner les voir, et d'insister, même s'ils m'avaient répondu non. Cours de crossfit à 17 h 00, j'aime ce plan. En attendant, je vais aller un peu à mon hôtel et continuer à écrire les enseignements de Samantha, de Billy et même de son grand-père !

Quand je sors du club, j'attrape de nouveau une trottinette et c'est reparti ! Je monte dessus et pousse l'accélérateur à son maximum, jusqu'à mon hôtel ! Quelle belle journée, j'ai envie de tout raconter à Billy, j'espère qu'il va bientôt ramener sa face. Ça va me faire drôle d'ailleurs quand je vais le revoir. Je roule au maximum que je peux, je prends une énorme bosse sur la route qui me fait pratiquement tomber, mais je me rattrape *in extremis*. Je repasse devant l'entrepôt de Samantha, puis je continue jusqu'à mon hôtel. J'ai trois heures devant moi avant d'aller au cours. J'ouvre la porte de ma chambre, et je vois que mon lit a été fait, ce qui n'est pas déplaisant. Je me pose un peu, puis attrape un bloc-notes. Je sors un stylo de mon sac, puis marque en haut d'une feuille vierge : « Mon plan de route » ! Ce titre me paraît plutôt bien. Après coup, ça me paraît dingue d'avoir un plan pour me déplacer quand je conduis, mais aucun plan pour ma propre vie. Ce bloc-notes sera donc mon plan de route, les étapes et les règles que je veux suivre pour arriver là où je veux aller. Encore faut-il savoir exactement où je veux aller. Disons que j'ai une vague idée pour le moment, mais je sens que ça va s'affiner de jour en jour.

Je commence à noter tout ce que j'ai appris au fur et à mesure des dernières semaines et tout ce que Billy a pu partager avec moi depuis le début. Après trente minutes, j'ai noirci plusieurs pages. Ma mémoire n'est pas si mauvaise que ça, finalement. Maintenant, je vais garder précieusement ces notes en permanence sur moi. Dès que j'apprendrai quelque chose d'intéressant, je le marquerai immédiatement. La phrase qui m'a le plus percuté aujourd'hui, c'est ce que Samantha m'a dit : « Dissocier le résultat de ma présence physique. » Bordel, j'adore vraiment cette phrase. Rien qu'en la prononçant, j'ai l'impression que je commence à réfléchir différemment.

Comme il me reste un peu de temps avant 17 h 00, je sors prendre l'air. J'ai une petite idée derrière la tête, qui n'est pas forcément la meilleure avant un cours de sport, mais j'ai le droit de me récompenser un peu. Mon oncle m'a dit, avant de partir, qu'il m'avait glissé deux ou trois cigares dans la boîte à gant de la Chevrolet et je m'en allumerais bien un maintenant. Je marche en direction de la voiture qui est garée juste devant ma chambre sur le parking de l'hôtel. J'ouvre la porte et fouille dans la boîte à gant, bingo ! En voilà un. Au moment où je ressors ma tête de la voiture, j'aperçois un reflet bizarre dans le rétro. Je regarde une nouvelle fois le rétro et me retourne brusquement.

Billy !

— Bonjour, Bart ! Belle voiture ! Dis-moi, comment se passe ton voyage ?

— T'es vraiment un psychopathe, toi ! Tu m'as presque fait flipper ! Je dis bien presque, parce que j'ai quand même une réputation à tenir. Tu vas tout le temps débarquer comme ça, à l'improviste ? Tu pourrais m'envoyer un texto avant, quand même ! Ah, j'oubliais, t'as pas de téléphone... Fais appel à un pigeon la prochaine fois, qu'il me glisse un mot sous la porte pour me prévenir de ta venue.

— Tu gardes ton sens de l'humour, c'est parfait ! Alors, tu as rencontré Samantha, il paraît ?

— Ah, parce que tu le sais déjà ?

— Oui, je l'ai vue rapidement avant de venir te rejoindre.

— C'est vrai que tu peux te téléporter dans le présent. La vie normale, quoi.

— Oui, je ne t'ai pas entièrement tout dévoilé, mais disons que c'est pour ton bien.

— Mmmouais, j'en suis pas très convaincu. Mais comment en vouloir au mec qui m'a rendu ma liberté ? Je crois que, quoique tu fasses, tu seras toujours pardonné. Même si tu décidais de me savater avec un fouet en cuir en m'ordonnant de me prosterner à tes pieds pour te lécher le gros orteil, eh ben même ça, je crois que je t'en voudrais pas. Mais c'est pas non plus une incitation à le faire bien sûr.

Billy me regarde d'un air perdu, je crois qu'il ne sait même plus trop comment réagir à mes conneries.

— Allez, viens là !

Je m'approche de lui et il lui fait une accolade. Je suis vraiment content de le voir.

— Alors, dis-moi, qu'as-tu pensé de ta rencontre avec Samantha ?

— Tu veux dire, son physique ? Plutôt charmante, je dois dire.

— Tu penses vraiment que je te parle de son physique ?

— Oui, t'as raison, je vois ou tu veux en venir. Bah, écoute, elle m'a cloué le bec pour tout te dire, c'est la nana la plus inspirante que j'ai rencontrée de toute ma vie.

— En effet. Elle t'a donc expliqué son parcours ?

— Oui, sacré parcours ! Et elle m'a aussi dit que t'y étais pour quelque chose. Tu m'excuses deux minutes, il faut que je m'allume ce petit plaisir. C'est ma récompense de la journée, pour avoir bien travaillé.

J'allume le cigare, puis tire une énorme bouffée avant de recracher un nuage de fumée. On se dirige en même temps vers un banc installé sur un coin de pelouse, juste à côté du parking. Je m'éloigne un peu de Billy, histoire de ne pas l'enfumer avec mon cigare.

— Donc, je disais... Oui, elle est géniale. En seulement quelques heures, elle m'a vraiment inspiré et donné de nouvelles idées pour mon projet, je l'adore déjà. Elle m'a aussi dit que chaque année, il y avait un grand rassemblement avec toutes les personnes que tu as aidées. Dis-moi que je serai de la partie la prochaine fois ?

— Ce sera avec plaisir de t'avoir avec nous cette année, mais tu as encore du chemin à parcourir. Tu dois aller à la rencontre de deux autres personnes, ne l'oublie pas.

— Je n'oublie pas et je suis déterminé à aller au bout de ce voyage. En tout cas, tu t'es pas trompé en me conseillant d'aller voir Samantha.

— Ravi de l'entendre. Tu verras que chaque personne t'apportera quelque chose de différent, ils ont tous des parcours très variés.

— C'est fou ça, quand même. Tu te rends compte que tout ça vient de toi ? Et toi, tu peux même pas en profiter, t'es enfermé. Enfin, si j'ai bien compris, tu passes quand même une bonne partie de ton temps à l'extérieur mais, quand même, tu mérites pas ça.

— Je te l'ai déjà dit, je suis au parfait endroit, crois-moi, ma vie est remplie de belles choses et j'ai vécu pour le moment une existence incroyable.

— Si tu le dis. Je vais pas te cuisiner aujourd'hui sur ce qui t'a amené en taule, car Samantha m'a dit qu'elle avait déjà essayé sans succès. Mais compte sur moi pour te reposer la question bientôt.

— Très bien, très bien. Je suis fier de toi, Bart, je suis fier que tu aies suivi ton instinct qui t'a dit de monter dans cette voiture et de commencer ce voyage. Si tu me fais confiance, il y a aura un avant et un après. Dans dix ans, tu auras atteint la majorité des objectifs que tu vas te fixer et tu sais pourquoi ?

— J'ai une petite idée, oui !

— Parce que tu as le courage de faire confiance à la vie et de lui laisser te montrer ce qu'il est possible que tu accomplisses. Tu n'imagines pas à quel point tu vas être fier de toi et de ton parcours dans quelque temps. Quand je te vois, je vois un grand cœur, je vois un homme qui est prêt à se battre pour les autres, je vois un homme qui veut aider les autres, je vois un homme qui veut construire, aimer, collaborer, évoluer...

— Ah ouais, tu vois tout ça, toi ? J'aimerais bien que tu passes un coup de fil à Julia pour lui répéter ce que tu viens de dire.

— Ne t'inquiète pas, elle le verra, elle aussi. Je t'ai pas choisi par hasard, Bart. Je t'ai choisi pour intégrer un groupe de personnes qui laissera une empreinte positive sur cette planète.

— Bordel, tu vas me faire chialer si tu continues. J'ai hâte de rencontrer toute la troupe en tout cas. S'ils sont tous comme Samantha, mon cerveau va littéralement exploser. Je ne le dis pas assez sûrement, mais merci encore, mec. Tu m'as juste sauvé la vie, je crois.

— Dis-le plus souvent, alors ! Merci est un mot magique, un mot pur, un mot juste, un mot qui a une résonance particulière, un mot qui illumine les visages et les cœurs. Dis merci quand tu te lèves le matin, merci quand tu vas te coucher, merci pour tes rencontres, merci pour ta nourriture, merci pour cette vie, merci d'exister, merci de respirer, merci de pouvoir marcher, merci d'être en forme, merci, merci, merci et encore merci !

— Whouaaa, t'es sûr que ça va, toi, aujourd'hui ? J'ai l'impression que t'as bouffé de la psilocybine, toi aussi.

— De la psilo quoi ?

— Non, non, une connerie. Écoute, je vais tâcher de faire ça. D'ailleurs, regarde ça !

Je sors mon bloc-notes de ma poche pour le lui montrer.

— J'ai décidé d'écrire tout ce que tu m'as dit depuis le départ, et aussi ce que m'ont dit ton grand-père et Samantha, pour me souvenir de tout. J'ai appelé ça mon plan de route !

— Génial, c'est une excellente idée. Je dois partir, tu imagines aisément pourquoi, mais on continuera cette conversation, continue sur cette voie.

— Compte sur moi, mon pote !

J'ai à peine fini ma phrase que Billy disparaît littéralement sous mes yeux, complètement évaporé. Dire qu'il est sûrement allongé de nouveau dans sa cellule. Je regarde l'heure et vois 16 h 42. Waouh, il faut que je fonce maintenant, sinon je vais être en retard. Cette fois-ci, on va faire ronfler un peu la Chevrolet !

Je cours fermer la porte de ma chambre, saute dans la voiture, démarre et roule jusqu'au centre de crossfit. J'arrive sur le parking à 16 h 56, c'est parfait. Je rentre et aperçois John et Mike. Ils ont l'air fun ces mecs.

— Alors, les gars, vous êtes prêts ?

— On est nés prêts !

Et en plus, ils sont insolents, j'aime ça ! Le cours démarre, on est une petite dizaine. On commence à enchaîner les exos et, ce qui est sympa, c'est que ça me donne des idées pour mes propres cours si je continue à en donner. Je fais bien attention cette fois-ci à observer tous les petits détails auxquels on ne prête normalement pas attention, comme l'organisation justement.

Après dix minutes, on démarre des trucs un peu plus hard. Corde, soulevé de terre, squat. Au bout de trente minutes, ça se corse encore un peu plus. Je suis la cadence mais je dois dire qu'ils sont carrément bien entraînés ces mecs. À la fin, je suis lessivé, j'en peux plus. J'ai même pas réussi à terminer la dernière série. John s'approche de moi :

— Félicitations, t'as bien tenu la cadence !

— Ouais, donne-moi quelques entraînements comme ça et je vous pulvérise !

— Ha, ha, prends un abonnement alors, ce sera avec plaisir de voir ça !

— Malheureusement, je suis juste de passage, mais je manquerai pas de revenir ici la prochaine fois que je serai dans le secteur !

— Sans problème, on sera là, bon vent à toi !

— Merci à vous deux d'avoir accepté que je vienne.

Il est temps de me diriger vers la sortie et de rouler de nouveau vers mon hôtel. Cette séance m'a brisé en deux, mais m'a fait aussi énormément de bien. En arrivant, je m'affale sur mon lit en déroulant le film de ma vie et en imaginant la suite des aventures. Samantha m'envoie un message pour me donner rendez-vous à l'entrepôt le lendemain à 9 h 00. J'ai hâte de la suivre encore dans une de ses journées. Rien que la regarder faire m'inspire et me donne tout un tas d'idées.

Le soir venu, je commande à manger et dîne en matant une série que j'aime beaucoup avec des zombies et un groupe de survivants. OK, c'est pas très positif mais je suis accroc. Avant de m'endormir, je note à nouveau quelques conseils dans mon carnet.

À 8 h 30, je m'apprête à sortir de ma chambre pour me rendre à pied à l'entrepôt. J'en ai pour quarante minutes environ, ça va me faire du bien. C'est vraiment calme, il n'y a pas un chat dehors, c'est ce que j'aime d'ailleurs le matin de bonne heure, tout est beaucoup plus calme et plus tranquille. Quand j'ouvre la porte de l'entrepôt, je vois Samantha au loin, avec un groupe de personnes autour d'elle. Je pense qu'elle doit être en réunion. Je m'approche et attends qu'elle ait terminé. Elle vient me saluer quelques minutes plus tard :

— Salut, toi ! Alors, t'as eu droit à une visite me semble-t-il hier ?

— Ouais, en effet ! Billy a débarqué d'un coup, je m'y attendais vraiment pas !

— Je suis toujours surprise aussi ! L'autre jour, j'en ai même renversé mon café !

— C'était chouette en tout cas de le voir, et c'est chouette aussi de te voir et d'être ici.

— Contente que ça te plaise ! Même si je vais devoir écourter un peu notre temps ensemble.

— Ah bon, pourquoi ?

— Je m'envole dès demain pour Calgary au Canada, je dois aller voir un partenaire qui a un petit problème et il faut que j'y aille pour régler ça. Malheureusement, je ne pourrai pas t'emmener.

— T'en fais pas, tu m'as déjà apporté énormément.

— Merci, mais j'aurais voulu faire plus ! Tu as mon numéro, tu pourras m'appeler quand tu veux, tu fais partie de notre groupe maintenant et ce groupe c'est comme ma famille. N'hésite surtout pas.

Ça me fait tellement plaisir de sentir que je vais appartenir à une communauté. Je crois que j'ai cherché ça toute ma vie, être dans un groupe dans lequel on peut compter les uns sur les autres. Je ne sais pas pourquoi, mais je trouve que ça apporte quelque chose en plus dans la vie de pouvoir sentir ça. Pendant longtemps, j'ai voulu faire partie d'un groupe, mais je ne me tournais vraiment pas vers les bonnes personnes ! Je pense par exemple à une bande de bikers qui me donnait toujours des défis à la con. Aujourd'hui, je crois que ce désir que j'ai depuis longtemps est en train de se réaliser. Et que je vais être entouré de personnes qui vont être bénéfiques pour moi. Qu'est-ce que je pourrais imaginer de mieux ?

En attendant, Samantha me propose de l'accompagner toute la journée, et je reçois encore leçon sur leçon en la voyant gérer sa boîte et les problèmes qui interviennent au fur et à mesure. Elle n'arrête pas, c'est une vraie machine, cette femme !

— Qu'as-tu le plus retenu de nos échanges ?

— Beaucoup de choses. Mais je crois que le truc qui me saute le plus aux yeux et qui me fait aussi comprendre pourquoi tu obtiens les résultats que tu as, c'est que tu as cette vision de voir les choses en grand. J'ai jamais rencontré quelqu'un comme toi auparavant. Et puis il y a aussi les valeurs qui sont importantes pour toi et avec lesquelles tu prends tes décisions. J'ai jamais appris ça non plus auparavant, et quand je te regarde faire, je me rends compte que c'est indispensable.

— Tu peux certainement réussir des projets sans mais je pense que c'est plus compliqué, car tu seras constamment à questionner tes choix. Tu vois, quand on recrute quelqu'un, il sait parfaitement quelles sont nos valeurs, ce pourquoi on se bat et quelle est notre vision. Ça nous permet d'attirer des gens qui sont sur la même longueur d'ondes.

— J'aime vraiment cette idée, il faut que je trouve les miennes.

— Prends le temps. Après ton voyage, une fois que tu auras intégré tous les enseignements reçus, tu auras les idées plus claires sur ce que tu veux vraiment faire et quel impact tu veux laisser.

— Je me rends compte à quel point réfléchir en terme d'impact et de contribution est tellement différent de réfléchir pour soi-même.

— Oui, et ça n'empêche pas d'obtenir des résultats pour toi. Si j'ai pu te transmettre la nécessité de suivre ses valeurs et de voir les choses en grand, alors c'est parfait. Je compte sur toi maintenant pour mettre tout ça en pratique, si c'est ce que tu veux, bien sûr. On n'a pas tous envie de construire une entreprise comme je l'ai fait, il y a beaucoup de personnes qui ne voudraient pas de ma vie et qui ne seraient pas épanouies à ma place. Je te le redis une dernière fois : le plus important, c'est que tu sois heureux au quotidien et épanoui dans ta vie et dans ce que tu fais. Ne l'oublie pas.

Je sors mon bloc-notes pour marquer ça, c'est en effet un point important. À quoi bon avoir du succès si, à la fin de la journée, t'as envie d'ouvrir la bouche, d'y enfoncer un Berreta à l'intérieur et appuyer sur la détente ?

Au cours de la journée, Samantha continue à m'expliquer tout son parcours, ses échecs, les problèmes qu'elle a dû surmonter, et sa vie de manière générale. Je me rends compte qu'à de multiples reprises, elle aurait pu abandonner. Elle en a eu des galères et pas que des petites. Comme elle me l'a dit, elle était déterminée, et elle a fait confiance, comme le lui avait enseigné Billy. Les premières années ont été très compliquées, mais finalement, à force d'efforts et de persévérance, les résultats ont commencé à se faire sentir. Aujourd'hui, elle peut vraiment être fière. Son entreprise a déjà embauché 850 personnes. Chaque année, elle augmente ses chiffres et son effectif entre 15 et 20 %. Incroyable.

À la fin de la journée, je suis motivé comme jamais par tout ce qu'elle a pu encore me confier. C'est tellement bénéfique de pouvoir être au contact de personnes qui ont des résultats qu'on aimerait avoir.

— Bart, je crois qu'il est temps de se dire au revoir.

— Billy m'a dit hier de répéter plus souvent le mot merci, alors merci infiniment pour ton temps et d'avoir été là pour moi. Merci, merci, merci.

— C'était avec plaisir. Je sais que tu vas entreprendre de jolies choses, je peux déjà le sentir.

Je m'approche d'elle pour lui faire une accolade, elle me serre en retour dans ses bras.

— Dis au revoir à Romain de ma part au fait, ce sera un plaisir de le recroiser ! Si tu viens un jour à Atlanta, tu as mon numéro ! Et je suppose que l'on se reverra au plus tard en septembre pour ma première rencontre avec le groupe. Parce que je compte bien être convié !

— Oui, tu vas adorer crois-moi ! J'ai hâte d'y être ! À bientôt, Bart. Ah, j'oubliais, passe le bonjour à Brice de ma part, Billy m'a dit que c'était ta deuxième rencontre.

— Exact ! Ce sera fait, à bientôt.

En la voyant démarrer et s'éloigner, j'ai une énorme émotion qui monte. Bordel, je crois que j'ai les larmes aux yeux. J'ai toujours associé les gens qui pleurent à des faibles, mais je me rends compte que j'avais tort sur ce point. Je me sens tellement reconnaissant.

La journée est loin d'être terminée, voyons ce qu'elle me réserve.

Chapitre 16

EN ROUTE VERS LA DEUXIÈME RENCONTRE

Un petit resto local m'accueille pour le dîner, et je savoure une belle tranche de saumon bien cuisinée comme je les aime. Il va falloir que je me calme un peu sur les dépenses, car à ce rythme-là, je vais être à sec beaucoup plus vite que prévu. À moins que je trouve un moyen pendant le voyage de me faire un peu d'argent ?

Après avoir réfléchi, je pense reprendre la route dès demain matin. Mine de rien, j'ai encore une tonne de kilomètres devant moi pour finir ce périple et je pense que passer deux ou trois jours dans chaque ville, c'est pas mal. Sachant que je vais aussi m'arrêter sur la route, si je calcule bien, je pourrais avoir fini ce grand voyage dans une dizaine de jours. Si je ne traîne pas trop, évidemment, même si ce n'est pas une course. Mais j'ai tellement hâte de mettre en pratique tout ce que Samantha m'a enseigné.

Prochaine étape : Brice. Dire que les trois personnes que je dois voir ont fait exactement la même chose que moi, un voyage de ce type avec plusieurs rencontres. J'ai l'impression que mon nom sera aussi un jour sur une liste que Billy transmettra à quelqu'un. Enfin, à condition évidemment que j'assure pour que ça se réalise.

En arrivant à l'hôtel, je range un peu mes affaires. Trois nuits ici et c'est déjà le gros bordel. Je prépare tout pour demain matin ; je vais essayer de partir assez tôt car entre Austin et Los Angeles, il y a environ dix-neuf heures de route. Si je peux en faire la moitié demain, ce serait super. Je verrai sur le trajet comment je le sens et où m'arrêter.

Avant de me coucher, je réécris quelques phrases sur mon bloc-notes. Ça commence à devenir une habitude et il commence à vite se remplir. Je m'endors avec des pensées plein la tête.

Le lendemain matin, j'ouvre les yeux à 5 h 45, je file sous la douche, achète deux ou trois bricoles à manger dans une petite boutique en face de l'hôtel ainsi qu'un café, et je suis prêt à décoller. C'est parti, je mets la musique, un bon vieux rock'nroll pour me réveiller et en avant !

En sentant s'éloigner Austin, je me redis que j'aurais pu vivre ici aussi, la ville me paraît vraiment agréable. Un jour peut-être, on ne sait jamais. En tout cas, j'aimerais pouvoir voyager avec Julia. Partir en Europe, en Asie, en Afrique, j'ai vraiment envie d'explorer. Ce que m'a dit Samantha résonne encore plus : si j'arrive à détacher les résultats de mon activité de ma présence physique, alors je peux continuer à générer des revenus même si je suis à l'autre bout de la planète. Et ça, c'est vraiment la direction que j'ai envie de prendre. J'ai envie de profiter à fond de la vie ces prochaines années. C'est pas quand j'aurai quatre-vingt-dix ans qu'il faudra que je me réveille.

Il y a tellement de choses à inventer, à construire… que j'en viens à être dégoûté de ce que j'ai pu faire jusqu'à maintenant et du temps que j'ai perdu. Des centaines de cuites dans les bars, des journées entières à traîner ici et là sans faire grand-chose de concret, des journées entières passées avec des filles qui ne m'intéressaient pas vraiment... J'ai vraiment perdu un temps précieux. Si j'avais rencontré un mec comme Billy auparavant, les décisions que j'aurais prises ces dernières années auraient été complètement différentes. Et, qui sait, les résultats que j'aurais aujourd'hui seraient certainement aussi bien différents. Mais après tout, il n'y a pas d'âge pour démarrer.

Los Angeles… ça fait un bail que je ne suis pas allé là-bas. Il y a quelques jours, j'aurais pu aller à Venice beach grâce à Billy, mais bon, j'ai atterri ailleurs ! Je vais me rattraper et aller faire un tour à la plage. J'adore cet endroit, je pourrais y vivre. Ha, ha, ha ! Si je dis ça à chaque fois, je suis pas rendu ! Mais même si j'aime beaucoup Atlanta, je me dis que ce ne serait pas une mauvaise idée de prendre un nouveau départ ailleurs. Idéalement, il faudrait que ce ne soit pas si loin pour que je puisse retourner à Atlanta facilement, mais c'est à étudier. Et puis si je suis avec Julia, je ne serai pas seul à décider, et je ne suis pas sûr qu'elle serait prête à déménager. On en parlera en temps voulu. Il faut déjà que je réussisse à me remettre avec elle !

En parlant de Julia, elle m'a appelé dans la matinée ; elle a reçu une nouvelle réservation de cinq nuits pour mon loft. Ça arrange mes finances ! Évidemment, elle m'a posé plein de questions, je lui ai raconté quelques trucs, mais j'ai hâte de pouvoir vraiment tout partager avec elle. Ce serait tellement cool si un jour Billy acceptait de faire voyager Julia comme il l'a fait avec Romain.

Après avoir écouté de la musique pendant deux heures, je bascule sur de nouveaux podcasts. Continuons à apprendre ! J'ai même téléchargé quelques livres audio avant de partir.

Après le Texas, le Nouveau Mexique, un état que je ne connais pas. Je me sens motivé à rouler pas mal aujourd'hui ! En regardant la carte, je m'aperçois que je pourrais aller jusqu'à Tucson, en Arizona. Ça fera un total d'environ douze heures de route, mais je devrais pouvoir le faire, moyennant quelques pauses. Ça fait déjà cinq heures que je roule, c'est passé plutôt vite. Allons-y pour Tucson, allons découvrir !

Je m'arrête après avoir bien roulé pour manger des tacos à Ciudad Juarez, en plein cœur du Nouveau Mexique. J'ai roulé quasiment non-stop pendant près de huit heures ! C'est pas hyper prudent, je sais. Mais on ne peut pas se refaire en deux secondes ! Il me reste encore quatre heures de route si je veux atteindre Tucson. Avant de repartir, je décide de m'allonger rapidement sur un coin de pelouse. Une petite sieste de vingt minutes ne peut pas me faire de mal.

Finalement, je me réveille trente-cinq minutes plus tard, j'avais bien besoin d'un break. Je reprends la route, et remets la musique à fond. Il me faut un truc pour me booster, car cette sieste m'a un peu cassé en deux. Après une heure de trajet, je m'arrête prendre un dernier café et j'en profite pour m'allumer un petit cigare. Allez, plus que trois heures et je serai arrivé. Demain, ce sera plus simple. Les derniers kilomètres me paraissent très longs, c'était finalement trop de route. Je suis content d'enfin voir le panneau Tucson, après avoir fait 1 400 kilomètres dans la journée ! Je crois que c'est la première fois que je conduis autant. La Chevrolet a bien tenu la route en tout cas. Heureusement que j'ai une bonne voiture pour faire ça, je te raconte pas le calvaire sinon.

En arrivant, je trouve un petit motel au bord de la route. J'y prends une chambre et m'écroule sur le lit en arrivant. Il est 20 h 00, enfin, 22 h 00 pour moi, mais je me prends deux heures de décalage horaire. La chambre est toute petite, ça sent vraiment pas très bon et la moquette est toute arrachée dans un coin. Pas vraiment un cinq-étoiles, mais je suis tellement crevé que ce n'est pas gênant. Je vais essayer de trouver encore un peu d'énergie pour aller manger un bout dans le centre, puis j'irai me coucher.

Sacrée journée ! C'est drôle comme on a le temps de penser à tout un tas de choses quand on conduit, surtout quand on est seul. Je me suis remémoré plein de choses et j'ai aussi pu commencer à réfléchir à la suite. Même si c'est encore tôt pour prendre des décisions, il est clair qu'à mon retour, beaucoup de choses vont changer. Dans le bon sens, bien sûr. J'ai hâte de voir ce que je vais réussir à accomplir ces prochaines années. Après avoir rencontré Samantha, j'ai l'impression que je peux tout faire. À moi de choisir. Même si, finalement, faire un choix, c'est une des parties les plus compliquées. Comment savoir vraiment ce que l'on veut ?

Au loin, je peux apercevoir les montagnes qui entourent Tucson. Au croisement d'une rue, je passe devant une boutique de bijoux et de pierres magnifiques. Il y en a de toutes les couleurs. Je m'arrête devant un beau collier avec une pierre rose, j'ai comme l'intuition que c'est un cadeau qui pourrait faire plaisir à Julia. La gérante du magasin sort sur le pas de la porte et me lance :

— Cette pierre vous appelle, Monsieur !

— Pardon ?

— Vous regardez cette pierre, n'est-ce pas ?

— Oui, celle-ci, oui.

— Je disais donc que cette pierre vous appelle.

Je regarde la femme et me mets à lui sourire.

— Je suis pas sûr de recevoir son appel, mais en tout cas je la trouve jolie, ça pourrait être un beau cadeau pour une personne que je connais.

— Il n'y a pas de hasard avec ce type de pierres. Si elle vous a interpellé, c'est que votre idée était la bonne. Savez-vous ce que c'est ?

— Non, pas vraiment. Pour être honnête, je suis pas trop le genre de type à entrer dans des boutiques de bijoux.

— C'est du Quartz rose. Et le Quartz rose, c'est la pierre de l'amour. Vous souhaitez offrir cela à votre femme ?

— Oui et non. Je pense à une femme qui n'est pas encore la mienne même si j'aimerais bien qu'elle le devienne un jour.

— Si vous éprouvez de l'amour pour cette personne, c'est le cadeau idéal. Votre lien ne pourra que se renforcer si elle porte cette pierre sur elle.

Cette femme m'inspire pas vraiment confiance, mais je vais lui laisser le bénéficie du doute. Ce collier est de toute façon magnifique et, comme je comptais ramener un petit cadeau à Julia, je me dis que c'est une bonne idée.

— Je vais le prendre. Il est bien à quarante-huit dollars ?

— Oui, c'est bien cela.

Je sors un billet de cinquante dollars de mon portefeuille, puis le lui tends en lui disant de garder la monnaie. J'ai pas vraiment d'argent à claquer, mais je me dis que c'est un geste sympa.

Je continue mon chemin et me laisse tenter par des salades à emporter qui ont l'air plutôt bonnes. Voilà mon dîner du soir tout trouvé. Je n'ai pas envie de m'éterniser dans un restaurant, je suis trop fatigué. J'ai déjà hâte d'être à demain pour rencontrer la deuxième personne choisie par Billy. C'est vrai que j'aurais pu le prévenir plus tôt, mais je vais faire comme avec Samantha, je l'appellerai demain sur la route et on verra bien ce qui se passe. On va continuer à avoir confiance, jusqu'ici, ça m'a plutôt bien réussi.

Le lendemain, j'ouvre les yeux à 6 h 20 précisément. Je file sous la douche, me prépare, mange un bout et en avant ! Aujourd'hui, la route sera plus simple, sept heures, je devrai normalement arriver dans l'après-midi. J'enchaîne encore différents podcasts et m'arrête un moment pour prendre quelques notes sur un truc qui a fait écho à ce que Billy m'avait dit et que j'avais déjà oublié. En m'arrêtant, je décide aussi de composer le deuxième numéro pour joindre Brice.

Une sonnerie, deux, quatre, puis le répondeur s'enclenche :

« Salut, ici Brice, laisse-moi un message et je te rappelle au plus vite. »

Je raccroche sans laisser de message, je préfère l'avoir de vive voix. Je réessayerai avant d'arriver. Je reprends la route quand, tout à coup, j'entends un bruit vraiment bizarre venant du moteur. Ça m'inquiète un peu, mais je décide de continuer. Quelques minutes plus tard, je vois un peu de fumée sortir du capot de devant. Merde ! Je crois que les problèmes commencent. Je m'arrête au bord de la route et ouvre le capot, un nuage compact de fumée sort, le moteur est bouillant. Je pense qu'il n'est juste pas bien refroidi, je ne suis pas un expert, mais à mon avis, ce n'est pas grand-chose, il faut juste que je le laisse un peu se reposer. Mouais… Vu que c'est la voiture de mon oncle, ce serait quand même plus prudent que je l'emmène chez un mécano. Il manque peut-être un liquide ou il y a peut-être un truc à réparer. En espérant que c'est léger. Le mécano, c'est un peu comme le dentiste, tu as mal à une dent, donc par précaution tu prends rendez-vous chez le dentiste en te disant que c'est pas grands-chose, puis en t'examinant, il te dit que ta dent est en train de pourrir et qu'il faudrait mieux l'arracher pour ensuite déposer un implant. C'est exactement ce qui m'est arrivé la dernière fois. À la base, j'y étais allé en me disant que j'avais simplement une carie ou un truc dans le genre, bilan des courses, j'ai fini avec six rendez-vous ! Il m'a arraché ma dent, déposé un implant et ça m'a coûté 4 000 dollars ! C'était il y a trois ans maintenant. Je l'avais bien senti passé, je me faisais prélever 300 dollars par mois pour payer et ça a duré un bon moment.

Bah, le mécano, en gros, c'est la même chose. Tu penses qu'il te manque une petite pièce qui va te coûter 50 dollars, puis on t'annonce qu'il y a un gros problème et que ça va te coûter un bras. En espérant que ce ne soit vraiment pas grand-chose. En tout cas, je ne vais pas prévenir mon oncle tout de suite parce que sinon, il va paniquer.

J'ouvre le plan sur mon portable et tape « mécanicien » pour voir s'il y en a un pas loin. Bingo, il y en a un à moins de dix minutes. J'attends que la voiture refroidisse pendant vingt minutes, et quand ça m'a l'air pas mal, je reprends la route. J'arrive devant chez le mécano et l'un des trois employés vient à ma rencontre. Je lui explique ce qui vient de se passer et il me dit qu'il peut prendre cinq minutes pour y jeter un œil. Il commence à toucher à plein de trucs et, au bout de cinq minutes, il me dit que tout va bien, il m'explique un peu la situation, mais honnêtement je ne comprends pas grand-chose. Moi, ce que je veux savoir, c'est combien de temps ça va prendre pour régler ça et combien ça va me coûter. Après m'avoir tout expliqué, il me dit qu'il en a pour vingt minutes maximum. Il doit finir un truc puis il pourra s'en occuper. Il m'annonce un prix de quatre-vingt-dix dollars. Bon, ça va, j'ai limité les dégâts. Dans une heure, je pourrai récupérer la voiture.

Que faire en attendant ? Je suis paumé au milieu de nulle part. Je commence à marcher pour voir s'il y a un café aux alentours dans lequel je pourrais me poser. J'aperçois un Starbucks au loin et décide d'y aller. En regardant mon plan, je vois qu'il me reste environ deux heures de route. Je m'assois devant un grand café et compose à nouveau le numéro de Brice. Une sonnerie, deux sonneries, trois sonneries, puis cette fois-ci, quelqu'un décroche :

— Allo ?

— Oui, Brice ?

— C'est moi.

— Je m'appelle Bart. Bonjour, on a un ami en commun qui m'a donné ton nom et qui m'a dit de venir te voir.

J'entends qu'il commence à se marrer à l'autre bout du fil.

— OK, Bart, pas besoin de m'expliquer, je vois très bien de qui tu parles. Ce sera un plaisir de faire ta connaissance, tu es où ?

— Je suis pas loin de Palm Desert, tu connais ?

— Ah, bien sûr que je connais ! Je viens jouer au Golf à Palm de temps en temps. T'es déjà venu à Los Angeles ? Tu connais Santa Monica ?

— Oh que oui, un de mes endroits préférés !

— D'accord, c'est là que j'habite, donc tu peux m'y rejoindre. Appelle-moi quand t'es arrivé, on ira boire un verre. On doit avoir pas mal de choses à se raconter.

Quel plaisir, encore une fois, de se sentir accueilli et surtout de sentir que je ne vais pas le déranger.

— Génial, Brice. Ma voiture a un petit souci, mais je reprends la route dans moins d'une heure.

— Parfait, dis-moi dès que t'es là et je te rejoindrai.

— Merci, à tout à l'heure.

— À tout à l'heure, fais attention sur la route.

À sa voix, je pense qu'il doit avoir cinquante, soixante ans.

Je finis mon café, relis un peu mes notes et commence à réfléchir de nouveau à la suite. L'heure passe très vite et je retourne au garage en espérant que tout aille pour le mieux. Le garagiste me dit que c'est réglé, mais me conseille de m'arrêter dix minutes toutes les deux heures, pour éviter que la voiture chauffe trop. C'est vrai que mon oncle me l'avait dit mais je ne l'ai pas vraiment écouté. Je règle la note, j'aurais pourtant bien voulu éviter cette dépense mais c'est comme ça.

C'est reparti ! Je traverse des grands espaces de nature, entourés de montagnes. C'est vraiment magnifique. Bientôt, je traverse la ville de Riverside qui a l'air plutôt sympa, mais je continue sans m'arrêter. Encore quelques kilomètres et on sera à Santa Monica, ça va me rappeler des souvenirs. J'ai fait de grosses fêtes là-bas. J'ai d'ailleurs toujours quelques connaissances qui doivent habiter dans le coin mais je n'ai plus vraiment de contact avec elles depuis des années. J'arrive enfin à Los Angeles que je traverse difficilement car les embouteillages sont dingues, je perds trente minutes, puis finalement, j'aperçois Santa Monica. Je sens un large sourire se dessiner sur mon visage, je suis vraiment content d'être ici.

Face à la plage, un parking semble m'attendre. Je me gare, descends et avance sur la plage. J'enlève mes chaussures et enfonce mes pieds dans le sable, j'adore cette sensation. À côté de moi, il y a un groupe de filles qui joue au Beach Volley et je dois dire que la vue est plutôt sympa. Je continue de me promener un peu, puis je rappelle Brice, qui me donne une adresse où le rejoindre. Après avoir regardé sur mon plan, je me rends compte que c'est à deux minutes à pied d'ici. Parfait. Je commence à marcher dans cette direction et j'aperçois vite le nom du café où Brice m'a donné rendez-vous. Il y a quelques personnes en terrasse, impossible de savoir qui est Brice. Je m'approche, regarde autour de moi, puis d'un coup, j'entends quelqu'un m'appeler.

Je me retourne et découvre le fameux Brice à une table juste derrière moi, un café à la main. Il me fait signe de m'approcher.

— Assieds-toi, assieds-toi, reste pas planté là.

Comme je l'avais deviné, Brice est un homme dans la cinquantaine. Habillé en tenue de sport, il porte les cheveux mi-longs avec une casquette.

— Merci de m'avoir répondu et merci de m'accueillir.

— Je t'en prie. Presque tous les mois, je rencontre une nouvelle personne, comme toi. Mais je commençais à m'inquiéter car ça faisait deux mois maintenant que ça n'était pas arrivé. Ha, ha, ha !

— Je suppose que toutes ces personnes te sont envoyées par Billy ?

— Ben ouais, ça pourrait venir de qui d'autre ? Billy est passé me voir il y a quelques jours, je vais donc t'épargner les questions traditionnelles de comment tu l'as rencontré, j'en sais déjà un peu sur toi.

— Ah, tu savais donc que j'allais venir !

— Oui. Je savais pas quand, mais je savais que t'étais le prochain !

— Et toi alors, tu le connais depuis quand ?

— Ouh la, ça va pas me rajeunir, mais je dirais trente ans environ ! J'ai eu une période de ma vie un peu plus difficile et il a été là pour moi. Il est apparu comme un ange dans une journée qui s'annonçait très compliquée. Bref, Billy, quoi.

— Tu l'as rencontré comment exactement ?

— J'étais dans un bar de Los Angeles, devant un verre de whisky avec le moral au plus bas quand il s'est assis à côté de moi et m'a interpellé.

— Je me demande vraiment comment il peut savoir qui il doit rencontrer.

— Moi aussi, mais j'ai arrêté de me poser la question, car je crois que je n'aurai jamais la réponse. Même si on est devenus très proches Billy et moi, il garde toujours une part de mystère !

— Toi aussi, tu vas au rassemblement organisé tous les mois de septembre ?

— Et comment ! J'attends ça tous les ans avec impatience. J'ai beau avoir pris de l'âge, je suis toujours le premier partant pour une bonne fête !

En regardant Brice, je crois me voir dans vingt ans. C'est peut-être pour ça d'ailleurs que Billy m'a conseillé de le rencontrer.

— C'est bizarre car je sais pas vraiment pourquoi je suis là. À part pour te rencontrer, bien sûr !

— Tu es là pour apprendre, c'est ton voyage initiatique. On va passer quelques jours ensemble. Tu vas voir, tu vas adorer.

— Je suis partant, je demande que ça ! Tu fais quoi dans la vie ?

— Moi je suis enseignant dans une école et j'accompagne aussi les enfants handicapés à faire du surf ! T'en as déjà fait ?

— Une fois ou deux, mais je suis pas un spécialiste.

— T'inquiète pas, tout ce dont tu as besoin est dans la tête. Je vais faire de toi un champion de la vague !

— Je vais surfer ?

— Eh ouais, pas question que tu partes d'ici avant d'avoir pris quelques vagues.

— Je suis partant ! Comment t'en es venu à enseigner ?

— Disons que tout démarre avec Billy. Allez, je t'explique rapidement. Mon fils est handicapé mental. Je vais pas trop rentrer dans les détails, mais il a du mal à faire des choses accessibles pour le plus grand nombre. Quand on a eu Sean, mon fils, je ne supportais pas le fait qu'il ne puisse pas avoir un avenir comme tous les autres enfants. J'étais dévasté, je n'allais pas bien du tout. Et heureusement, c'est à ce moment-là que j'ai rencontré Billy. Il m'a fait voyager et m'a montré des tas de familles qui avaient surmonté cela. Il m'a fait voir la vie d'une tout autre manière. J'ai alors décidé de faire tout ce que je pouvais pour élever Sean de la meilleure des façons. J'ai appris, j'ai essayé de mettre en pratique des initiatives glanées ici et ailleurs, les années ont commencé à passer et, avec ma femme, on s'en sortait finalement plutôt très bien. J'étais enseignant à l'école à cette époque, je donnais des cours de biologie. Au bout d'un moment, j'ai décidé d'aider les familles qui vivaient la même chose que nous. Quand il était petit, Sean rêvait de faire du surf, mais aucun centre ne voulait le prendre en charge. Alors j'ai créé le mien. Aujourd'hui, je donne toujours des cours de biologie à mi-temps, parce que j'adore travailler avec les gamins. Et l'autre partie de mon temps, je fais surfer des gens de tous âges qui ont des handicaps et qui ne peuvent normalement pas faire ce type d'activité.

— Waouh, c'est incroyable ! Tu dois te sentir tellement utile et fier de ce que tu fais.

— Surtout, je suis heureux. Et c'est le plus important. S'il y a bien une chose que Billy m'a transmise et que je vais te redire aujourd'hui, c'est que peu importe ce que tu fais, la contribution aux autres est un des éléments clé de ton épanouissement. Si tu contribues de manière positive d'une manière ou d'une autre dans la vie d'une personne ou d'un groupe, ta vie à toi sera réussie. Quand tu comprends ça, tu as déjà une bonne partie du puzzle entre tes mains. Il est aussi plus facile de faire un choix en se demandant à chaque fois si la décision que l'on s'apprête à prendre va impacter de manière positive la vie d'autres personnes. Si la réponse est oui, il y a des chances pour que tu te sentes vraiment bien en prenant cette décision. Tu sais, nous sommes tous là pour nous entraider, certains l'oublient au fur et à mesure de leur chemin, mais c'est la base. Et surtout c'est une des clés les plus fondamentales de ton épanouissement personnel.

— Billy m'en avait déjà touché un mot mais jamais de cette manière-là. J'adore l'idée ! Si je comprends bien, si je veux être heureux, je dois me concentrer sur comment rendre les autres heureux et je le serai moi-même ? C'est bien ça ?

— Oui, dans les grandes lignes. Ou plutôt, ce n'est pas forcément rendre les gens heureux, mais leur apporter d'une manière ou d'une autre une contribution positive.

Je regarde ma montre et vois que le temps passe, il faudrait que j'essaie de trouver un hôtel pour ce soir car il y a plus de monde ici et les prix sont généralement beaucoup plus cher. Ça ne va peut-être pas être si facile que ça.

Brice regarde autour de lui avant de revenir à moi et de me dire :

— J'ai un cours à 18 h 00 ce soir, tu vas venir avec nous.

— Heu, ce serait avec plaisir, mais je ne sais pas encore où je vais dormir ce soir, il faut que je recherche ça rapidement.

— Tu l'as déjà trouvé.

— Comment ça ?

— Tu vas dormir à la maison. On accueille pour deux ou trois jours un inconnu chez nous régulièrement depuis maintenant plus de vingt ans, donc t'en fais pas.

— Oh, t'es sûr ?

— Et comment que je suis sûr ! On a une chambre d'amis et tout ce qu'il faut pour toi.

Ça me dérange un peu de squatter chez lui, mais comme il insiste, j'accepte. C'est vrai que ça sera plus sympa et ça va me permettre de faire aussi des économies non négligeables.

— Merci, ce sera avec plaisir.

— OK, allez, suis-moi, je te montre. T'es garé où ?

— Le parking en face d'un magasin pour chiens.

— Celui-là ?

Il pointe son doigt en direction du parking.

— Ouais, en effet.

— Ah ben, c'est parfait, j'habite à deux rues ! Tu peux même rester garé là. Allez, suis-moi, je vais te présenter à Alice, ma femme, et mon fils, Sean.

Après avoir marché cinq minutes, on arrive devant un petit building d'une dizaine d'appartements environ. Le building donne juste sur la plage. Brice salue le concierge en bas de l'immeuble et on rentre dans l'ascenseur. Il y a douze étages. Brice appuie sur l'étage PH, qui doit mener vers les penthouses. À mon avis, il a un super appartement.

L'ascenseur s'ouvre et laisse place à un long couloir avec deux portes, une sur la gauche, PH01, et une sur la droite, PH02. Il ouvre la porte de droite.

— Bienvenue chez toi, Bart !

Chapitre 17

LE BONHEUR

Alors que ce mec me connaît même pas depuis une heure, il m'accueille chez lui. Je ne suis pas vraiment habitué à ce type de comportement ! On a malheureusement tous l'habitude, je pense, de se méfier les uns des autres. Ce qui n'est pas forcément une mauvaise chose parfois, mais voir l'exact opposé fait extrêmement plaisir.

En entrant dans l'appartement, je découvre un des endroits les plus dingues que j'ai vus de ma vie. Grâce à une immense baie vitrée, le salon laisse place à une vue imprenable sur l'océan, avec un grand balcon et un jacuzzi. La pièce est immense, super bien éclairée et la décoration soignée.

— Chérie, je suis rentré et je suis pas tout seul, t'es là ?

Sa femme lui répond :

— Oui, je suis en haut avec Sean, on arrive.

Je les entends descendre l'escalier. Un grand sourire se dessine sur les lèvres de sa femme quand elle m'aperçoit. Elle est ravissante, avec de longs cheveux blonds. Juste derrière elle, Sean, me regarde attentivement. Il est pas très grand, et je peux remarquer en effet à son allure et son visage qu'il est handicapé. Il doit avoir dans les trente ans mais paraît beaucoup plus jeune. Ça doit être tellement dur d'apprendre que son fils ou sa fille naîtra handicapé, sans pouvoir rien faire. Ça ne m'étonne pas que Brice n'allait pas bien du tout à cette époque. Comment Billy l'a-t-il repéré et a débarqué dans sa vie ? Je me demande vraiment. Je me demande aussi combien de personnes il a pu sauver ou aider depuis toutes ces années.

La femme de Brice s'approche de moi.

— Enchanté, mon nom est Alice, et voici notre fils, Sean.

— Enchanté également. Moi, c'est Bart. Merci de m'accueillir.

Elle regarde Brice et lui passe la main sur l'épaule.

— Tu m'avais pas dit qu'on allait recevoir un mec body buildé aujourd'hui ! Je te taquine, Bart !

— Ha, merci, oui, disons que je m'entraîne un peu depuis quelques années.

— Oui, je vois ça ! Sean, viens dire bonjour!

Son fils s'approche de moi et me tend la main.

— Bonjour, je m'appelle Sean. Comment tu t'appelles, toi ?

— Bonjour Sean, je suis heureux de te connaître. Je m'appelle Bart.

— Bart, tu fais du surf, Bart ?

— Non, pas vraiment. Enfin pas encore, mais ton papa m'a dit qu'il allait m'apprendre.

— Moi je peux t'apprendre aussi, je fais bien du surf, tu devrais venir me voir.

Brice passe ses deux mains sur ses épaules.

— Sean est un champion maintenant ! T'inquiète pas, je lui ai dit de venir avec nous aujourd'hui, donc tu vas pouvoir lui apprendre avec moi. T'es partant ?

— Ouiiiiii !

Sean se retourne et tape dans la main de Brice. C'est beau de les voir ensemble, ils ont l'air vraiment très proches. Alice m'invite à la suivre pour me montrer ma chambre. Quand elle ouvre la porte, je découvre une immense pièce avec une salle de bain, le tout donnant sur un balcon offrant une vue plongeante sur la mer !

— C'est pour moi, ça ?

— Oui, c'est ta chambre ! Comme ça, tu as ta propre salle de bain, tu seras mieux. Et si tu veux regarder la télé, tu n'as qu'à appuyer sur ce bouton-là.

En appuyant, un grand écran fait son apparition sur le mur en face du lit, la grande classe !

— Waouh, j'ai pas dormi dans un endroit comme ça depuis un sacré paquet de temps !

— J'espère que tu seras bien !

— J'en suis certain.

— Je te laisse te poser un peu. Rejoins-nous quand tu voudras.

En ouvrant la porte du balcon, je sens le vent sur mon visage. La vue est spectaculaire. Je m'assois sur un transat et souffle deux minutes en admirant ce beau spectacle. Jamais j'aurais pu imaginer vivre ce que je vis aujourd'hui. Je me sens chanceux. Dire qu'il y a encore peu de temps, j'étais enfermé dans un trou à rat, quel sacré changement !

— Bart, je ne veux pas te presser, mais il va falloir qu'on se bouge sinon on va être en retard. Toujours partant ?

Brice me parle depuis le balcon juste à côté de celui de ma chambre.

— Yes, allons-y ! Par contre, il va falloir être patient, car ça fait plus de dix ans que je suis pas monté sur une planche de surf ! Et ça ne m'est arrivé qu'une ou deux fois.

— T'inquiète pas, c'est comme le vélo, ça se perd pas !

Je n'en suis pas vraiment certain, mais on va essayer.

— Ah, mais j'y pense, j'ai pas de maillot ni de planche d'ailleurs.

— T'en fais pas, je te trouve un maillot tout de suite, j'en ai plusieurs. Et pour le matériel, j'ai tout ce qu'il faut. On aura pas besoin de combinaison, la température de l'eau est plutôt cool, tu vas voir.

Il me trouve un maillot, légèrement petit pour moi, mais ça fera l'affaire. Je l'enfile puis j'avance dans leur salon. Sean s'approche de moi.

— Hey, montre-moi tes muscles ! T'as vu les miens ?

Il contracte ses bras et me fait signe de mettre mon bras à côté du sien.

— T'as des plus gros muscles que moi ! Mais c'est pas grave, je vais te battre au surf.

— Ha oui, c'est sûr que tu vas me battre ! Toi aussi t'as des muscles, regarde ici !

Je pose mon doigt sur ses biceps.

— Ouai, c'est vrai ! Mais je veux plus, plus, plus !

Brice s'approche de lui.

— Allez, arrête de l'embêter et enfile tes chaussures, on va être en retard.

Me voilà donc en short de bain, dans une maison dont je connais à peine les propriétaires, prêt à aller faire du surf avec eux ! La vie est folle mais je fais confiance et je me laisse porter par les événements.

Alice nous salue avant de partir.

— Faites attention à vous. On se retrouve pour le dîner.

En avant, c'est parti pour une nouvelle aventure !

Après avoir marché dix minutes, on arrive devant la plage. Un petit groupe de cinq personnes semble attendre Sean et Brice. Tout le monde se salue, puis Brice me présente au groupe. Trois enfants au handicap apparemment similaire à celui de Sean sont accompagnés par deux adultes.

— Bart, je vais avoir besoin de toi. Au début, on va accompagner le groupe, juste toi et moi, et les aider. Ce que tu as à faire est très simple : tu les aides à se remettre sur leur planche s'ils tombent et tu fais attention à ce que tout se passe bien.

— Heu, ouais, d'accord, enfin j'ai jamais fait ça. Mais je vais faire de mon mieux !

— T'inquiète pas, je serai pas loin.

Avec nos planches à la main, on se dirige vers l'eau pendant que Brice annonce le déroulé de la session. Au début je vais juste observer et aider, puis on passera à la pratique ensuite.

Brice montre d'abord quelques exercices très simples pour se maintenir sur la planche. La mer est agitée, ce qui rend l'exercice un peu compliqué. Sean tombe à deux reprises et, la deuxième fois, Brice me fait signe d'avancer et d'aller l'aider à se relever. Je m'approche de lui et l'aide à se remettre sur la planche, puis les autres tombent également les uns derrière les autres. Je fais de mon mieux pour leur apporter du soutien. Ils enchaînent différents exercices et ça n'a pas l'air si évident que ça. Tout le monde est maintenant couché sur sa planche et Brice fait des grands signes de bras pour montrer comment se déplacer quand on est couché.

— Bart, j'avance avec eux trois, je te laisse t'occuper de Sean.

Ils prennent un peu le large et commencent à avancer, couchés sur leur planche, avec Brice qui nage à côté d'eux, au cas où. Je suppose que je dois faire la même chose. Je regarde Sean qui attend mon feu vert.

— T'es prêt Sean ?

— Oui, oui, ouiiiiiiii, allons-y, je veux les rejoindre !

— Je te suis, tu t'allonges comme ton papa t'a montré et tu avances comme ils le font.

Sean s'allonge sur sa planche et avance aussitôt très vite. J'ai du mal à le suivre. Il a l'air de beaucoup mieux maîtriser la planche que les autres.

— Attends-moi Sean, attends-moi !

— Allez, on fait la course, le premier qui les rejoint a gagné !

Ils sont plus très loin de nous, mais nager à contre-courant, c'est pas le plus évident. Je nage le plus vite possible pour le garder à côté de moi, car visiblement, il ne compte pas m'attendre. Je commence à être bien essoufflé. Après quelques minutes, on arrive à leur hauteur. Et j'entends déjà Brice donner de nouvelles consignes.

— OK, tout le monde, alors maintenant, vous allez essayer de prendre une vague. Dès que vous voyez une vague arriver, vous continuez allongés puis vous vous levez sur la planche, comme on l'a déjà vu la semaine dernière. Tout le monde est prêt ?

Ils acquiescent tous d'un signe de la tête, même si certains ne paraissent pas très rassurés. Brice me demande d'essayer de nager en même temps à leur hauteur, au cas où nous devrions intervenir.

— OK, tout le monde, voilà une vague intéressante, vous allez essayer celle-ci !

La vague arrive et deux d'entre eux, dont Sean, arrivent à la prendre. Brice me fait signe de les suivre, pendant qu'il reste avec les deux autres enfants.

Je nage rapidement pour les suivre au plus près. L'un d'eux se lève sur la planche, Sean aussi, mais les deux tombent presque aussitôt. Je suis à côté de Sean et lui demande si ça va, il me dit que oui et il n'a pas l'air en difficulté, l'autre non plus. Brice me rejoint avec les deux autres et on répète cet exercice cinq fois de suite. Je commence à être sérieusement fatigué. Entre la route et le cours de surf, j'ai pas mal donné.

Trente minutes après avoir démarré, Brice remercie tout le monde et les deux adultes récupèrent les trois enfants. Ils ont l'air vraiment heureux, ils courent dans le sable, crient, se roulent par terre, c'est beau à voir. Je me demande pourquoi la plupart des gens ne s'autorisent plus du tout à faire ça quand ils grandissent. Sans doute lié au regard que peuvent porter les autres sur nous. Moins on s'attache au regard des autres, plus j'ai l'impression qu'on est libre de vraiment faire ce que l'on veut, sans avoir peur d'être jugé. Du moins, c'est la réflexion que je me fais, les pieds dans le sable.

Brice s'approche de moi et me tend une planche. Il ne s'arrête jamais, celui-là !

— Maintenant, c'est à nous de jouer ! On va se faire plaisir. Ne t'inquiète pas pour Sean, je m'en occupe !

— Tu te souviens que je ne sais pas surfer ?

— Ouais, t'inquiète pas, tu te souviens des premiers exercices que j'ai donnés ? Commence par ça, je te surveille en même temps.

On se met tous les trois à l'eau de nouveau, puis je commence à m'allonger sur la planche, à me déplacer et à répéter les quelques exercices que Brice a montrés juste avant.

— Plus grands tes mouvements, Bart. Tu t'épuises, là !

Je prends un peu le large et Sean et Brice me suivent.

— OK, Bart, maintenant, essaie de te mettre debout, juste pour tester ton équilibre.

Je me soulève avec mes mains et commence à me lever. Je tremblote un peu, mais j'arrive à me mettre debout, puis j'arrive à me stabiliser.

Sean applaudit en me regardant.

— Regarde ça ! Je t'ai dit que c'était comme le vélo, ça s'oublie pas !

— Allez, je vais prendre une vague avec Sean, tu peux faire pareil !

Une vague approche. J'essaye de les suivre et de me mettre debout. Juste quand je me lève, je suis déséquilibré et tombe directement en plein dans la vague qui m'ensevelit et me secoue dans tous les sens.

Je recommence l'exercice plusieurs fois mais, à chaque fois, je me plante. J'ai quand même des sensations assez sympas et je crois que ça pourrait me plaire d'apprendre un peu plus et de faire du surf plus régulièrement. Je pense même que je pourrais devenir assez bon !

Sean nous fait rire en se mettant à danser sur sa planche et en tombant à l'eau quelques secondes plus tard. En tout cas, Brice, lui, a l'air de vraiment assurer.

Après avoir passé pas mal de temps dans l'eau, la session prend fin. Arrivé au bord, Sean commence à creuser avec ses mains dans le sable mouillé. Il compacte une boule de sable, regarde son père, me regarde, et commence à tourner autour de nous avant de me balancer la boule en plein dans le dos. Je me mets à courir après lui, l'attrape et le lève le plus haut que je peux. Puis, je prends ses deux mains et commence à tourner avec lui. Ses deux pieds décollent du sol et on tourne tous les deux, sous le regard de Brice. Sean rigole, il ne peut plus s'arrêter. Je finis par réduire la vitesse et on est tous les deux tellement étourdis qu'on s'écroule par terre. On rit tous les trois aux éclats et je ressens à ce moment-là quelque chose d'indescriptible, un profond moment de bonheur.

Brice s'approche de moi.

— Tu vois, une des clés du bonheur se trouve ici même. Dans ce moment que tu viens de vivre. Dans la simplicité et dans l'instant présent. Aujourd'hui, les gens ont tendance à chercher le bonheur dans des choses compliquées, alors qu'être avec des personnes que tu apprécies et partager une expérience avec eux fera généralement beaucoup mieux le job. Et surtout, ça te connecte au présent. Pendant que tu surfais avec nous, tu n'étais pas dans le futur en train de penser à de potentiels problèmes qui pourraient t'arriver, ou dans le passé à ressasser des problèmes que t'as pu avoir. Tu étais ici et maintenant, dans le moment présent. Et, ici et maintenant, il n'y a jamais aucun problème.

— Je suis d'accord, les meilleurs moments que j'ai vécus étaient toujours des choses assez simples finalement…

J'ai à peine le temps de finir ma phrase que Sean attrape ma jambe et je me mets à le tirer du mieux que je peux en même temps que j'avance. Il se relève et me regarde.

— Toi, t'es mon nouvel ami, d'accord ?

— D'accord.

Je lui tends mon poing et il tape dessus avec le sien.

Quelques heures seulement se sont écoulées depuis mon arrivée ici et j'ai déjà plusieurs choses à écrire dans mon carnet. Je le ferai avant de me coucher.

Quand on arrive à l'appart, un bon repas nous attend. C'est incroyable, ces gens ne me connaissent que depuis quelques heures et ils me traitent comme si j'étais un membre de leur famille. Après le repas, Sean part se coucher et on passe la soirée à parler de leur histoire et de la mienne. Puis, je rejoins Brice sur la terrasse depuis laquelle on peut entendre le bruit des vagues.

— T'as vraiment une maison de fou, j'adore. J'aimerais tellement vivre dans un endroit pareil, ça doit être tellement inspirant.

— Oui, en effet, on a eu un coup de cœur avec Alice la première fois qu'on est entrés ici. On a tout de suite su que cet appart était pour nous, et qu'il serait bénéfique pour l'évolution de Sean.

— Excuse ma question, mais si tu donnes des cours de surf et de biologie, comment tu peux réussir à te payer un endroit pareil ? T'es pas obligé de répondre, je sais qu'on se connaît à peine, mais ça attise un peu ma curiosité.

— Oh, t'en fais pas, j'ai aucun problème à parler d'argent. D'ailleurs, si tu veux mon avis, les gens qui ont un problème avec l'argent ont peu de chances d'en gagner beaucoup. C'est un truc que j'ai appris avec Billy il y a pas mal de temps. Pour en revenir à ta question, tu as vu juste, les métiers que j'exerce ne me font pas vraiment rouler sur l'or. Quant à ma femme, elle s'occupe de Sean presque à temps plein pendant que je suis au travail. Mais Alice et moi, on a toujours eu des ambitions assez fortes. J'avoue que Billy y a fortement contribué, pour moi en tout cas. Je crois qu'Alice avait déjà ça en elle. Il y a vingt ans, on a pris la décision de commencer à investir notre argent. Enfin, j'ai d'abord commencé à remarquer que ce que je pensais de l'argent était totalement faux.

— Comment ça ?

— En fait, l'argent que tu as aujourd'hui est beaucoup plus relié à ce que tu fais de ton argent qu'à l'argent que tu gagnes. Combien d'argent est passé entre tes mains depuis le début de ta vie ?

— Bonne question, un bon paquet, je pense, mine de rien. Je travaille depuis très longtemps, j'ai eu pas mal de pourboires assez cool aussi, donc difficile à dire mais un bon paquet.

— OK, combien d'argent t'as aujourd'hui sur ton compte ?

— Ça, c'est le problème justement, j'ai quasiment rien, je vais bientôt finir à poil au bord de la route à proposer des massages je crois.

— Ah, non, quand même pas ! Je te vois pas trop faire ça ! Mais t'inquiète pas, si ça t'arrive un jour, je viendrais t'en réserver un !

— Merci, je me sens rassuré.

— Est-ce que tu vois où je veux en venir ?

— Bah, oui et non. Enfin, disons que je devrais pas vraiment être à sec en ce moment, c'est ça ?

— Exactement. Je pense qu'il y a des personnes qui ont eu la même quantité d'argent que toi à leur passer entre les mains et qui, aujourd'hui, ont une grande aisance financière. Donc la question, c'est plutôt : qu'est-ce que tu fais de ton argent et comment tu le gères ? Car je te garantis qu'il y a des gens qui gagnent pas mal d'argent depuis des dizaines d'années mais qui, pourtant, sont ruinés aujourd'hui…

— Je vois, oui c'est sûr. Je te l'accorde, j'ai un peu fait n'importe quoi avec les billets qui me passaient dans les mains. Mais comment t'as fait, toi, alors ?

— Il y a plus de vingt ans, Billy m'a conseillé de reproduire les stratégies de personnes qui étaient dans la même situation que moi et qui étaient arrivées à atteindre les résultats que je voulais moi-même atteindre dans ma vie. Et c'est ce que j'ai fait. J'ai réfléchi à comment je pouvais investir le peu d'argent qu'on avait avec Alice pour en tirer profit. Après pas mal de mois de recherche, on a décidé de se lancer dans l'immobilier ! On a réussi à acheter un premier appartement, puis deux, puis trois, puis quatre, et ainsi de suite jusqu'à aujourd'hui. Bien sûr, ça nous a pris des années. Mais on a possédé en tout quarante-trois appartements différents pour être précis, et t'imagines bien que la valeur des biens en vingt ans, surtout ici, à littéralement explosé. Chaque année on vend un bien ou deux, ce qui fait qu'aujourd'hui je pourrais m'arrêter de travailler si je le voulais, et juste profiter de la vie.

— Waouh, quarante-trois apparts, bordel, vous avez fait fort ! Moi j'ai trente-deux piges et, ce que j'ai, c'est un loyer à payer à la fin du mois pour mon loft qui me coûte un bras.

— Ce que tu as aujourd'hui n'est pas un problème. Ce qui est important, c'est ce que tu veux et ce que tu vas mettre en place pour l'obtenir. Tu fumes le cigare ?

— Si je fume le cigare ? Oh que oui, pourquoi ?

Il se lève, rentre de nouveau dans le salon, ouvre une boîte et sort deux longs cigares. Il m'en tend un. Ce mec, c'est ma copie parfaite dans vingt ans, sérieusement !

— Merci.

On allume tous les deux notre cigare en regardant la vue de dingue qu'on a sur la mer.

— Bart, je vais te répéter le conseil que m'a donné Billy. Trouve des modèles qui étaient avant dans la même situation que toi et qui ont aujourd'hui ce que tu veux. Apprends d'eux et duplique ce qu'ils ont fait, c'est aussi simple que ça. Bien sûr, ça peut prendre du temps avant que tu manifestes des résultats, mais si tu continues chaque jour d'avancer, il y a aucune raison que tu n'obtiennes pas les résultats que tu souhaites.

— Ouais, vu comme ça, ça paraît simple, mais je suis sûr que c'est pas si facile.

— Attends, je ne te dis pas que c'est facile, je te dis que c'est possible. Tu vois, avec Alice, ça nous a pris près d'un an avant d'acheter notre premier appartement... et des galères, je peux t'assurer qu'il y en a eu un paquet, mais aujourd'hui, regarde le résultat. On a des gestionnaires qui s'occupent de toutes les locations pour nous. Depuis deux ans, on a complètement levé le pied. Aujourd'hui, je ne gère quasiment plus rien. Je récolte les fruits de toutes ces années de travail et de persévérance.

— Félicitations, chapeau bas à vous deux. Surtout, avec Sean, ça n'a pas dû être simple.

— Non, ça ne l'a pas été, crois-moi, mais on a composé avec ce qu'on avait. Finalement, je suis convaincu qu'il y a un cadeau caché derrière chaque expérience de la vie, qu'elle soit positive ou négative. Aujourd'hui, Sean est en bonne santé, je fais ce qui me passionne, Alice vit aussi la vie qu'elle souhaite, on vit dans ce magnifique endroit, on a de nombreux amis ici et une vie bien remplie. Que veux-tu qu'on demande de plus ?

— Vous avez pas demandé un casse-couilles comme moi qui viens squatter votre chambre d'amis et pourtant je suis là !

Brice se marre et me tape sur l'épaule.

— Comme je te l'ai dit, c'est ce qui nous permet également de nous épanouir, aider les autres.

— J'ai sans doute pensé trop souvent à ma gueule et pas assez aux autres dans ma vie.

— Tu as le temps pour le faire, t'as toute la vie devant toi !

— Ouais, mais j'ai quand même trente-deux ans. Parfois, j'ai l'impression que ça va trop vite.

— Ha, ha, je te rejoins là-dessus ! Regarde-moi, quel âge tu me donnes ?

— Je dirais quarante-cinq ou cinquante ?

— Pas loin, j'ai cinquante-trois ans. Et je me souviens de mes vingt ans, de mes trente ans ou encore de mes quarante ans, comme si c'était il y a quelques années en arrière. C'est pour ça qu'il faut profiter de la vie, Bart. Et de tout ce qu'elle peut t'offrir. T'as une chérie ?

— Heu, oui et non. Disons que je suis en train de ramer pour reconquérir quelqu'un avec qui j'étais, mais que j'ai perdu à cause de mes conneries.

— Bon et c'est en bonne voie ? Tu rames à contre-courant ou tu es proche de la ligne d'arrivée ?

— Je crois que je suis en effet en bonne voie. Enfin, j'espère !

— Génial. Crois-moi ou non, mais le fait de partager ma vie avec Alice a transformé la mienne. Quand tu trouves la bonne personne pour toi, il n'y a rien de mieux !

— Ouais, t'as carrément raison.

— Mais, attention, de mon point de vue, il faut être avant tout heureux tout seul avant de rencontrer la bonne personne. Une personne qui entre dans ta vie ne doit pas être responsable à 100 % de ton bonheur. Quand tu arrives à être épanoui tout seul, la personne qui entrera ensuite dans ta vie ne fera qu'accentuer les émotions que tu avais déjà.

— Je dirais qu'il y a des hauts et des bas mais, de manière générale, je reste quand même assez serein, même tout seul. Je crois que, même en taule, j'étais pas si déprimé que ça, malgré les circonstances. Bon, j'ai quand même voulu me tirer une balle quand j'ai fini au trou, après avoir défoncé le nez d'un type, mais bref… Pourquoi je te raconte ça ? Tu m'invites chez toi et je te parle de mes conneries, désolé, parfois, je réfléchis pas.

— T'inquiète pas, parle de ce que t'as envie. D'ailleurs, ça m'a toujours intrigué, la prison. Comment tu l'as vécue ?

— Bah, qu'est-ce que je peux dire... T'es enfermé entre quatre murs, t'as de la bouffe dégueulasse que tu manges seulement parce que t'as vraiment rien d'autre, tu dois constamment montrer aux autres que faut pas venir t'emmerder, t'as un voisin de cellule et une chance sur deux de bien t'entendre avec lui… À part ça, tu sais, y'a pas vraiment grand-chose à dire.

— C'est pour ça que t'as pété le nez à un type ? Pour montrer aux autres qu'il ne fallait pas venir te chercher ?

— Entre autres, ouais. Disons qu'il y avait une bande de miséreux qui sont venus me chercher un peu et j'ai dû remettre un type à sa place. D'ailleurs, Billy me regardait à ce moment-là. Il venait à peine de me dire que je devais contrôler mes émotions et de ne pas agir sur le coup de la colère. T'imagines un peu sa tête quand j'ai plaqué le mec et lui ai défoncé le pif !

Brice est mort de rire.

— Ha, ha, mon Dieu, j'aurais bien voulu voir sa tête !

— Vous vous voyez souvent tous les deux ?

— Moins qu'avant, car je crois qu'il s'occupe maintenant de beaucoup de monde. Je dirais qu'il passe me faire un coucou tous les deux ou trois mois environ, puis on se retrouve également en septembre. On n'a pas besoin de se voir souvent, on a un lien très fort qui nous unit, comme tu en auras un également.

— Oui, je crois que c'est déjà le cas d'ailleurs.

— Allez, c'est l'heure de dormir, qu'en dis-tu ? Demain, tu m'accompagnes à l'école !

— À l'école ?

— Eh oui, on va tester ta résistance et la gestion de tes émotions.

— Tu me fais peur, là !

— T'inquiète pas ! Allez, bonne nuit, Bart. Et ravi d'avoir fait ta connaissance.

— Bonne nuit, mec, t'assures grave. Toi et Alice, vous êtes vraiment au top. Je voulais te le dire, merci beaucoup encore une fois de m'accueillir.

Je le regarde se diriger vers sa chambre et reste un peu sur la terrasse à contempler les étoiles. Alice vient me dire bonne nuit à son tour. Après quelques minutes, je retourne dans ma chambre. Je dois dire que je suis exténué ! Je m'allonge sur mon lit et ferme les yeux. Fin d'une nouvelle journée de dingue, merci pour tout ce qui m'arrive, ce voyage est beaucoup plus intéressant que ce que j'avais imaginé.

Le lendemain matin, je me réveille avec le lever du soleil. En entrant dans le salon, je découvre Brice et Alice qui prennent leur petit déjeuner. Ils m'invitent à les rejoindre, et j'ai droit à de délicieux pancakes ! Je leur pose des questions sur leurs investissements, car la conversation d'hier m'a vraiment interpellé. J'y connais pas grand-chose en immobilier et c'est pas vraiment un truc qui me passionne, mais quand je vois ce qu'ils ont réussi à construire, ça me fait réfléchir. Qui sait, je pourrais trouver un truc qui me passionne et dans lequel je pourrais investir ? Finalement, ils ont commencé à peu près à mon âge, donc j'ai le temps de mettre des choses en place et d'éviter de faire n'importe quoi avec mon argent ces prochaines années. Brice m'interpelle.

— T'es dans tes pensées là, exact ?

— Oui, on peut dire ça.

— On décolle dans vingt minutes, c'est bon pour toi ?

— Je file rapidement sous la douche et je suis prêt.

Qu'est-ce qui va m'attendre aujourd'hui ? Ce que je sais, c'est que c'est assez rare de rencontrer quelqu'un qui n'est pas obligé d'aller travailler et qui le fait quand même parce qu'il aime ça. C'est exactement le type de choix que je voudrais faire plus tard, avoir la liberté de ne pas travailler, mais le faire quand même, car ça me passionne tellement que j'en ai envie. Ça changera de tous les autres jobs que j'ai pu faire auparavant, où clairement si tu m'avais enlevé le chèque que je recevais en échange des heures travaillées, il aurait été hors de question que je me pointe sur mon lieu de travail. Bien sûr, ça paraît logique, mais finalement, les dernières semaines que j'ai vécues m'ont fait voir que tout ce que je pensais être vrai ou logique a bien été remué et continue de l'être aujourd'hui. Alors qu'est-ce qui est juste et qu'est-ce qui ne l'est pas ? Je suis plus trop sûr de rien aujourd'hui.

Je salue Alice rapidement avant de partir, prends l'ascenseur avec Brice, puis on sort de l'immeuble et on se dirige vers sa voiture. C'est parti pour de nouvelles aventures !

Chapitre 18

VENICE BEACH

Sur la route, je livre à Bart de nouveau toute mon admiration de le voir aller travailler pour donner des cours alors qu'il n'a pas besoin de le faire.

— Je vais te faire part d'une question qu'on m'a posée il y a pas mal de temps, je pense que ça peut te servir par la suite, t'es prêt ?

— Prêt !

Je sors en même temps mon bloc-notes de ma poche, c'est mon nouveau réflexe.

— La voici : si tu avais un milliard sur ton compte en banque, est-ce que tu continuerais à faire ce que tu fais aujourd'hui ? Si tu réponds non sans hésiter à cette question, tu peux alors travailler là-dessus. Si tu réponds oui, alors c'est la voie royale vers ton épanouissement personnel. Bien sûr, avec un milliard, tu ferais les choses de manière différente, mais dans l'ensemble, est-ce que tu continuerais la mission que tu as, les objectifs que tu t'es fixés, est-ce que tu continuerais à fréquenter les gens qui t'entourent, est-ce que tu continuerais ta relation avec ton mari ou ta femme ? Tu vois, il y a un mois, j'ai posé cette question à quelqu'un qui ne va pas très bien. Tu sais quelle est la première chose qu'il m'a répondue ?

— Non, mais je suis curieux de l'entendre.

— « Je quitte ma femme ! Elle me gonfle, j'en peux plus d'elle et ça fait des années que ça dure ! » Si je crédite ton compte d'un milliard et que la première chose que tu veux faire c'est quitter ta femme ou ton mari, c'est que tu as un sacré problème !

— C'est clair ! Il doit pourtant y avoir beaucoup de personnes dans cette situation...

— Exact ! Des tas de gens se contentent de ce qu'ils ont même si ça ne leur convient pas. Car c'est difficile de quitter ce qu'on a pour trouver quelque chose que l'on souhaite vraiment. Je ne connais pas bien cette personne dont je te parle, je ne sais pas s'il doit quitter sa femme ou pas, mais ce que je sais, c'est que si tu donnes cette réponse, alors ce sera compliqué pour toi d'être épanoui. Comment avancer au mieux quand tu es persuadé que tu vis dans une relation qui ne t'épanouit pas ou plus, avec une personne qui ne te convient pas ?

— Tu lui as répondu quoi ?

— Je lui ai dit : deux options s'offrent à toi maintenant, parce que le milliard, soyons clairs, il y a très peu de chance que tu l'aies. Donc, soit tu décides de changer de point de vue sur ta relation et sur ta femme, et tu travailles sur le fait de vivre avec elle la relation que tu veux vivre, soit, si tu sais au fond de toi que ça ne marchera pas, tu prends ton courage à deux mains, tu en parles à ta femme et vous réfléchissez ensemble à vous séparer dans de bonnes conditions. Tu vas vivre un moment qui va être très inconfortable, tu vas perdre beaucoup de repères, mais ce moment d'inconfort sera suivi d'un long moment de joie et de bonheur, quand tu vivras quelques années plus tard la relation que tu souhaites, et que tu regarderas ta vie en arrière en te disant que tu as pris une décision courageuse qui a porté ses fruits et que tu es fier de l'avoir prise.

— Tu sais ce qu'il a fait ?

— Non, je n'ai pas encore eu de ses nouvelles, mais je sais que je le recroiserai.

Je relis la question maintenant inscrite sur mon bloc-notes.

— Tu vois, si tu me dis, là maintenant, que mon compte est crédité d'un milliard, je m'en tamponne. Je continue à rouler avec toi pour aller enseigner des trucs cool aux gamins de ma classe, parce que ça m'éclate, ça me rend vivant, ça m'anime profondément !

— Je comprends l'idée, c'est génial ! J'espère pouvoir répondre la même chose sans hésiter à cette question dans quelque temps. Même si une partie de moi aura quand même envie d'aller louer un appart de dingue dans un endroit sympa dans le monde et organiser la plus grosse fiesta de tous les temps ! Oh yeahhh !

— J'ai l'impression de me voir il y a quelques années en arrière. Enfin, pas mal d'années même… N'oublie pas, ce n'est pas parce que tu travailles sur toi et que tu évolues que tu es censé arrêter de t'éclater. Si t'as envie un jour d'organiser une énorme fiesta avec des amis, fais-le ! Juste évite de t'attirer des problèmes en même temps, mais il y a rien de mal à s'amuser. Crois-moi, avec Alice, on a bien profité. On a voyagé dans plein de pays différents et on n'est pas prêts de s'arrêter !

— J'aime l'idée ! C'est clair qu'il y a une partie de moi qui a besoin d'aventures, d'adrénaline et de fun, et je peux pas mettre ça de côté.

Après vingt-cinq minutes de trajet à avancer au pas à cause des embouteillages, on arrive devant un immeuble avec une grande cour. J'aperçois des enfants en train de jouer au ballon.

— Voici le collège Saint-Anne, mon ami !

— C'est ici que tu travailles ?

— C'est ça ! Allez, c'est parti pour un cours d'une heure et demie. Aujourd'hui, on va parler des particules d'eau et de la formation des nuages et de la pluie.

— Je crois que j'ai jamais appris ça de ma vie !

Quelques élèves saluent Brice de la main, et on rejoint une femme dans la trentaine qui doit aussi être prof.

— Je te présente Bart, il va animer le cours avec moi aujourd'hui.

— Enchantée, Bart.

Je la salue, puis on avance dans un couloir avant d'entrer dans une salle.

— Voici ma classe.

Sur chaque table se trouvent un évier et du matériel. Je suppose que Brice fait faire des expériences à ses élèves parfois. D'un coup, une cloche retentit. Waouh, ça me rappelle des souvenirs, ça ! Des élèves entrent dans la classe et ça commence à être un peu la pagaille. Brice lève la voix pour leur dire de se calmer.

— Voici Bart, il va nous accompagner aujourd'hui pendant le cours. Vous avez vu la taille de ses bras ? Si quelqu'un est trop dissipé aujourd'hui, il a ma permission de s'occuper de lui. Si j'étais vous, j'éviterais les problèmes…

Tous les enfants me regardent et je fronce un peu les sourcils pour paraître crédible. Un élève au premier rang prend la parole.

— Monsieur, comment il a fait pour être aussi musclé ?

— Il est devant toi, donc tu peux lui demander au lieu de me demander, tu ne crois pas ?

L'élève me regarde et hésite, je décide de l'aider.

— Je suis allé à la salle de sport tous les jours pendant des années. Et si tu travailles dur à la salle, ton corps se muscle progressivement.

L'élève me regarde et commence à sourire.

— Je veux la même chose ! Je vais dire à mes parents de m'inscrire à la salle de sport dès ce soir.

D'autres élèves commencent à rigoler et Brice reprend la parole.

— Vous vous rappelez ce qu'on a vu la dernière fois ? Aujourd'hui, on va continuer avec les particules d'eau et les nuages. Vous pouvez ouvrir votre livre page 32.

Tous les élèves obéissent et ils ont l'air, à première vue, de bien aimer être ici et surtout de respecter Brice. C'était très loin d'être comme ça dans mes cours à l'époque. Un jour, je me souviens, mon prof de maths avait littéralement pété un plomb. On lui avait fait croire qu'un des élèves avait sauté par la fenêtre du troisième étage en plein milieu du cours. On avait tous couru à la fenêtre en criant « Monsieur ! Steven vient de sauter ! » Oh mon Dieu, il était devenu tout rouge et avait couru nous rejoindre à la fenêtre en nous demandant « où ça ? où ça ? où est-il ? » Puis Steven était sorti de l'armoire de la classe, il s'était mis juste derrière notre prof, et avait commencé à crier « Je suis làààààà ». Le prof avait sursauté, s'était retourné, puis avait pété un câble. Bon, en même temps, je le comprends. Bref, on foutait un bordel pas possible. Les élèves de Brice ont l'air plus calme.

Il commence à expliquer quelques trucs au tableau et je le regarde faire. Il est vraiment à sa place dans cette salle de classe, ça se voit, et c'était aussi vrai hier pendant le cours du surf. Il enseigne les choses de manière vraiment cool et c'est simple à comprendre, il est fait pour ça. Après avoir expliqué pas mal de choses, il donne aux élèves quelques expériences à faire grâce aux tubes à essai et au matériel qu'ils ont devant eux. Brice me propose de passer dans les rangs pour m'assurer que tout le monde a bien compris. Je m'approche d'un groupe de trois ados.

— Tout va bien pour vous ?

— Oui, oui, on n'a pas envie que tu nous accroches au tableau.

— T'inquiète pas, j'ai jamais accroché personne au tableau !

L'enfant qui vient de me dire ça me sourit pendant qu'un autre derrière me tape sur le bras pour m'appeler.

— Monsieur ! Monsieur !

— Tu peux m'appeler Bart, ce sera suffisant.

— D'accord, Bart, il nous manque un tube comme ça, on peut pas continuer.

— Je vais te trouver ça, bouge pas.

Je demande à Brice qui est occupé avec un autre groupe où ça se trouve et il m'indique l'endroit où je peux en trouver un. Je reviens avec le tube vers les trois élèves et je continue de passer dans les rangs. Quelques enfants me font rire avec leurs réflexions. Et puis Brice me regarde et me demande de m'allonger sur la table de devant

— Quoi ? Tu veux que je m'allonge ?

— Vas-y, allonge-toi !

Il se marre en même temps, ce qui ne me rassure pas tellement.

— T'es sûr ?

— Fais-moi confiance, allonge-toi sur le dos, sur cette table.

Bon, je monte sur la table tout devant et je m'allonge comme il me le demande. Certains enfants commencent à se marrer et Brice prend la parole.

— Regardez, on va imaginer que Bart est un nuage.

Il commence à expliquer différentes choses, en montrant différentes parties de mon corps, comme si j'étais vraiment un nuage. Je crois que c'est la première fois qu'on me demande de me transformer ainsi.

Les enfants continuent de rigoler et je suis content de voir que j'aide Brice à mettre de l'ambiance. Il termine le cours en donnant aux élèves quelques exercices pour la prochaine fois, puis la cloche retentit et tout le monde sort de la classe. J'ai pas vu l'heure et demie passer. Incroyable !

Le dernier élève quitte la salle, et Brice referme la porte. Il se retourne vers moi :

— Alors, ce cours, comment t'as trouvé ça ?

— C'était cool, bonne ambiance ! T'aurais pu éviter de me transformer en nuage, mais ça va, je m'en sors indemne !

Il me donne une petite tape sur l'épaule.

— Tu t'en es bien sorti aussi, et les enfants ont déjà l'air de t'apprécier !

— J'ai toujours eu un bon contact avec les enfants. Souvent, je les fais marrer et ils me font rire aussi ! Bon, si j'ai les miens un jour, ça sera peut-être différent.

— Cet après-midi, j'ai deux ou trois trucs à régler, c'est OK pour toi si je te laisse ?

— Bien sûr, ça fait un bail que je voulais revenir à Venice Beach ! Je vais aller faire un saut à la plage, je crois.

On sort de la classe et on reprend sa voiture. C'est le seul cours que Brice a aujourd'hui. Il passe entre cinq et dix heures par semaine dans cette école. Le reste du temps, il donne des cours de surf. Apparemment, il essaie aussi de passer de plus en plus de temps avec Alice et Sean.

— Ce soir, on va au restaurant ! Alors mets-toi sur ton 31 ! m'annonce Brice en me tapant sur la cuisse.

— Heuuu, OK. Mais j'ai pas vraiment emporté de quoi avec moi. J'espère qu'une chemise fera l'affaire ?

— Parfait, car si je dois t'en prêter une, je crois que ce ne sera pas trop ta taille.

— Il y a des chances, en effet, que je la déforme un peu !

— On partira vers 19 h 30 tous ensemble.

— Ça me va !

Quand on rentre, Sean court tout de suite vers moi.

— Bart ! T'étais où ? Je t'ai cherché, moi !

— J'étais avec ton papa, on donnait un cours de biologie.

— Viens, j'ai un truc à te montrer !

Il me prend la main et m'emmène au bout de la pièce. Je le suis, pendant que j'aperçois Brice prendre Alice dans ses bras. Leur relation fait rêver, ils ont l'air tellement bien ensemble tous les deux. Arrivé au fond de la pièce, Sean sort une télécommande, puis une autre.

— C'est la tienne ! Ça, c'est la mienne !

— On va faire la course ? je lui demande en apercevant deux petites voitures téléguidées.

— Oui, le premier qui fait trois tours de la grande table là-bas et revient ici a gagné.

J'ai à peine le temps de comprendre comment fonctionne la télécommande que la voiture de Sean démarre à fond. J'enclenche aussi l'accélérateur et arrive à le rattraper. Je lui fonce dedans et on rigole tous les deux pendant qu'Alice et Brice se mettent à crier « Allez Sean, allez Sean, plus vite ! ». Quand on finit le premier tour de la table, j'ai un peu de retard. Je commence à rattraper mon retard au deuxième tour mais, malheureusement, lors du troisième tour, je me prends le pied de la table, et c'est foutu pour moi. Sean finit son troisième tour et saute de joie en criant :

— J'ai gagné, j'ai gagné, j'ai gagné !

— Tu m'as bien eu. Félicitations, Sean !

Je regarde son visage qui est animé d'un profond sentiment de joie. Je comprends encore plus ce que Brice m'a dit hier : le bonheur se trouve dans la simplicité. Sean est vraiment super.

Il continue une deuxième partie avec Alice pendant que je retourne dans ma chambre me préparer. J'enfile le maillot que Brice m'a prêté hier, un tee-shirt, une casquette au cas où, et c'est parti ! Juste avant de quitter l'appart, je donne une accolade à Sean et lui dis que je reviens bientôt ! Je décide de partir à pied jusqu'à Venice beach. En longeant la plage, j'aperçois une petite boutique sur la gauche, au bord de la route, qui loue des hoverboards, cette sorte de skateboard électrique sur lequel tu te tiens droit et, quand tu te penches un peu en avant, ça avance, et en arrière, ça ralentit. J'ai toujours voulu essayer ce truc mais je l'ai jamais fait. C'est fou, quand on ne maîtrise pas quelque chose, on est toujours beaucoup plus réfractaire à l'essayer, par peur je suppose de ne pas savoir. Sauf que, pour savoir faire, il faut se lancer et essayer une première fois. Allez, c'est décidé, je me lance ! Je rentre dans la petite boutique et demande le prix. On me répond que c'est trente dollars la demi-journée. C'est parfait, je vais me balader avec ça aujourd'hui. Bon, d'accord, j'ai pas vraiment les moyens de dépenser cet argent, mais ayons confiance en la vie ! J'en prends un, sors de la boutique et le pose sur le passage qui longe la plage, réservé au vélo et aux objets de ce type. Je monte dessus et démarre. Whoooo, pas évident de tenir en équilibre là-dessus ! Je penche un peu mes pieds et ça commence à avancer, j'adore ! Je me penche un peu plus et j'accélère. Je ne suis pas très serein car j'ai l'impression que je vais tomber à tout moment, mais ça se passe plutôt bien. J'accélère de plus en plus, jusqu'à être, je pense, au maximum ! C'est vraiment cool, je double un groupe de personnes à pied et j'entends un des mecs de la bande me crier :

— Je peux monter derrière toi ?

Je tourne la tête en criant à mon tour :

— Désolé, c'est ma première fois avec cet engin !

Je continue mon périple et j'arrive en quelques minutes à Venice beach. C'est génial, ce truc ! Je prends l'hoverboard à la main pour pouvoir marcher dans le sable, pieds nus. Il y a pas mal de monde sur la plage et de jolies filles partout. J'enlève mon tee-shirt car il commence à faire vraiment chaud. Je vois au loin Muscle beach, le berceau du fitness, un endroit où tu peux faire une bonne séance de sport sur la plage et où des personnalités comme Arnold Schwarzenegger et d'autres bodybuilders connus sont venus s'entraîner. Je pourrais y aller, mais là, j'ai surtout envie de m'allonger sur le sable et d'aller me baigner. Demain, peut-être. Je trouve un coin sympa, pose ma serviette, m'étale dessus et regarde l'horizon. Je tourne mon regard à droite, puis à gauche et… Évidemment, j'aurais dû m'en douter !

Bordel, c'est la deuxième fois, et ça me fait encore sursauter !

— Je t'avais dit de me prévenir !

Juste à côté de moi, Billy, en chair et en os !

— Bonjour, Bart !

— Hello, l'ami. Ça me fait très plaisir de te voir, mais on avait pas dit que tu me préviendrais ?

— La prochaine fois, j'essaierai d'éviter de te faire peur, promis.

— T'as vu ça ? T'as pas voulu m'emmener à Venice beach mater des petits culs, mais j'ai réussi à venir par mes propres moyens !

— Je vois ça.

— Devine quoi ? Ce matin, j'étais au collège avec Brice pendant qu'il donnait un cours de biologie et j'ai trouvé ça cool. Mais attends, j'y pense, c'est pas l'heure de la pause ou du déjeuner pour toi ?

— Non, pas besoin d'avoir une pause pour me déplacer, je fais une sieste et je préviens à chaque fois mon voisin de cellule que je vais dormir un peu.

— Ah, je vois, c'est quand même sacrément difficile à avaler de me dire que t'es en taule et en même temps, là, devant moi. En gros, tu te dédoubles, quoi ?

— Mmmm, c'est un peu plus compliqué que ça, mais les détails ne sont pas vraiment importants, si ?

— T'as raison, l'important, c'est que tu sois là. Mais qu'est-ce qui se passe si quelqu'un te réveille ?

— Je le sentirai et la version de moi que tu vois en ce moment en face de toi disparaîtra brusquement pour réintégrer mon corps et reprendre ma vraie place.

— Si je comprends bien, tu voyages tous les jours ?

— Oui. En fait, pour être tout à fait honnête, je passe plus de la moitié de mon temps à l'extérieur. C'est comme ça que j'ai pu rencontrer Samantha, Brice, et d'autres personnes que tu auras probablement l'occasion de rencontrer.

— Ah ouais, quand même ! J'ose pas imaginer la gueule des gardiens s'ils apprenaient ça ! T'as une vraie vie de cinglé quand même. Non mais t'imagine un peu le délire ? Tu dois être la seule personne dans le monde à vivre comme ça. Enfin, maintenant plus rien ne m'étonne, je crois que si un extraterrestre débarquait en face de moi, je serais même pas choqué. D'ailleurs, en parlant d'eux, tu sais s'ils existent vraiment ? T'as peut-être des infos là-dessus, non ?

— Désolé de te dire que non. Mais assez parlé de moi, comment se passe cette deuxième rencontre ?

— Bien, très bien même, je dirais. J'adore Sean, le fils de Brice, et le couple qu'il forme avec Alice est très inspirant. Ils ont l'air vraiment heureux tous les trois et ça fait plaisir à voir.

— Content d'apprendre que ça t'inspire. Qu'en retires-tu pour le moment ?

— Plein de choses, dont certaines que tu avais déjà évoquées devant moi d'ailleurs. Mais disons que ça me percute encore plus. Brice m'a expliqué que c'est en contribuant auprès des autres que ta vie devient incroyable. Et quand je vois ce qu'il fait, en effet, il mérite d'être heureux. Et d'après ce que j'ai vu, il l'est ! La deuxième chose qu'il a partagée avec moi hier pendant qu'on faisait du surf, c'est que l'épanouissement et le bonheur se trouvent dans la simplicité. Et encore une fois, je ne peux qu'être d'accord avec ses propos. La dernière chose, c'est qu'aujourd'hui Alice et lui sont libres financièrement. Pas parce qu'ils ont gagné beaucoup d'argent, mais parce qu'ils ont appris comment investir leur argent et qu'ils l'ont fait. Je n'avais jamais vu d'exemple de ce type. De mon point de vue, tous les gens qui avaient beaucoup d'argent gagnaient cet argent par le travail qu'ils déployaient au quotidien. Alors que Brice et Alice ont trouvé un moyen de faire différemment.

— De ce que je comprends, je n'ai plus rien à faire là, tu as tout saisi tout seul. Si tu ressors de cette rencontre riche de ces trois enseignements, ce sera déjà très bien.

— Je viens juste d'arriver, compte sur moi pour apprendre plein d'autres choses ! D'ailleurs, on va au restaurant ce soir, ce serait super cool que tu te joignes à nous !

— Ça va être difficile, j'ai une autre personne à voir aujourd'hui. Et je ne peux m'éterniser à chaque endroit.

— J'insiste pas. Ça doit te faire bizarre de venir ici. Entre les fois où tu voyages dans les souvenirs et les fois où tu viens dans le présent comme maintenant, ça ne doit pas être tout à fait la même chose.

— Chaque endroit est en effet différent, mais au final quand tu es assis sur le sable comme on l'est maintenant, c'est la même chose, l'horizon est le même, peu importe l'époque à laquelle tu te trouves.

— Ouais, t'as sûrement raison.

— Tu es donc satisfait de cette deuxième rencontre jusqu'à présent ?

— Ouais, carrément même ! Honnêtement, je m'attendais pas à ça. Que ce soit Samantha ou Brice, ils ont été super accueillants. C'est génial, et toute la route que j'ai pu faire m'a également fait réfléchir sur pas mal de choses. Ça commence à s'éclaircir dans ma tête. Je veux dire… quand je pense aux plans pour mon avenir.

— L'important c'est que tu sois confiant pour la suite.

— Je le suis. J'avoue que je flippe un peu que tu débarques un jour en me disant que le voyage est terminé et que tu me ramènes entre quatre murs, mais bon, je vais te faire confiance pour que ça n'arrive pas.

— Ne t'inquiète pas, ça n'arrivera pas. Enfin, à moins…

— QUOI ? T'es sérieux là ?

Billy me regarde puis explose de rire.

— Je rigole, ne t'inquiète pas. Tu es libre maintenant alors profite de cette liberté !

— Oh mon Dieu, j'ai failli faire un arrêt cardiaque. Évite ce genre de blague à l'avenir !

— Tu n'es pas le seul à pouvoir faire des blagues, tu sais !

Un couple passe devant nous et s'embrasse sur la plage en plein milieu de notre champ de vision. Billy me désigne le couple d'un signe de tête.

— N'est-ce pas beau ?

— C'est beau, oui. Même si je t'avoue que je préférerais que ce soit Julia et moi !

— Ça le sera. Même si tu n'es pas tout seul à prendre cette décision et que tu ne peux pas maîtriser les émotions et l'amour d'une autre personne, continue d'avoir confiance et d'imaginer cette personne à tes côtés.

— C'est ce que je fais tous les jours et j'espère bien que ça va se concrétiser dès mon retour ! Tu sais quoi, tu vas être fier de moi ! Je n'ai pas pu te le raconter l'autre jour, car t'as disparu d'un coup…

— Je t'écoute.

— OK, alors, j'étais dans un bar il y a quelques jours, je voulais juste boire un verre tranquille et devine quoi ? Même quand je veux être seul, y'a toujours un danger qui rôde quelque part… Cette fois-ci, le danger, c'était une déesse venue d'un autre monde. On s'est échangé quelques regards et… Bref, quelque temps après mon arrivée, je me retrouve à boire un verre chez elle. Au moment où les choses devenaient incontrôlables, j'ai eu un éclair de génie. J'ai réfléchi, comme tu m'avais conseillé de le faire dans des moments où on a une décision à prendre. Le problème, c'est que tu m'avais pas conseillé quel type de choix faire dans cette situation : d'un côté y'avait la planète Jouissance, et de l'autre, y'avait ma misérable chambre d'hôtel qui m'attendait pour passer la nuit. Tu vas peut-être pas le croire, mais j'ai choisi ma chambre d'hôtel !

— Et pourquoi donc ?

— La seule raison, c'est Julia ! Je me suis mis à sa place, hier soir, et je crois qu'elle aurait trouvé ça vraiment pas cool si j'étais allé plus loin. Je me suis aussi dit que ça pourrait être un test, pour savoir si je serais vraiment capable de résister quand je serai avec elle.

— Tu as fait le bon choix et tu as dû être fier de l'avoir fait !

— Avec le recul, oui. Car j'aurais certainement fini par le regretter. Par contre, si Julia ne veut pas de moi à mon retour, je repars direct retrouver cette fille, et compte sur moi pour surfer sur la planète Jouissance pendant trois jours consécutifs !

— Tu as mis le doigt sur un mot très important, le regret. Quand tu hésites à faire quelque chose, comme c'était apparemment le cas dans cette situation, tu peux alors te poser une question : est-ce qu'il y a des chances que je regrette si je prends ou si je ne prends pas cette décision…S'il y a des chances que tu regrettes, alors mieux vaut opter pour l'autre choix. C'est une question qui peut vraiment t'aider par la suite.

— Encore une question intéressante ! Faut que je note ça.

J'ouvre le petit sac que j'ai pris avec moi pour mettre ma serviette, sors mon bloc-notes et écris quelques mots. Pendant que je suis en train d'écrire, Billy se lève.

— Qu'est-ce que tu fais, tu pars déjà ?

— Je dois y aller, oui. Mais je vais revenir prochainement. Et puis, je crois que tu t'en sors très bien sans moi !

— Merci, mais t'es sûr que tu veux pas piquer une petite tête dans la mer avant ?

Comme la dernière fois, j'ai à peine le temps de finir ma phrase qu'il s'est littéralement évaporé. Disparu, plus de Billy. Ça fait vraiment bizarre quand il part, j'ai l'impression que c'est comme si j'avais parlé à un fantôme pendant quelques minutes.

S'il veut pas piquer une tête, moi, par contre, j'ai qu'une envie maintenant, c'est d'aller me baigner. Je marche en direction de la mer, puis entre dans l'eau en me remémorant les moments en taule avec Billy, quand je voulais qu'il m'emmène à Venice beach. Quelques semaines plus tard, j'y suis pour de vrai, la vie est incroyable !

Après avoir nagé un peu, je me repose sur ma serviette et attaque le livre que j'avais pris le soin d'acheter avant de partir. Ça parle d'investissement, justement. Je peux certainement en retirer des choses intéressantes à mettre en place à mon retour. Je dois dire que Julia me manque. Encore un signe que je l'ai vraiment dans la peau et que c'est elle la bonne pour moi.

Un groupe vient tout à coup m'interpeller. Il leur manque un joueur pour faire un volley et ils me demandent si je veux les rejoindre. Allons-y ! Ça fait très longtemps que je n'ai pas joué, mais je sens que ça peut être fun. On est quatre contre quatre, et je dois dire qu'après quelques échanges de balle, je ne suis pas si mauvais que ça. Mon équipe gagne même la partie !

Je reprends ensuite mon hoverboard jusqu'à tomber sur un petit stand qui fait des sandwichs. Ça tombe bien, je meurs de faim ! Je me pose sur une table placée sur un bout de pelouse et reprends ma lecture. Puis je décide de continuer ma balade pour explorer un peu le coin. Ça n'a pas tellement changé finalement depuis mon dernier séjour ici. Ah ! Je reçois un SMS de Brice qui me dit de le rejoindre à la terrasse d'un café dès que je peux. Bizarre, ça a l'air urgent. Je suis pas très loin, je le préviens que j'arrive tout de suite. Direction l'adresse qu'il m'a donnée.

Chapitre 19

UN VOYAGE D'UN AUTRE TYPE

Quinze minutes plus tard, j'arrive à hauteur de la terrasse du café. Et qui j'aperçois en train de discuter ? Brice et BILLY ! Évidemment, j'aurais dû m'en douter ! Je m'approche d'eux et regarde Billy.

— T'aurais pu me dire que c'était Brice l'autre personne que tu devais voir aujourd'hui !

— Disons que mes plans initiaux se sont trouvés modifiés !

— Ça fait bizarre de vous voir tous les deux ensemble ! Vous faites quoi ?

Les deux me regardent et commencent à sourire, je sens qu'ils me préparent un truc. Billy prend la parole.

— J'ai une surprise pour toi.

— Une surprise ?

Au moment où je termine ma phrase, Billy m'attrape la main. C'est quoi ce délire, il me refait voyager ? Tout commence à se déformer autour de moi, exactement comme les fois précédentes. J'entends Brice me dire « bon voyage ». Ça tourne, tourne et tourne, je regarde autour de moi et c'est comme si tous les gens présents sur la terrasse bougeaient au ralenti, pendant que je tourne de plus en plus vite. Puis, j'aperçois un tunnel, BORDEL ! Il pourrait me prévenir avant de faire des trucs pareils… Je rentre dans le tunnel, je suis tout seul. Je me fais trimballer dans tous les sens pendant plusieurs minutes, qui me paraissent interminables. Il y a des couleurs partout, ça va très vite. Je suis complètement ébloui, je décide de fermer les yeux, puis d'un coup, plus rien. Le noir et le calme total. Je suis où là ? C'est quoi ce truc ?

— Bart, Bart réveille-toi !

J'entends une voix proche de moi, puis je sens qu'on me tape sur l'épaule. J'ai du mal à reprendre mes esprits, et surtout à ouvrir les yeux. Tout est encore noir autour de moi. D'un coup, j'ai comme un sursaut, je reprends ma respiration, et cette fois-ci, tout est clair. J'ai les yeux grands ouverts.

— Bienvenue !

Je suis assis à une table avec Billy et une autre personne que je ne connais pas.

— Sérieux Billy, t'es un dégénéré, mec ! Tu peux pas me faire un truc pareil sans me prévenir !

Billy et l'inconnu à ses côtés se mettent à se marrer.

— T'inquiète pas, tout va bien.

Je regarde autour de moi, on est assis à la terrasse d'un café qui a le même nom que celui de tout à l'heure. Il a aussi fait voyager le café dans le temps ou quoi ?

— On est où, là ?

— Au même endroit que tout à l'heure, mais à une époque différente. Tu vois, ce café dans lequel Brice t'a dit de le rejoindre existe depuis très longtemps, et on y est à présent.

Je regarde autour de moi et les gens ont des looks étranges.

— Attends, on est en quelle année, là, exactement ?

— Bart, je suis ravi de t'accueillir en 1962 !

— 1962 ! Oh le délire ! Et c'est qui le mec à côté de toi qui me fixe depuis tout à l'heure ?

— Tu le connais déjà.

— Je le connais ?

— Tu es en face de mon grand-père.

Je suis choqué ! Je ne comprends pas grand-chose à ce qui est en train de m'arriver. Ma journée était tranquille jusque là, mon voyage aussi d'ailleurs et, soudain, c'est du grand délire. La personne à côté de Billy me tend sa main :

— Bonjour Bart ! On s'est déjà rencontrés dans une autre époque, si j'en crois Billy.

— Écoutez les gars, moi j'arrive plus à suivre vos conneries. 1962, j'hallucine. Comment ça se fait que tu peux voyager dans cette époque ?

— Disons que je peux voyager dans mes souvenirs, mais aussi ceux de ma famille.

— Tout à fait normal ! Je vis dans un monde de fous ! En fait, si je comprends bien, t'es en train de voyager dans ton propre voyage ? T'es dans deux strates de voyages différents ?

— C'est exact ! Et c'est aussi pour cette raison que je ne vais pas pouvoir rester très longtemps. Il va falloir que tu sois très attentif à ce qui va suivre. J'ai demandé à Brice de me rejoindre tout à l'heure, car j'avais besoin de tes affaires.

Billy se penche un peu en avant et qu'est-ce qu'il ramasse par terre ? Mes deux sacs avec toutes mes affaires.

— Pourquoi t'as mes affaires ?

— Disons que j'ai oublié de te préciser quelque chose par rapport aux trois noms que je t'ai donnés.

— J'ai l'impression que t'oublies souvent de me préciser des trucs importants, non ?

— C'est possible, oui. Mais c'est pour éviter de te brusquer. Donc pour en revenir à la liste, la personne qu'il te reste à rencontrer est malheureusement décédée à ton époque.

— Quoi, il est mort ? Tu me files le nom d'une personne que je dois voir, alors qu'il est dans une tombe ?

— Oui, c'est le cycle de la vie, la mort en fait partie. Mais, dans l'époque dans laquelle on se trouve maintenant, il est bel et bien vivant !

— C'est encore pire que ce que je pensais. Tu connais certainement des centaines de personnes en vie et tu as la bonne idée de vouloir me faire rencontrer une personne morte !

Je tourne la tête vers son soi-disant grand-père et, en y regardant de plus près, il est clair qu'il a un bon air de ressemblance avec Billy. La personne que j'ai en face de moi doit avoir dans la trentaine, voire même la vingtaine peut-être. On est très loin de l'âge qu'il avait quand je l'ai rencontré.

— Grand-père, si c'est vraiment toi, tu peux dire à ton petit-fils de se calmer !

Il s'approche de moi et il met sa main sur ma joue. Je trouve ça gênant, il veut me rouler une pelle ou quoi, lui ? Il continue de s'approcher et me chuchote à l'oreille :

— Désolé de te dire qu'on est un peu tous pareils dans la famille.

— Merci de me prévenir. En même temps, je crois que je l'avais un peu remarqué. Mais lors de notre dernière rencontre, tu m'avais dit que tu avais passé toute ta vie dans un champ de maïs, pas à Los Angeles !

— Je suis en vacances pour une semaine avec ma femme.

— Magnifique, t'es en vacances et tu rencontres ton petit-fils qui vient du futur alors que, si ça se trouve, t'as même pas encore d'enfants dans cette vie ! Je vais essayer de me calmer un peu, mais je vous avoue que je suis un peu perdu.

Billy me regarde droit dans les yeux et tente de me rassurer.

— Crois-moi, ton voyage sera comme tu l'avais prévu. À quelques différences près, mais continue d'avoir confiance.

— C'est quand même une grosse différence ! C'est pas une blague au fait, on est vraiment en 1962, là ?

— Absolument.

— Du coup, c'est quoi le plan ? Je continue mon voyage dans cette époque ?

— Exactement. Te retrouver ici va encore plus te permettre de sortir de ta zone de confort, car pas mal de tes repères ne seront plus disponibles, comme le téléphone que tu as dans ta poche par exemple.

Je sors aussitôt mon smartphone. L'écran est complètement noir.

— Ah oui, en effet, je n'avais pas pensé à ça. Je suppose que je ne pourrai pas l'utiliser.

— Eh non ! Il faudra te débrouiller autrement ! Mais le numéro que je t'avais donné est bien le numéro de fixe de Douglas.

— Mais attends, comment je vais faire pour me déplacer ? J'ai plus de voiture ?

— Non, mais tu pourras voyager en avion. Les déplacements sont réservés aux personnes assez fortunées, mais avec les dollars et le cash que tu as en poche, tu auras normalement largement de quoi te déplacer. Le prix de tout ce que tu connais est aussi complètement différent, donc tu n'as plus trop à te soucier de ce côté-là.

— Bon, je suppose que c'est une bonne nouvelle. Fini les motels de misère au bord de la route ?

— À toi de voir Bart, c'est ton voyage.

— C'est mon voyage, mais bon, c'est toi qui m'as changé d'époque !

— Tu le sais, je ne l'aurais pas fait si je pensais que ça n'en valait pas la peine.

En y réfléchissant un peu et en étant un peu plus tranquille dans ma tête, c'est vrai que c'est quand même une chance incroyable de pouvoir être plongé dans cet autre univers.

— Il y a une règle que tu dois suivre pour la suite, qui est très importante.

— Je t'écoute.

— Il t'est interdit de divulguer tout type d'information sur le futur à qui que ce soit, cela pourrait avoir de très mauvaises répercussions.

— OK, je serai sage. Mais ce soir j'avais prévu d'aller au restaurant avec Brice !

— Ce soir, tu vas bel et bien aller au restaurant avec Brice. Rappelle-toi, quand on voyage ainsi, le temps ne bouge pas, quand tu reviendras, tu seras assis avec Brice et moi à la même table qu'avant ton départ.

— Je crois que je vais avoir un paquet de trucs à raconter à Brice à mon retour !

— Oui, probablement.

— Quand est-ce que je rentre ?

— Comme je te l'ai dit, tu ne peux pas rester très longtemps, car cela comporte certains risques. Par contre, comme tu as déjà voyagé plusieurs fois et que tu es maintenant habitué, tu vas pouvoir rester cinq jours environ. À toi de bien répartir ton temps.

— Cinq jours, waouh, c'est beaucoup plus que ce que je pensais !

— Grand-père doit repartir dès demain, mais au cas où, il va te donner son adresse. Si tu as un problème avant son départ, tu pourras le joindre.

— Ça te fait pas bizarre, toi, qu'il t'appelle Grand-père ? je demande.

Le fameux grand-père me regarde, puis regarde Billy, puis me regarde à nouveau.

— Pas vraiment. En fait, avec Billy, on se balade tellement à droite à gauche que je ne me souviens plus trop parfois dans quelle époque on est.

— Ah ouais, carrément ! Comparés à mon oncle, vous êtes classés numéro 1 des plus gros dingos du pays, et haut la main! Si je comprends bien, vous pouvez aussi aller dans le futur ?

Le grand-père continue de me répondre.

— Non pas vraiment. Mais en fait, je suis moi-même en train de voyager dans mes souvenirs. Billy m'a juste demandé de le rejoindre ici. Ce n'est pas la première fois qu'on vient dans ce café tous les deux d'ailleurs.

— Ah bordel, je comprends mieux. En fait, t'es aussi en train de voyager ?

— C'est bien ça. Et je compte profiter de ce voyage pour passer du temps avec ma femme, qui nous a malheureusement quittés quelques années après cette époque.

— Ah, désolé.

— T'inquiète pas, la vie nous a donné un magnifique cadeau et je passe régulièrement du temps avec elle dans mes souvenirs.

— Je comprends mieux pourquoi t'as réussi à vivre dans un champ de maïs toute ta vie. En fait, un jour sur deux, tu te barres en vacances.

Au moment où je prononce ses paroles, j'éclate de rire. C'est plus fort que moi, ces deux mecs me font halluciner ! Billy reprend la parole.

— Je vais pas pouvoir rester Bart, est-ce que tu as bien tout compris ?

— Oui, enfin, j'ai cinq jours ici avec interdiction de parler d'événements du futur à qui que ce soit. J'ai manqué quelque chose ?

— T'as tout compris. Je te souhaite une bonne continuation dans ton voyage, et nous, Grand-père, on se retrouve dans la semaine !

Ils se saluent tous les deux, puis, pour la première fois, Billy s'approche pour me faire une accolade. Quelques secondes après, il s'évapore. Exactement comme il l'a fait sur la plage plus tôt dans la journée. Quelle histoire, quand même ! Je me demande si je ne suis pas en train de devenir cinglé…

Le grand-père me demande si tout est OK pour moi et je réponds que oui. Mais honnêtement, je ne sais même pas trop quoi lui dire. Avant d'aller rejoindre sa femme, il me donne, comme prévu, son adresse et un numéro de téléphone sur lequel je peux le joindre au cas où. Puis, il se lève et me salue.

Je me retrouve tout seul, au beau milieu de ce café. La serveuse s'approche de moi et me demande si je veux quelque chose. Je lui demande un café, je ne veux pas prendre trop de risques et demander quelque chose qui n'existerait pas encore. Elle acquiesce d'un signe de tête et revient quelques minutes plus tard avec ma commande. Il y a quelques personnes à la terrasse, la plupart la tête plongée dans le journal. Bon, en gros, c'est exactement la même chose qu'à mon époque, sauf que les smartphones ont maintenant remplacé les journaux. Je bois rapidement mon café et demande l'addition. La serveuse me dit que je lui dois quinze centimes... quoi ? quinze centimes ? Je sors un billet de un dollar, et elle me rend la monnaie. C'est clair que ça, je crois que je vais apprécier ! Vu que je dois avoir une bonne centaine de dollars avec moi, je crois que je suis tranquille côté argent. Je me lève et commence à marcher au bord de la plage. Sauf que cette fois-ci, ce sera sans hoverboard... Je crois qu'une nouvelle aventure vient de commencer pour moi, et finalement, je me sens vraiment excité à l'idée d'être ici pour explorer et continuer mon voyage. De toute manière, je n'ai pas vraiment le choix. J'ai aussi hâte de rencontrer cette troisième personne.

Je marche le long de la plage et je note tout de suite qu'il y a moins de monde et beaucoup moins de choses dans les rues. C'est vraiment étrange, les femmes que je croise ont quand même un style bien différent de maintenant. Je marche, je marche, mais je ne sais même pas où je vais. Il va falloir que j'éclaircisse un peu les choses dans ma tête et savoir comment je peux me rendre à San Francisco. C'est quand même dingue, quand tu n'as plus Internet, tu es complètement paumé. Là, en temps normal, j'aurais pris mon portable, regardé les billets disponibles et j'aurais pu en réserver un directement. Chose qui va être un peu plus complexe, je pense. Comment faisaient les gens dans les années soixante pour réserver un billet d'avion ? Il va vite falloir trouver la réponse à cette question car la journée est déjà bien entamée. Mais prenons les choses dans l'ordre et trouvons d'abord un endroit où dormir ce soir. Ça tombe bien, je vois un hôtel au loin, face à la mer. Il a l'air assez chic mais, bon, ça ne me fait pas trop peur quand je vois combien m'a coûté mon café. Une chambre d'hôtel, ça ne devrait pas monter très haut. J'arrive devant l'hôtel Le Plazamar, j'entre et me dirige vers la réception. Une femme, portant un chapeau assez chic, m'accueille. Tout autour de moi, il y a des hommes en costume ; ça a l'air d'être un hôtel vraiment haut de gamme. Je demande à la réceptionniste s'il reste une chambre pour ce soir, elle regarde et me dit que oui. Elle a une chambre premium à me proposer à quatorze dollars la nuit. J'adore cette époque ! Je règle la chambre et elle me remet les clés de la chambre 222. Dans l'ascenseur, je me retrouve avec trois personnes en train de fumer, ce qui est un peu étrange, mais je crois qu'à l'époque, les gens fumaient même dans les hôpitaux... Après m'être fait cracher deux ou trois nuages de fumée dans la tronche, j'arrive au deuxième étage et sors de l'ascenseur. Je sens sur moi le regard des gens qui ont l'air aussi un peu perturbés par mon style. Je suppose qu'à cette époque, il y avait moins de mecs comme moi assez baraqués et avec des tatouages. Et ça ne devait pas être très bien vu. Et puis j'imagine que mon style vestimentaire doit les interpeller. Il aurait pu penser à ça Billy ! et me filer des fringues de l'époque !

Je longe le couloir et j'arrive devant la chambre 222. J'ouvre la porte et découvre une chambre, avec un décor bien à l'ancienne. Il y a un lit qui paraît confortable, une baignoire et c'est plutôt classe. J'ai même droit à un téléphone. Je vais être bien ici, c'est parfait. Je regarde par la fenêtre : il y a une super vue sur la mer et la plage. Je décide d'appeler la réception pour savoir s'ils peuvent m'aider à réserver mon billet d'avion.

Je décroche le téléphone et commence à tourner une sorte de molette pour composer le numéro.

— Allô, que puis-je faire pour vous ?

— J'ai un service à vous demander. Comment je peux faire pour réserver un billet d'avion ? J'aimerais me rendre à San Francisco.

— Vous êtes Monsieur ?

— Monsieur Miller.

— Oh, vous venez de prendre votre chambre, c'est exact ?

— Oui, tout à fait.

— Parfait, Monsieur Miller. Nous pouvons nous occuper de cela pour vous.

— Vraiment ?

— Oui, cela vous sera facturé deux dollars pour le service.

— Ça me convient.

— Quand souhaitez-vous partir ?

— Dans l'idéal, demain matin.

— Très bien, voulez-vous une place en économie ou en première classe ?

Bonne question, je crois que je peux me permettre la première classe.

— Première classe.

Bordel, ça fait du bien de pouvoir dire ça !

— Nous allons voir ce qu'il y a de disponible et nous vous tiendrons informé au plus vite. Si vous n'avez pas de nouvelles de nous d'ici ce soir, venez nous voir à la réception.

— C'est parfait, vous assurez grave !

— Pardon ?

— Heu, non, je disais merci beaucoup.

— Merci à vous, Monsieur Miller.

Ça, c'est du service ! J'adore, ils vont s'en occuper pour moi, que veux-tu de mieux ! C'est exactement ce dont j'avais besoin. Bon, une bonne chose de faite, j'ai une chambre et peut-être bientôt un billet d'avion. Si j'ai bien cinq jours devant moi avant de rentrer, cela me laisse quand même pas mal de temps. Ce soir, c'est décidé, je compte bien en profiter, je ne sais pas ce que je vais faire, mais je veux m'amuser. Par contre, il va falloir que je m'achète des habits, je crois. Parce que tout le monde me dévisage avec les fringues que j'ai.

Je me pose un peu sur le lit, puis je reprends l'ascenseur et pars me promener. Assez vite, j'aperçois une petite boutique de vêtements. Je suis tout de suite accueilli par le gérant qui scrute bizarrement mes habits. Je vois bien qu'il se retient de me poser des questions. J'essaye deux ou trois pantalons, quelques chemises, c'est pas si horrible que ça finalement. Et c'est même assez marrant de me regarder dans le miroir avec des vêtements des années soixante… Jamais j'aurais pu penser qu'un truc pareil m'arriverait un jour. Je me décide pour un pantalon et une chemise qui, je dois dire, mettent plutôt bien en valeur ma carrure. Je règle le tout pour six dollars. J'adore les années soixante ! Me voilà enfin avec une tenue décente.

Au loin, je vois un panneau qui indique qu'il y a un casino. Évidemment, ça m'appelle tout de suite ! Voilà ce que je vais faire de ma soirée ! Un taxi passe devant moi, je lève la main, il s'arrête et je monte dedans. Le mec a une tête à la Elvis Presley, et du rock passe à fond dans la voiture.

— Le casino, s'il vous plaît.

— Le casino pour Monsieur, c'est parti !

Je me demande comment les taxis faisaient sans GPS. Si je lui dis, par exemple, boulevard Mérichon numéro 675, tu crois qu'il saura où c'est ? Il connaît pas toutes les rues de la ville quand même ? Enfin, je suppose qu'avant, les gens se débrouillaient très bien sans tous nos outils. Après deux minutes de route, j'ai envie de glisser au chauffeur qu'un jour, on pourra réserver un taxi sur un téléphone mobile. Mais bon, je me souviens de la règle de Billy, on va éviter de faire le con. Je pense, de toute manière, qu'il n'y a aucune chance qu'il me croie. Comme quoi, ça me montre aussi que si quelqu'un arrivait du futur dans mon époque, il pourrait certainement aussi me dire des trucs que je ne pourrais pas croire, alors que ça va vraiment se passer ! Tout cela tend à me faire dire qu'il faut vraiment rester ouvert d'esprit, il y a tellement de choses que l'on imagine absolument pas et qui pourront pourtant se produire dans le futur.

Ça y est ! J'aperçois le casino. Que la fête commence. Ce soir, je me lâche ! Je n'aurai pas dix mille chances de me retrouver en 1962 dans ma vie. Dans le hall, il y a pas mal de monde et beaucoup de bruit aussi. Les gens sont vraiment bien habillés. Sur ma droite, une chanteuse au piano. J'avance et repère quelques tables de roulette et de blackjack. Allons-y ! Je m'approche d'une table de roulette, il y a déjà beaucoup de monde autour, mais j'arrive à me faire une place. Je sors un billet de 50 dollars et j'obtiens mes jetons. Ma première mise ce sera le numéro 35 noir et le 33 également ! Deux dollars sur chaque, et un paquet de jetons sur la couleur noire ! C'est parti ! Le croupier commence à tourner la roulette, tout le monde retient son souffle. La bille s'arrête. Le 35 ! Whoooo, c'est gagné ! Je viens de gagner vingt-six fois ma mise sur ce numéro, plus deux fois ma mise sur la couleur noire. C'est mon jour de chance, première mise, premier gain ! Je continue de jouer quelques instants et j'enchaîne de bonnes performances. Mes cinquante dollars du départ se sont transformés en deux cent vingt-cinq dollars à peine dix minutes après mon arrivée ! Une hôtesse s'approche de moi, et me propose un verre offert par la maison. Allons-y pour un whisky, on va voir quel type ils servaient à l'époque. Une femme plutôt charmante dans la vingtaine s'est aussi rapprochée de moi depuis quelque temps. Je ne sais pas si c'est moi qui l'attire ou mes jetons, mais je m'en tape : même si je suis célibataire, je suis pris. Je reste à la table à laquelle je me trouve, et l'ambiance monte de plus en plus. Je sens que pas mal de monde m'observe.

Après quelques tours, sans toucher aucun numéro, je mets dix dollars sur le 26 et, BOOM, le 26 tombe ! Je commence à crier, et la fille qui me regarde depuis tout à l'heure est maintenant presque collée à moi. Le croupier m'interpelle :

— Vous avez l'air chanceux aujourd'hui, Monsieur.

— Je crois que je suis chanceux tout court, mais c'est en partie grâce à toi, alors continue de me donner les bons numéros.

Il me fait un petit sourire en retour.

Ce numéro 26 m'a rapporté plus de deux cent soixante dollars ! Je me retrouve avec plus de quatre cents dollars devant moi – ce qui pourra même me permettre d'être tranquille quand je serai revenu à mon époque. Oui, je sais, c'est très bizarre de penser ça !

L'hôtesse qui m'a servi un verre m'en ramène un autre. Je crois qu'ils veulent que je picole pour tout perdre. Puis une autre hôtesse s'approche de moi déguisée en paquet de marlboro et me tend une cigarette. Non merci. Par contre, je lui demande s'ils ont un cigare, et elle me dit qu'elle va me trouver ça. Ils ont le sens du service à cette époque. Après réflexion, je décide d'arrêter pour le moment. Je sais très bien ce qui peut se passer, tu gagnes et tout va bien, et quelques minutes plus tard, tu perds tout. Ça m'est malheureusement déjà arrivé plusieurs fois. Je ne suis pas là pour répéter les mêmes erreurs. Je prends mes jetons, me dirige vers la caisse, et les échange contre de la monnaie. Quatre cent vingt-cinq dollars en tout, ma soirée débute plutôt sur les chapeaux de roues ! Je décide d'aller m'asseoir un peu au bar, là où la chanteuse joue du piano. J'aperçois la fille de tout à l'heure qui s'approche de moi. Elle me demande si je suis seul, je lui réponds que oui.

— Je peux m'asseoir ?

— Oui, vas-y.

— Vous gagnez souvent à la roulette comme ça ?

Oh la la, elle me vouvoie ! Je crois que je viens de commettre un impair en la tutoyant direct !

— Pas vraiment, non. Je fréquente pas trop les casinos d'habitude, mais aujourd'hui, je sentais que c'était mon jour de chance.

— Félicitations, comment vous appelez-vous ?

— Bart et t.. vous ?

— Angelina.

Elle porte une robe bleue, des talons hauts, et a de longs cheveux blonds. Je dois avouer qu'elle est vraiment charmante.

— Que faites-vous dans la vie, Angelina ? À part observer les tables de roulettes ?

— Je suis responsable de la communication dans une entreprise d'export, et vous ?

— Ça à l'air cool. Moi, disons que je me cherche un peu. Mais je pourrais bien rapidement me trouver. Ça vous ennuie si on passe au tutoiement ?

— Non… Tu m'inviterais à danser ?

— Danser ? Sur cette musique ?

— Oui, pourquoi, t'as peur ?

Elle est assez rentre-dedans cette fille.

— OK, mademoiselle, allons danser !

Après tout, je suis ici pour m'amuser. Sur la piste, il y a deux couples qui dansent collé serré. On s'approche, je pose mes mains sur ses hanches et on commence à tourner tranquillement, elle me regarde et sourit.

— Qu'est-ce qui te fait sourire ?

— C'est toi.

— Oui, j'avais remarqué, mais pourquoi ?

— Rien, rien, t'as juste l'air d'être un bon gars. T'as prévu quoi ce soir ?

— Ce soir, je veux m'amuser ! Où et comment, j'en sais rien, ce que je veux c'est m'éclater !

— Tu veux m'accompagner ? Il y a un petit bar sympa à côté avec une super ambiance, ils ont un karaoké.

— Heuuu, ouais, allez, pourquoi pas.

On finit notre danse et je la suis. Elle s'arrête en plein milieu du casino :

— Ah, j'ai oublié de prendre un truc dans ma chambre. Ça te dérange pas de m'accompagner juste avant d'y aller ?

— Non, pas de problème.

Ce casino fait aussi hôtel, je suppose qu'elle a dû prendre une chambre ici. Je la suis au quatrième étage par l'ascenseur, puis dans le couloir désert. On avance jusqu'à la porte 406. Elle tape trois fois à la porte avant de l'ouvrir, je trouve ça un peu bizarre. La porte s'ouvre et… d'un coup j'entends « Attrape-le » ! Un mec sur ma droite m'attrape le bras, et un autre tente de m'attraper l'autre, pendant qu'un troisième type en face de moi tente de me mettre un un crochet que j'arrive à esquiver. Tout va très vite et je ne comprends rien à ce qui est en train de se passer. Le mec en face de moi revient à la charge avec un autre crochet, et cette fois-ci, je me le prends en plein dans la gueule ! Je commence à crier comme un dingue.

— Vous êtes qui bande d'enfoirés ? Lâchez-moi ! Lâchez-moi !

Je continue à me débattre mais les deux types à ma droite et à ma gauche arrivent à me contrôler. Le mec en face de moi sort de nouveau son poing et je me le prends en plein dans le ventre. Je commence à cracher mes tripes, cet enfoiré m'a bien allumé. Puis j'entends la voix d'Angelina.

— Arrêtez, vous m'aviez dit que vous n'alliez pas cogner.

Le mec en face de moi lui répond.

— Ferme ta putain de gueule, toi ! Casse-toi d'ailleurs, t'as pas besoin de voir ça.

Je regarde le mec en face de moi pendant que les deux types à côté me serrent les bras de plus en plus fort.

— T'es vraiment une grosse merde, toi ! Qu'est-ce que tu me veux ?

Il se rapproche de moi, il a une grosse cicatrice sur la joue.

— Ce que je veux, c'est l'argent que t'as dans ta poche.

Sa tête est pile poil en face de la mienne, et l'occasion est trop belle pour ne pas la saisir. Même si je ferais mieux de leur filer la thune, j'envoie ma tête en arrière et lui envoie un gros coup de tête. Il commence à crier en se tenant le nez. Comme les deux autres bouffons qui me maintiennent les bras ne tiennent pas mes jambes, je prends de l'élan avec mon pied, et lui envoie un énorme coup de savate dans les couilles

— HAAAAA, je vais te planter toi !

Je vois que son nez commence à saigner, et je me débats de toutes mes forces. J'arrive à retirer mon bras droit et envoie un gros coup de coude au mec à ma droite. J'attrape le type à ma gauche et lui balance mon poing dans la gueule, puis je plaque sa tête contre le mur pendant que le mec en face de moi arrive à m'attraper une jambe. J'attrape la porte avec ma main et essaye de l'ouvrir. Je m'approche du mec qui m'a chopé la jambe et je lui mords l'oreille. Il crie, il hurle, et je continue de mordre de toutes mes forces. J'arrive à lui arracher complètement un bout de l'oreille, j'ai du sang plein la bouche. J'arrive à ouvrir la porte et à sortir de la chambre. Je commence à courir vers l'ascenseur.

— Attrapez-le, le laissez pas partir, je vais me le faire, ce type !

Un des deux mecs qui étaient à ma droite commence à me courir après. Je me retourne et vois qu'il a un couteau à la main. L'adrénaline est à son apogée, je ne comprends rien de ce qui m'arrive. J'arrive devant les ascenseurs, qui ne sont pas ouverts. Pas le temps d'attendre, je prends l'escalier juste à droite et commence à descendre jusqu'au casino. Je sens que je saigne de l'arcade et du coude. J'arrive dans le hall du casino, je continue de courir pendant que je sens tous les regards braqués sur moi. Dehors, je cours encore. Je vois un taxi, je l'interpelle et monte dedans, m'essuie la bouche, et lui dis d'aller le plus vite possible à mon hôtel.

Je reprends un peu mes pensées dans la voiture. Quelle connasse, cette Angelina ! Moi qui pensais qu'elle venait pour mes beaux yeux, je me suis bien fait avoir ! J'aurais dû me méfier aussi. Bordel, pourquoi ça m'arrive un truc pareil ? J'ai fait de mal à personne ! Quelle soirée de merde ! Je pense que cette gonzesse doit faire ça toute la soirée, repérer des mecs qui ont de l'argent, les chauffer, et les ramener dans sa chambre pendant que les trois autres abrutis les dépouillent. Malheureusement pour eux, ils ne sont pas tombés sur le plus facile avec moi. J'arrive devant l'hôtel. Enfin ! J'entre et fonce en direction des ascenseurs. Je ne veux croiser personne. La réceptionniste tente de m'interpeller :

— Monsieur Miller, nous avons du nouveau pour vos billets.

— Plus tard, désolé.

Je coupe court rapidement, tout en me tenant l'arcade dans la main pour éviter qu'elle voie ma tronche, qui je l'espère, est pas en si mauvais état que ça.

En arrivant dans ma chambre, je fonce dans la salle de bain. Ce n'est pas aussi grave que ce que je pensais.

Je me nettoie rapidement. Je vois que j'ai aussi du sang sur ma chemise, aussi je l'enlève rapidement. Je suis furax, je n'en reviens pas, tout avait si bien commencé ! La bonne nouvelle, c'est que j'ai toujours l'argent et qu'ils n'ont pas réussi à me le prendre. Je vois qu'il y avait aussi quelques beaux spécimens d'enfoirés à l'époque. Après avoir repris mes esprits, j'appelle la réception et je leur demande de m'apporter de la glace et des pansements. Ils en profitent pour me donner des infos sur mon billet d'avion. Je peux avoir une place demain matin en première classe pour San Francisco à 11 h 30. Le billet est à quarante-deux dollars, c'est parfait, je le prends ! Après ce qui vient de se passer, je n'ai pas envie de rester là. Les trois mecs vont certainement me chercher partout. Je prendrai un taxi tôt demain matin en direction de l'aéroport.

Quelques minutes plus tard, quelqu'un frappe à ma porte avec de la glace et des pansements. Je laisse poser la glace sur mon arcade pendant une bonne dizaine de minutes, histoire d'éviter que ça gonfle trop, puis je mets un pansement par-dessus. Je me demande si je dois essayer d'appeler la police, car je me souviens du numéro de la chambre dans laquelle la fille m'a amené. Mais en y réfléchissant, je décide de ne pas le faire, je ne suis pas censé exister à cette époque, et puis, je ne suis pas vraiment là pour ça. Ça me rend juste malade de penser que ces types vont continuer à dépouiller des gens. J'aimerais retourner les voir et tous les flinguer ! Mais bon, on va éviter. Ce serait quand même la tuile que Billy revienne me voir, et que je sois en taule en 1962, alors qu'il m'a aidé à quitter ce trou à rat à mon époque ! Je pense qu'il hallucinerait un peu. Je vais essayer de m'endormir et de me calmer, puis de redémarrer demain sur une note plus positive, je l'espère.

Chapitre 20

À LA RENCONTRE DE DOUGLAS

Je me réveille vers six heures du matin avec la main un peu gonflée. Premier réflexe : je me dirige vers la salle de bain pour voir ma tête. La glace a fait effet et a atténué les traces. Tant mieux ! Dans deux ou trois jours, on devrait plus voir grand-chose. Mais... je me sens un peu bizarre, comme choqué par ce qui s'est passé. Surtout, je ne comprends pas pourquoi ça m'est arrivé. Bon, c'est comme ça. Moi qui voulais passer une super soirée hier, j'ai été servi !

Je vais plutôt me concentrer sur la journée qui arrive et ma prochaine rencontre. Je descends dans le hall et me dirige vers la salle à côté de la réception où ils servent le petit-déjeuner. Une omelette au bacon accompagnée d'un grand café, c'est parfait pour démarrer. Parfois, j'oublie que je suis en 1962, mais la décoration et l'accoutrement des gens me le remémorent rapidement. En repassant devant l'accueil, le réceptionniste m'interpelle :

— Monsieur Miller, je vous appelle un taxi pour l'aéroport ?

— Oui, merci, dans trente minutes, ce sera parfait.

— C'est noté, un taxi vous attendra devant l'hôtel.

Le temps d'aller me doucher et préparer mes affaires, et je mettrai les voiles. Je n'ai vraiment pas envie de m'éterniser plus longtemps dans les parages. Les mecs d'hier ont dû me chercher toute la nuit.

Une fois mes affaires prêtes, je retourne à la réception déposer les clés de la chambre et ils me confirment que mon taxi est là. Direction l'aéroport. Ça fait bizarre de voir toutes ses vieilles voitures sur la route, mon oncle serait heureux s'il était ici avec moi. En parlant de lui, je ne l'ai même pas appelé pour lui donner des nouvelles. Je vais devoir attendre mon retour dans le présent, pas trop le choix.

Après une bonne vingtaine de minutes de route, j'arrive à l'aéroport. Je me dirige vers l'entrée, waouh, on peut dire que ça a bien changé ! L'aéroport est vraiment petit, il ne doit pas y avoir beaucoup d'avions à décoller dans la journée ! Je me présente au guichet pour récupérer mon billet, je passe les contrôles de sécurité, puis je m'assois devant la porte A13, comme indiqué. Il y a déjà quelques personnes, principalement des hommes en costume qui doivent certainement voyager pour le travail. J'ai toujours l'habitude de vouloir sortir mon portable de ma poche dès que j'ai un moment sans rien faire, comme maintenant. Sauf qu'il ne fonctionne pas. Alors je sors le livre que j'ai dans un de mes sacs. Je vérifie en même temps que j'ai bien le papier de Billy avec le nom et le numéro de téléphone de la troisième personne. Quelque temps après, ils commencent à faire embarquer les première classe. Ça fait plaisir de vivre cette expérience, c'est une première pour moi ! Je rejoins mon siège très confortable et on me propose tout de suite un verre que j'accepte volontiers. Nous ne sommes que quatre personnes en première classe, et l'avion n'a vraiment pas l'air complet.

— Cigarettes ?

Une des hôtesses me tend un paquet de Marlboro, ils t'incitent vraiment à fumer à cette époque !

— Non, merci. Avez-vous un cigare ?

— Oui, je reviens dans un instant.

L'hôtesse revient avec un beau cigare, posé sur un petit support en bois, avec tout ce qu'il faut pour le préparer et l'allumer. J'aime la première classe ! Je vais garder ça pour après, pour l'instant, je vais dormir un peu. Quelques minutes après, on décolle, et nous voilà partis pour de nouvelles aventures. Direction San Francisco ! J'ai hâte de voir ce qui m'attend là-bas. En espérant que ça se passe mieux qu'hier soir.

Pas de turbulences, mais le voyage est vraiment plus long que ce que j'avais imaginé. J'imagine que les avions n'allaient pas à la même vitesse qu'aujourd'hui. Bref, après avoir fait une petite sieste, fumé mon cigare, terminé la lecture de mon livre et pensé à un million de choses, nous voilà enfin arrivés. Maintenant, il va falloir que je me débrouille pour trouver un téléphone, car je sais pas du tout où je dois me rendre. J'aurais peut-être dû appeler avant de débarquer. Il ne manquerait plus que le contact de Billy ne soit pas là !

Je descends de l'avion et je constate qu'il y a beaucoup plus de monde dans cet aéroport. Comment je peux faire pour passer un appel ? J'accoste quelqu'un en uniforme qui doit travailler ici. Je lui demande comment téléphoner, et il m'indique la réception 24, juste derrière la porte A. Après quelques minutes de marche, je tombe dessus. J'avance et fais la queue ; il y a quelques personnes devant moi. Quand mon tour vient, j'explique ma demande et la réceptionniste m'invite à prendre la porte qu'il y a juste sur ma droite et à la rejoindre à l'intérieur. Elle me fait rentrer dans une pièce où il y a cinq ou six téléphones et plusieurs personnes en train de passer leurs appels. Elle me fait asseoir sur une chaise libre, et m'explique comment ça marche. Un compteur en face de moi déterminera le prix que j'aurai à payer, c'est parfait ! Je sors la liste de Billy et compose le numéro de Douglas, le troisième nom qu'il m'a donné, en tournant la grosse roue du téléphone.

Ça commence à sonner. Deux fois, trois fois, quatre fois, cinq fois, toujours rien. Je commence à stresser. Puis, j'entends une voix :

— Hey, je parie que tu dois être Bart ?

— Oui, c'est bien ça !

Je suis à la fois surpris et content qu'il s'attende à mon appel !

— J'ai eu de la visite hier, et on m'a dit que tu serais là bientôt. Où es-tu ?

— Ah, je vois. Je suis à l'aéroport, je viens d'arriver.

— OK, OK, t'as de quoi noter ?

J'attrape aussitôt le bloc-notes que j'ai dans la poche avec un stylo.

— Oui, c'est bon.

— Note cette adresse : 456, rue chemin Farron, dans le centre-ville. J'y serai dans environ une heure, tu peux m'y rejoindre.

— J'y serais, je vais tout de suite prendre un taxi, merci.

— À tout de suite.

Je raccroche très excité à l'idée de cette nouvelle rencontre. Je suppose que Billy, après être parti hier, est allé faire un petit tour chez ce Douglas pour le prévenir de mon arrivée. Il va certainement être surpris quand je vais lui annoncer ce qui s'est passé hier soir. Mais j'essaye de ne plus y penser et de me concentrer sur le moment présent, comme Billy me l'a conseillé plusieurs fois. Je me dirige vers les taxis et en trouve un de libre. Je tends au chauffeur le papier avec l'adresse. Il réfléchit un peu, puis ouvre une grande liste avec le nom de plein de rues. Il cherche la rue, la trouve, puis il regarde ensuite sur un plan et me dit qu'il connaît l'endroit. Voilà, j'ai ma réponse : je sais comment ils faisaient sans GPS à l'époque !

Le chauffeur m'indique que l'on en a pour quarante minutes de trajet. Pendant qu'on roule, je contemple le paysage et commence à réfléchir à ce que je vais faire en rentrant chez moi. Ça va vite arriver mine de rien, et pas question de me retrouver de nouveau dans mon loft sans un plan détaillé de ce que je veux faire de ma vie. Je discute un peu avec le chauffeur de taxi. Il me parle principalement de politique, je ne comprends vraiment rien de ce qu'il me raconte, mais je fais semblant de m'y intéresser. Je crois que je deviens plus cordial avec les gens, car honnêtement, il y a encore quelques mois, je pense que je lui aurais déjà dit que j'en avais rien à carrer de ses histoires. Il me parle également des hippies, il a pas trop l'air de les aimer. Si mes souvenirs sont bons, c'est vrai que ce mouvement avait commencé dans les années soixante. On entre dans le centre-ville de San Francisco, et c'est assez dense, il y a pas mal de voitures, de magasins, de personnes dans les rues. C'est pas si différent qu'à mon époque finalement. D'un coup, il s'arrête :

— Voilà, Monsieur, c'est ici.

— Merci !

Je règle le trajet et descends du taxi avec mes deux sacs. Me voilà donc à San Francisco ! Il faut maintenant que je trouve ce cher Douglas. Je regarde les numéros indiqués sur la porte des magasins et je finis par trouver le numéro 456. C'est une petite boutique où ils vendent de la nourriture pour animaux… Bizarre. J'entre dans le magasin mais ne vois personne à l'intérieur. J'appuie sur une petite sonnette posée sur le comptoir, et j'entends une voix au fond de la boutique :

— J'arrive, deux petites minutes !

En attendant, je regarde autour de moi et vois un tas de nourriture pour tous types d'animaux. Après quelques instants, j'entends des pas s'approcher, puis un homme dans la cinquantaine, les cheveux blancs, avec une paire de lunettes, surgit.

— C'est toi, Bart ?

— C'est moi, oui. Tu es Douglas ?

— En chair et en os ! Je viens juste de revenir du refuge, on arrive en même temps, c'est parfait.

— Tu travailles ici ?

— Oui, enfin pas vraiment ici, non. Je viens ici de temps en temps, je ne suis pas vraiment un gars de la ville. J'aime la nature et les grands espaces. Surtout, ce que j'aime par-dessus tout, c'est mon refuge et mes animaux. Mais je crois qu'on va passer un peu de temps ensemble, pas vrai ? Je vais avoir le temps de te montrer tout ça.

— À en croire ce que m'a dit Billy, je crois que oui ! J'ai déjà plein de questions à te poser.

— Je suis à toi pendant quelques jours, tu auras le droit de me poser toutes les questions que tu veux.

J'en ai tellement en tête que je ne sais même pas par où commencer. D'ailleurs, je ne sais pas s'il sait qu'à son époque, je n'existais même pas et que je viens du futur. Je pense quand même que Billy lui en a touché un mot.

— Ce que je te propose, c'est que tu m'aides à charger deux ou trois bricoles dans ma voiture, puis on prendra la route ensemble et on pourra discuter un peu.

— Ça me va !

— Tu vois ces six sacs ? Il faudrait les charger dans ma voiture. Elle se trouve dans l'arrière-cour. À en croire ta carrure, tu devrais pouvoir faire ça.

— C'est comme si c'était fait !

J'attrape trois sacs d'un coup, puis j'avance dans le couloir qui mène à l'arrière-boutique. J'ouvre la porte de derrière et j'aperçois une voiture avec le coffre ouvert.

Je charge les trois sacs, puis les trois autres, pendant qu'il prend quelques autres affaires.

— T'es prêt à partir, Bart ?

— Ouais. De toute façon, je m'en remets complètement à toi.

— Tu peux monter devant, je te rejoins.

Je monte dans sa voiture, une Ford, en me demandant bien ce qui m'attend. Douglas arrive quelques minutes plus tard, et nous voilà en route.

— Dis-moi, il t'est arrivé quoi à l'œil ?

— Oh, rien! Disons que je suis tombé sur les mauvaises personnes hier soir. Mais comme me l'a dit Billy, c'est du passé, et j'essaye de plus y penser.

— De temps en temps, la vie n'est pas toujours clémente ! Il y a trois semaines, je me suis fait cambrioler le magasin… J'étais furax ! Mais finalement, rien de grave. Les assurances m'ont remboursé et tout s'est bien terminé.

— Ouf. Mais dis-moi, comment tu connais Billy ? Je suis curieux.

— Billy ? Je ne le connais pas vraiment. C'est la première fois que je le voyais hier à vrai dire.

— Je comprends pas, la première fois ?

— Oui, je connais très bien un membre de sa famille par contre. Apparemment, c'est son grand-père. C'est grâce à lui si je suis ici maintenant en train de te parler. J'ai eu un peu de mal à le croire quand Billy m'a annoncé cela, mais, j'ai vécu tellement de choses inimaginables avec son grand-père que je me suis dit que c'était possible. Et c'est pour ça que j'ai accepté de te rencontrer.

— Tu veux dire que… tu as toi aussi fais des voyages dans le temps ?

— Oh que oui ! De très nombreux voyages, même ! Billy m'a d'ailleurs dit hier qu'on allait se revoir à plusieurs reprises dans le futur et que tu venais toi aussi de l'avenir, c'est exact ?

— Il a dit vrai, et je suis encore sous le choc de me retrouver en 1962.

— C'est complètement fou cette histoire, j'aimerais moi aussi pouvoir avancer dans le temps et aller faire un tour dans ton époque. D'ailleurs à quelle époque tu vis exactement, Bart ?

— En 2019, ce qui fait quand même quand j'y réfléchis cinquante-sept ans d'écart avec ton monde ! Mais raconte-moi comment tu as rencontré le grand-père de Billy ?

— Je l'ai rencontré il y a cinq ans. Je travaillais alors pour une firme d'assurances très réputée ici à San Francisco. J'étais déprimé, comme tous les soirs. Mon travail me déprimait, ma relation avec ma femme et mes enfants s'était dégradée et ça faisait des mois et des mois que je touchais le fond sans savoir quoi faire pour changer. J'ai essayé plein de choses sans avoir de résultats. Je commençais à avoir des idées noires et j'ai même pensé au pire. Un vendredi soir, en sortant du travail, je suis allé dans un bar pas très loin d'ici d'ailleurs, j'ai commandé une bière, puis deux, puis trois, puis quatre, et je me suis mis à pleurer tout seul à ma table. C'est à ce moment-là que j'ai rencontré ce « grand-père » comme tu l'appelles pour la première fois. Il s'est approché de moi, m'a demandé ce qui n'allait pas et il est très vite parti en me proposant de le rejoindre le lendemain à six heures du matin, devant le pont du Golden Gate. Je lui ai ri au nez en lui disant que ce ne serait pas possible. Puis il est parti et m'a dit que lui il serait là, devant le pont du Golden Gate, à six heures le lendemain matin.

— T'as fait quoi du coup ?

— Il était hors de question pour moi que je mette mon réveil à cinq heures pour aller rejoindre un inconnu à six heures du matin. Sauf que je n'ai quasiment pas dormi et que j'ai repensé une bonne partie de la nuit à ce qu'il m'avait dit. Que si j'en avais marre de ma vie, il fallait que je prenne des décisions différentes, et que si je voulais prendre des décisions différentes, je devais le retrouver à six heures du matin devant le Golden Gate.

Pendant que l'on discute, on traverse une partie du centre-ville. Je ne sais vraiment pas où l'on va, mais je me laisse porter.

— Et tu y es allé ?

— Je me suis levé vers cinq heures, j'étais pas encore totalement décidé. Mais j'ai fini par y aller, oui. Disons qu'il avait réussi à éveiller ma curiosité et je me sentais tellement mal que je me disais que j'avais pas grand-chose à perdre. Quand je suis arrivé, on avait une magnifique vue sur le pont. Il était assis sur le capot de sa voiture et il m'attendait. Je me suis approché de lui, il m'a fait un grand sourire et je me rappellerai toujours la première phrase qu'il m'a dite.

— C'était quoi ?

— Il m'a dit : « Tu vois ce pont devant toi ? Il n'y a pas si longtemps, la plupart des gens auraient pensé que c'était impossible de construire un truc pareil, et pourtant, aujourd'hui, tu l'as en face de toi. Ce pont, c'est un peu comme ta vie, il représente les possibilités qui existent en toi. Tu peux penser qu'il est impossible de vivre une vie radicalement différente et plus en adéquation avec ce que tu veux vraiment, ou tu peux prendre des décisions qui vont t'amener vers cette vie. » Voilà ce qu'il m'a dit. Depuis, à chaque fois que je traverse le Golden Gate, je repense à ça, et d'ailleurs, on va le traverser ce pont. Tu l'as déjà emprunté ?

— Non, jamais.

— Ce sera donc une première ! Attends, il existe toujours au moins ce pont dans ton époque ?

— Heu, d'après Billy, je ne suis pas censé dévoiler des trucs du futur, mais je suppose que je peux te dire ça. Oui, ce pont est toujours là. Mais je veux la suite de l'histoire ! Vous avez continué à vous voir ?

— Oui, de nombreuses fois. Jusqu'à ce qu'il m'amène dans le passé, à revisiter certains moments clés de ma vie, là où j'aurais pu faire des choix différents. J'ai alors vu la vie que j'aurais pu vivre, qui n'avait rien à voir avec celle que j'avais vécue jusqu'alors. J'ai compris à ce moment précis tellement de choses, c'est l'expérience la plus incroyable de toute ma vie. Surtout, j'ai compris que j'étais pleinement responsable de la vie que je vivais. J'avais l'habitude de toujours rejeter la faute sur les autres, jusqu'à ce que je vive cette expérience saisissante qui m'a montré que tout était issu de mes décisions du passé.

— Il a fait exactement pareil avec moi ! Enfin, quand je dis « il », je parle en fait de Billy.

— Je suppose qu'ils ont gardé la même méthode au fur et à mesure des années ! On a voyagé ensemble encore et encore et il m'a fait voir la vie d'une tout autre façon. Il m'a complètement transformé, j'avais plus du tout les mêmes idées, les mêmes pensées. Après seulement quelques mois, je n'agissais plus du tout de la même manière, et surtout, j'étais motivé comme jamais à changer ma vie.

Je vois ses yeux qui s'illuminent au fur et à mesure qu'il raconte. Il en parle avec tellement d'émotion… Ce type est vraiment différent de Brice. Je commence à comprendre pourquoi Billy m'a invité à le rencontrer. Entre Samantha,

Brice et lui, j'ai pu accéder à des trajectoires complètement différentes, des personnalités différentes, et ça va me permettre, je pense, de voir les choses encore sous un autre angle.

On arrive devant le fameux pont du Golden Gate et on s'apprête à le traverser. C'est vrai qu'il est impressionnant !

— Tu peux me dire où on va exactement ?

— Surprise ! Tu aimes les animaux ?

— Oui, j'adore. Mes potes m'appellent l'ami des chiens…

— Ça devrait te plaire alors.

Au fur et à mesure qu'on roule, les paysages changent pour laisser place à plus de nature. Et je me rends compte que ça me fait particulièrement du bien. On continue notre trajet jusqu'à arriver sur une petite route extrêmement pentue que la voiture a du mal à monter. Arrivés en haut, je découvre une vue dégagée qui donne sur une énorme colline. On emprunte alors un petit chemin qui dévoile bientôt une maison entourée de beaucoup de constructions en bois.

— Voilà, nous voici arrivés chez moi et ce sera aussi ton chez toi le temps que tu désires. Mais je suppose que tu ne vas pas pouvoir rester très longtemps.

— Oui, j'ai juste quelques jours devant moi d'après ce que m'a dit Billy.

— Ce sera suffisant pour qu'on apprenne à se connaître toi et moi.

On descend de la voiture et un énorme chien s'approche de moi.

— Botcus, on se calme ! Laisse notre ami au moins descendre de la voiture. Bart je te présente le gardien des lieux, Botcus.

— Il est énorme ton chien !

— Oui, on l'a recueilli il y a trois ans. Il tenait presque dans mes deux mains… C'est un amour, tu vas voir.

— J'en doute pas!

Je lui fais quelques caresses et il a l'air de bien m'accueillir.

J'entends plusieurs aboiements retentir derrière la maison. Je me retourne vers Douglas qui est en train de décharger les sacs du coffre de la voiture.

— Il y a l'air d'avoir plusieurs chiens ici, j'entends des aboiements.

— Oui, on peut dire ça ! On a trente-quatre chiens pour le moment, et d'autres animaux.

— Trente-quatre ! Ah oui, en effet.

— Bienvenue dans le refuge de Meltourite, qui est le nom de famille de l'ancienne propriétaire. Je suis le nouveau depuis à peine deux ans, mais j'ai gardé le nom.

— Donc ici, vous accueillez des animaux ?

— Oui, on recueille des animaux qui ont été abandonnés, qui sont perdus, ou qui sont amenés ici par leur propriétaire car ils ne peuvent plus les garder pour différentes raisons, qui ne sont pas vraiment toujours justifiées. Mais c'est comme ça, on est là pour eux.

— Quand tu dis on, c'est qui ?

— Nous sommes six à travailler ici, d'ailleurs, voici Maria.

Une jeune femme s'approche de nous.

— Maria, voici Bart, un ami d'une connaissance qui va passer quelques jours avec nous.

Vêtue de bottes et d'un chapeau, Maria se tourne vers moi. Sympa le look !

— Hey, salut Bart ! Je vois que t'as des gros bras, c'est parfait pour nous, ça, on a besoin de renfort.

— Ravi de pouvoir apporter mon aide !

— Allez, allez, aidez-moi à descendre tout ça ! On va tout déposer dans le garage.

J'attrape quelques sacs d'aliments pour les aider à décharger la voiture, puis Douglas me propose une petite visite des lieux. On fait le tour de la maison et on croise par la même occasion Léo, un jeune qui travaille ici depuis quelques mois. Rapidement, on arrive devant une grande allée donnant sur différents parcs. Dans chacun d'eux, plusieurs chiens qui se mettent à aboyer dès qu'ils me voient :

— Ils vont vite s'habituer à ta présence, t'inquiète pas.

À notre droite, le premier parc contient une dizaine de chiens différents. Puis, je découvre de plus petits parcs. Il y a aussi un champ avec quelques chevaux, et des chats qui se baladent en liberté un peu partout. Ainsi que quelques ânes et deux ou trois moutons dans un champ un peu plus loin :

— Dis-moi, c'est un vrai zoo ici !

— Tu l'as dit, il y en a partout ! Ça m'est vraiment important qu'on prenne soin de toutes ces bêtes. Je suis rempli de bonheur chaque jour en étant à leur contact. Ils m'apportent bien plus que ce que je peux leur donner.

On continue d'avancer sur le chemin qui mène jusqu'à un dernier champ.

— Alors, qu'est-ce qui s'est passé pour toi après la rencontre et les voyages ?

— Ha ha, t'es curieux à ce que je vois !

— Ouais, je t'avais prévenu ! Enfin, j'ai quand même fait quelques kilomètres pour venir ici et j'ai même dû remonter le temps pour te rencontrer !

Il me fait un grand sourire.

— Suis moi, on va aller voir nos amis ici et se poser un peu.

On rentre dans un parc où cinq chiens qui ressemblent à des labradors font leur vie. Ils nous foncent dessus dès que l'on entre. Douglas les prend dans ses bras et je sens qu'il s'éclate vraiment dans son job. Un des chiens me saute dessus et je commence à le caresser.

— Tu vois, lui ?

Il me pointe du doigt le chien qui est sur moi.

— Il s'appelle Bonto. Et on l'a récupéré il y a six mois dans un sale état. Tout maigre, et j'étais assez pessimiste sur ses chances de survie. Et regarde aujourd'hui comme il est en forme !

— Je te confirme qu'il a l'air en forme, oui !

Douglas retourne un seau vide et s'assoit dessus. Il m'en tend un pour que je fasse de même. Je m'assois pendant que Bonto continue de me coller et commence à me lécher le visage.

— Comme je te l'ai expliqué, avant, je travaillais dans une grande compagnie d'assurances et la pression des résultats qu'on m'imposait était énorme.

— Et tu ne voulais pas la quitter ?

Il me regarde d'un air interloqué.

— Je ne sais pas comment les choses ont évolué à ton époque mais ici, tu ne quittes pas un job avec un très bon salaire comme ça. J'avais un prêt sur le dos, ma famille à nourrir, c'était compliqué, et surtout je ne savais pas du tout quoi faire d'autre.

— T'as fait quoi alors ?

— Quand j'ai rencontré Russell... Je vais l'appeler par son prénom...

— Je connaissais même pas son prénom, je l'ai toujours appelé Grand-père.

— Après notre rencontre, il m'a complètement retourné le cerveau. Tout ce que je pensais être vrai, tout ce que je pensais être possible, toutes les croyances que j'avais, tout a été secoué et bien comme il faut !

— Je veux bien te croire. Je crois que je vis la même chose depuis quelques semaines.

— J'ai toujours été passionné par les animaux, ils m'apportent beaucoup de bonheur. J'aime être à leur contact, j'avais d'ailleurs trois chiens à ce moment-là. Par contre, je ne m'étais jamais autorisé une seule seconde dans ma vie à pouvoir penser que je pourrais travailler avec eux. Ce n'était pas vraiment possible dans ma tête. Jusqu'à ce que Russell, après plusieurs rencontres, me fasse comprendre que ce qui est possible est tout simplement ce que je crois être possible, point final. Et si je voulais travailler avec les animaux, il n'en tenait qu'à moi. J'étais assez dubitatif, comme tu l'imagines. Cependant, j'ai continué à le voir, à voyager avec lui et tout a été assez naturel. J'ai commencé à inscrire mes nouveaux objectifs et à me focaliser dessus. À prendre de nouvelles décisions, à vraiment me focaliser sur ce que je voulais, et surtout, à devenir responsable de ma vie. Plus question de rejeter la faute sur les autres. Je partais du principe que tout venait de moi. Quatre mois après la rencontre avec Russell, je rencontrais Madame Meltourite, l'ancienne propriétaire de ce lieu, pour postuler à un poste d'aide-soignant. Bien que je n'avais aucune expérience, elle m'a donné ma chance et me voici quelques années plus tard, propriétaire de cet endroit.

— Incroyable ! Et tu t'éclates ici, non ?

Il se met à rire.

— Il va falloir que tu me fasses un petit dictionnaire des expressions que vous utilisez à ton époque. Alors pour reprendre tes termes, oui je « m'éclate » ici. Mais surtout, je suis tellement reconnaissant de ne pas avoir renoncé et surtout d'avoir été ouvert à ce que Russell m'a enseigné, car aujourd'hui, ma vie tout entière est différente. Non seulement j'ai rencontré des personnes extraordinaires comme Madame Meltourite, mais en plus, je suis maintenant heureux de me lever chaque matin, en pensant à la journée qui m'attend.

— Tu peux être fier de toi, c'est génial de pouvoir aider comme tu le fais ici.

— Chacun doit trouver sa voie. La mienne était devant moi pendant toutes ses années, c'était sous mes yeux, mais j'étais aveuglé. Russell m'a permis de mettre les essuie-glaces et de m'ouvrir les yeux sur le monde qui m'entoure. J'ai compris qu'il n'y a finalement aucune limite aux résultats que je pouvais avoir, aux rencontres que je pouvais faire, à l'environnement dans lequel je vivais. Tout est avant tout une question de choix.

— C'est ce que je suis en train d'apprendre également, et pour être honnête avec toi, le voyage que je suis en train de faire maintenant est complètement fou. J'ai pas d'autres mots. Mise à part la petite mésaventure d'hier soir, je dois dire que j'en prends plein la tête, de manière positive bien sûr. Je suis tellement excité à l'idée de pouvoir bientôt mettre en pratique ce que j'apprends, que parfois j'ai même hâte de rentrer.

— Je le vois dans ton regard, Bart. Je vois que tout cela bouillonne en toi. Tu sais, il suffit parfois, pour la majorité des gens, de rallumer la flamme qu'ils ont à l'intérieur. Généralement, on grandit et on met de côté nos projets, nos ambitions, nos rêves, parce qu'on veut rentrer dans un moule qui nous fait penser et agir d'une certaine manière. Puis, on se fait conditionner dans un schéma qui est parfois à des années-lumière de ce que l'on veut vraiment. Russell a rallumé la flamme qu'il y avait en moi et aujourd'hui je suis tellement, mais tellement, plus épanoui dans cette vie. C'est comme si je vivais dans un autre monde, tout a changé, même ma relation avec mes enfants, ma femme, mes amis. Alors oui, il y a parfois de mauvaises nouvelles, parfois des moments tristes, cela fait partie de la vie, mais on les traverse et on vit une vie qui vaut la peine d'être vécue !

— Tu vas me faire chialer si tu continues, je crois. T'en penses quoi, Bonto ? T'es heureux, toi aussi ?

Le chien me regarde et semble n'attendre qu'une chose : que je me lève pour jouer avec lui.

— Je sais pas quoi dire, à part bravo. Vous êtes toujours ensemble ta femme et toi, du coup ?

— Oh oui, on habite tous les deux ici. On peut dire qu'on s'est transformés ensemble. Bien sûr, au début, quand j'ai commencé à suivre les enseignements de Russell, on aurait pu aller au conflit parce qu'on voulait des choses différentes. Mais j'ai appris à me focaliser sur les solutions, plutôt que sur les problèmes comme j'avais auparavant l'habitude de le faire. On a donc trouvé un parfait équilibre, elle et moi. Elle ne travaille pas ici la journée, mais elle m'aide beaucoup. Tu vois la boutique dans laquelle on était ? On en a deux comme ça maintenant. C'est elle qui gère toute cette partie. Elle a besoin de contacts avec les gens, et la ville lui donne de l'énergie. Tout le contraire de moi, donc on a trouvé ce parfait compromis. Allez, suis-moi, je vais te montrer ta chambre.

Il se lève et on sort du parc après que Bonto m'ait fait une dernière léchouille. On marche en direction de la maison et on entre à l'intérieur. Tout est en bois, un style plutôt différent des maisons dans lesquelles j'ai habité. On monte au premier étage et Douglas me montre ma chambre. C'est assez petit, avec une petite fenêtre qui donne sur le parc de derrière. Ce sera très bien pour quelques jours.

— Tu vois cette armoire, là ?

Il pointe du doigt l'armoire en face du lit, dotée d'une grande glace.

— Oui.

— Elle appartenait à ma grand-mère. Elle me disait tout le temps que si je me regardais suffisamment longtemps dans la glace de cette armoire, je pourrais y découvrir qui je suis vraiment. Malgré ces conseils, je me suis perdu et j'ai oublié qui j'étais vraiment. Aujourd'hui, je me suis retrouvé.

— Et tu gagnes beaucoup d'argent ? Enfin désolé, la question est peut-être trop indiscrète.

— Oh, t'en fais pas ! Oui et non, on roule pas sur l'or et je me paye aujourd'hui moins que ce que j'étais payé dans la compagnie d'assurances dans laquelle je travaillais. Je touchais des primes pour la signature de chaque contrat, donc ça pouvait monter assez haut. Aujourd'hui nous investissons avec ma femme, on mise sur le long terme, pas juste sur demain, et on est prêts à faire quelques sacrifices pour cela. Mais surtout, on apprécie le chemin que l'on trace jour après jour, et c'est le plus important. Et si je gagne moins qu'avant, je suis par contre beaucoup plus heureux dans cette vie et pour moi, ça, ça n'a pas de prix.

— Oui, je vois ce que tu veux dire.

— Pourquoi tu me poses cette question ?

— Par curiosité. Disons que j'ai quasiment toujours été fauché et que je veux changer ça.

— Suis tout ce que tu apprends pendant ce voyage et je t'assure que ta situation changera.

— C'est ce que je me dis aussi !

— Ne choisis pas un métier en fonction de l'argent, fais tes choix en fonction de ton épanouissement, et ensuite, une fois que tu « t'éclates » dans ce que tu fais, demande-toi comment tu pourrais gagner de l'argent en continuant dans cette voie. Tu vois, je commence déjà à apprendre des nouveaux mots à ton contact. Allez, je te laisse t'installer, j'ai encore quelques trucs à bricoler. Rejoins-moi quand tu veux et on dînera ce soir avec ma femme.

— Et tes enfants ? Ils sont pas là ?

— Oh, les enfants, ils sont grands maintenant. Ça fait un moment qu'ils ont quitté la maison !

— Merci encore de m'accueillir !

— Avec plaisir. Tu es ici chez toi !

Pendant que Douglas descend les escaliers, je commence à déballer mes affaires. J'ai vraiment de la chance de rencontrer des personnes comme ça sur mon chemin. J'en profite pour sortir mon bloc-notes et écrire différentes choses entendues aujourd'hui. Je suis plutôt content, car la mauvaise expérience d'hier est loin derrière moi. J'en profite aussi pour me regarder dans la glace et changer mon pansement qui commence à se décoller. Après m'être allongé un peu, je rejoins l'équipe dehors et je les aide à ranger quelques bricoles. Le soir venu, Douglas me présente sa femme et nous dînons ensemble. Au cours de la soirée, on aborde plusieurs sujets différents et j'apprends encore plein de choses très intéressantes. Douglas et son épouse forment un couple atypique et très inspirant. En les observant ainsi qu'en repensant à Brice et Alice, je sens que j'ai trouvé des modèles pour mon propre couple. Justement, j'aurais vraiment voulu appeler Julia ce soir, mais en 1962… elle n'est même pas née, ça va donc être compliqué. Je vais devoir attendre quelques jours...

Le temps fil et je sais qu'il est compté pour moi ici. Alors je continue à cogiter aux différentes choses que je souhaite mettre en place à mon retour. Je n'ai pas envie d'attendre d'être rentré pour me poser cette question. La route du retour va être bénéfique pour réfléchir à tout ça car, mine de rien, de Los Angeles jusqu'à Atlanta, ça va en faire des kilomètres. Bref, essayons de nous concentrer sur ce que j'ai à vivre ici. Finalement, ce sera certainement la seule et unique fois de ma vie que je pourrai passer du temps dans une époque différente. C'est dingue quand j'y pense ! Je m'endors ce soir en repensant à ces trois rencontres que je viens de faire et qui vont, je le sais, marquer le restant de ma vie.

Chapitre 21

UN RETOUR INATTENDU

Je me réveille avec un sentiment étrange, comme si j'étais déjà rentré chez moi. Mais en ouvrant les yeux, je me rends bien compte que je suis en 1962, dans la chambre de Douglas. Il m'a proposé de passer une partie de la journée en ville, car il a quelques rencontres à y faire. Il pourra me déposer sur le pont du Golden Gate et m'a suggéré de marcher jusqu'au centre-ville, ce qui me plairait pas mal. Pouvoir visiter San Francisco à une époque différente de la mienne, voilà comment bien démarrer la journée ! Douglas m'a aussi donné une adresse où je pourrai le rejoindre pour déjeuner sur les coups de midi.

Sur le trajet, je continue à lui poser pas mal de questions sur les changements qu'il a opérés dans sa vie. J'ai vraiment envie de comprendre comment il a réussi à changer sa situation. Et, bien sûr, mon bloc-notes ne me quitte pas !

— Dis-moi, d'après toi, c'est quoi la chose la plus importante que t'as comprise et qui t'a permis de changer ?

— Comme je te l'ai dit, ce que Russell m'a vraiment permis de comprendre, c'est que je pourrais réaliser dans ma vie ce que je pense être capable de réaliser. Au fur et à mesure des rencontres avec lui, j'ai changé mes croyances sur la vie, sur moi-même et sur mes possibilités. Tu vois, Bart, les décisions que tu vas prendre dans les prochaines années seront en totale cohérence avec tes pensées. La majorité de ce qui va se passer dans ta vie est une projection de ce que tu as dans la tête. Partant de là, la première chose à changer, ce sont donc tes croyances. Si tu veux quelque chose, il faut d'abord que tu l'obtiennes à l'intérieur de toi avant de la voir se concrétiser à l'extérieur

— Intéressant, d'abord obtenir quelque chose à l'intérieur avant de l'avoir à l'extérieur, j'avais jamais entendu ça auparavant. Du coup, j'ai une autre question, comment t'as fait pour changer tes croyances ?

— J'ai utilisé plusieurs exercices que Russell m'a montrés. Un des exercices consiste à fermer tes yeux au moins une fois par jour, puis tu commences à essayer de te visualiser avec un des résultats que tu désires. Ça, c'est une vraie clé. Il faut vraiment te plonger dans la scène et surtout commencer à ressentir les émotions que tu pourrais ressentir dans cette situation. Comme Russell me l'a expliqué, plus il y a d'émotions, plus ce sera effectif. Un autre exercice que j'ai beaucoup utilisé est de répéter une phrase que tu veux graver dans ton esprit tous les jours, plusieurs fois par jour, jusqu'à ce qu'elle fasse complètement partie de toi.

— Mmmm, t'as un exemple ?

— Oui, une des phrases que je me répétais tous les jours, c'était : « Je suis capable de réaliser tout ce que je désire. » Avec Russell, on avait identifié assez vite le fait que j'avais cette veille croyance qui venait de quand j'étais jeune et qui me disait que je n'étais pas capable de faire des choses qui demandait des responsabilités. Ça venait surtout de ma première expérience professionnelle. Mes deux responsables n'arrêtaient pas de me dire ça et je suppose qu'au bout d'un moment, j'ai inconsciemment accepté ce qu'ils me disaient comme une vérité et surtout, je l'ai intégrée comme si elle faisait partie de mon identité. Du coup, je me suis répété cette phrase tous les jours pour remplacer cette croyance qui me limitait par quelque chose qui allait me porter vers le haut. Et aujourd'hui encore, dès que je me lève, je me mets devant la glace de ma salle de bain est je me répète plusieurs phrases de ce type.

— Ça à l'air génial ce truc.

— Ce qui est génial surtout, comme tu dis, c'est que ça fonctionne. Chaque fois que je commence à douter de quelque chose ou de ma capacité à réaliser quelque chose, j'ai cette phrase qui arrive dans mon esprit et qui me permet de changer mes pensées et aussi les émotions que je peux ressentir. Cette phrase, je l'ai répétée plusieurs milliers de fois et, aujourd'hui, elle est implantée en moi comme une conviction qui me permet d'agir différemment.

Évidemment, j'en profite pour lui poser d'autres questions et je continue de prendre des notes sur tout ce qu'il partage avec moi. J'ai hâte de pouvoir relire tout ça, puis d'écrire une version mise au propre. Qui sait, ce que j'écris pourrait un jour servir à plein de gens? Je me vois bien en donner une copie à mes enfants. Enfin, si j'ai un jour des enfants, bien sûr. Mais je sais que si on redémarre ensemble avec Julia, c'est certainement un sujet dont on parlera rapidement. Moi, papa? J'ose même pas l'imaginer. À vrai dire, ça me fait un peu peur quand j'y pense, mais ce sera une raison de plus de devoir assurer et de montrer l'exemple.

À force de rouler, nous arrivons sur le pont du Golden Gate et Douglas me laisse. Je traverse le pont en marchant, c'est magnifique, et le soleil est au rendez-vous. Que demander de plus? J'ai lu un jour que ce pont était le monument le plus photographié du monde, et je comprends pourquoi. Les embouteillages sont denses ce matin et c'est assez surprenant de voir toutes ces anciennes voitures passer. Il n'y a pas beaucoup de monde à pied, mais il est encore très tôt. Je m'arrête au milieu du pont et regarde la vue spectaculaire qu'on peut avoir sur la ville. En temps normal, j'aurais dégainé mon smartphone pour faire une petite photo, mais les seuls souvenirs que je pourrai ramener avec moi de ce voyage seront dans ma tête, et c'est déjà pas mal. Je me demande comment je vais bien pouvoir expliquer ça à Julia. « Chérie, tu te souviens du voyage que j'ai fait il y a quelques semaines ? En fait, je t'ai pas tout dit. Disons qu'il y a un mec que j'ai rencontré en taule. Ah, oui, je t'ai pas précisé ça non plus. Oui, je suis retourné faire un petit séjour en taule. Bref, j'ai rencontré un mec en taule, une espèce de gourou, qui m'a fait voyager dans le temps, puis m'a fait sortir de prison. Et il m'a donné une liste de trois personnes que je devais rencontrer. Sauf que la troisième se trouvait dans une autre époque, en 1962 pour être exact !

Du coup, le fameux gourou est sorti de taule en se téléportant littéralement devant moi et m'a amené en 1962 rencontrer cette personne. Voilà, c'est tout, je voulais juste que tu sois au courant parce que je ne veux pas avoir de secret pour toi. » J'imagine sa tête ! Je crois que je vais devoir y aller progressivement. Si seulement je pouvais faire comme Samantha et convaincre Billy de la faire voyager. En parlant de Billy, j'aimerais bien le voir et lui expliquer ce qui m'est arrivé l'autre soir. Pour le moment, pas de signe de lui. Mais je me tiens prêt ! Je sais maintenant qu'il peut surgir à tout moment.

Une fois le pont traversé, j'avance sur la plage qui se trouve juste en dessous. Cette ville a l'air vraiment agréable à vivre. Quelques jeunes hippies sont sur la plage et je sens une odeur de Marijuana assez forte. L'un d'entre eux a un Djembé. D'un coup, l'un des cinq jeunes de la bande se lève :

— Hey, toi !

C'est à moi qu'il parle ? Je me retourne et regarde autour, mais il n'y a personne d'autre, donc je suppose que oui.

— Toi, oui, viens par là.

Je décide de m'avancer.

— C'est quoi ton prénom ?

— Bart.

— Enchanté Bart. Moi, c'est Roméo et voici Michael, David, Karen et la magnifique Donna !

Tout le monde me salue.

— Bonjour tout le monde !

— Bah, assieds-toi, reste pas debout !

Heuuu, j'avais pas forcément prévu ça, mais pourquoi pas. De nouvelles rencontres ne peuvent pas faire de mal !

— T'es tout seul ?

— Ouais, je me balade. Vous faites quoi, vous ?

— On profite de la vie !

— Ha, c'est une bonne idée ça ! Vous fumez aussi des joints et jouez du Djembé à ce que je vois.

— Ouais, comme je te dis, on profite de la vie. T'en veux ?

Il me tend le joint.

— Non merci, j'ai envie d'avoir les idées claires aujourd'hui.

Une des filles de la bande se lève et commence à danser un peu autour de nous, elle a l'air bien défoncé.

— Tu viens d'où ? Et comment ça se fait que t'as des bras de cette taille ?

— J'habite à Atlanta. Et pour la taille de mes bras, bah, je m'entraîne, c'est tout.

La fille qui est en train de danser s'approche de moi et entoure un de mes biceps avec ses deux mains. Elle interpelle son ami.

— Tu sais ce qui te reste à faire si tu veux la même chose !

— Même pas en rêve, le sport et moi, on n'est pas très potes !

Ils ont l'air assez cool mais je décide de ne pas traîner. Je n'ai pas vraiment envie de passer ma matinée ici.

— Je vous laisse, j'ai un rendez-vous. Ravi d'avoir fait votre connaissance, prenez soin de vous !

— Ouais, toi aussi, l'étranger !

Je reprends ma promenade sur le sable en me disant que certains d'entre eux ne sont peut-être plus de ce monde à mon époque, ce qui est vraiment fou. Après avoir marché une bonne demi-heure, j'arrive devant un marché de poisson. Ça crie dans tous les sens, c'est à celui qui se fait le plus remarquer pour vendre son stock ! Il y a pas mal de monde qui se balade dans le marché et je contemple ça comme un gamin. Je pense qu'à cette époque les gens devaient quand même mieux manger que nous et qu'ils n'avaient pas toutes ses merdes industrielles dans les magasins qui nous empoisonnent et nous font grossir. Depuis très longtemps, je pense que l'alimentation a un énorme impact sur notre énergie et notre santé. Et bien que je me sois trompé sur pas mal de choses dans ma vie, je crois que sur ce sujet, j'ai vu juste. Finalement, si tu te lèves le matin sans aucune énergie, même si t'apprends plein de choses, ce sera très dur pour toi de parvenir à réaliser tes projets. Quand tu vois toute la malbouffe que plein de gens s'enfilent, avachis dans un canapé, comment veux-tu qu'ils aient la forme ? Plus je parle de ça d'ailleurs et plus ça me prend aux tripes. Je crois que j'ai vraiment envie de dédier ma vie à réveiller les gens à propos de l'importance de leur santé et leur l'énergie, et les aider dans cette voie. Je me vois bien arriver avec un micro dans la baraque d'un mec qui se laisse aller et lui crier dessus comme un dégénéré : « Allez, bordel, lâche ce paquet de chips et fais-moi dix pompes ou je te botte le cul ! » Pas sûr que les gens aient envie de me payer pour ça, mais je vais trouver. De mon côté, j'ai toujours essayé d'avoir une bonne alimentation et, comme je fais pas mal de sport, je me sens quand même plutôt bien au quotidien. Même si parfois j'aimerais qu'un rouleau compresseur passe sur mon dos pour le remettre d'équerre. Bon, j'oublie bien sûr de parler de tous les verres de whisky et des bières que je me suis enfilés. Je ne suis pas parfait et je ne pense d'ailleurs pas avoir envie de l'être. Fin de la parenthèse.

Maintenant, direction le centre-ville. Même si on est loin du San Francisco de mon époque, le centre est quand même déjà sacrément développé. Quand je regarde autour de moi, ça construit de partout. J'ai envie de dire à tout le monde d'acheter un maximum d'immobilier. Si les gens savaient à quel prix vont se vendre tous ces logements plus tard… Mais je vais m'en tenir aux directives de Billy, on ne sait jamais, et ne pas dévoiler d'informations sur le futur. Douglas a d'ailleurs essayé de me cuisiner tout à l'heure, mais rien n'est sorti de ma bouche. Je suis plutôt fier de moi !

Après m'être baladé un peu, je rejoins comme prévu Douglas pour le déjeuner. En arrivant devant le restaurant, je vois que la spécialité de ce resto, c'est le poulpe. Super, j'adore ça ! J'entre dans le restaurant et j'aperçois Douglas, assis sur une table à ma droite, dans une grande salle d'une dizaine de tables.

— Alors cette promenade, comment c'était ?

— Vraiment sympa ! J'ai parlé avec quelques hippies sur la plage, je me suis baladé dans un marché de poisson et j'ai exploré un peu la ville !

— Génial, content que tu apprécies ton séjour !

— Oui, dommage que ce soit si court. Dans quelques jours, je vais me faire aspirer par un tunnel, mais tu connais bien ça, exact ?

— Oui, je te dis pas la tête que j'ai faite la première fois que ça m'est arrivé !

— Je crois que j'ai dû faire la même !

— Alors qu'est-ce qui te ferait plaisir ?

— D'abord, c'est moi qui t'invite. Je viens d'une époque où l'argent n'a pas la même valeur, donc prends ce que tu veux, c'est moi qui régale. Quant à ce que je veux, j'ai vu un écriteau dehors qui indiquait que le poulpe était leur spécialité, donc je vais me laisser tenter.

— Eh bien, merci à toi alors ! La prochaine fois, je t'emmène faire des courses au supermarché !

Il rit en même temps qu'il prononce cette phrase pendant que la serveuse s'approche de nous et prend nos commandes. Il a vraiment l'air d'être un chouette type ce Douglas.

— Ta femme n'est pas avec toi ?

— Elle devait nous rejoindre, mais elle à un empêchement, tu la verras ce soir.

Dix minutes plus tard, la serveuse nous amène nos plats. Je vois un énorme poulpe avec un peu de salade, de la purée et du riz, j'en ai déjà l'eau à la bouche. Au moment où elle pose les plats sur la table, j'ai une sensation bizarre. Je regarde Douglas.

— Tu sens ça ?

— Je sens quoi ?

J'ai l'impression que notre table bouge. Je fixe mon assiette et ma vision commence à se brouiller. Ouh la, il m'arrive quoi là ? Douglas met sa main sur mon épaule.

— Ça va, Bart ? T'as pas l'air bien.

Bordel, tout commence à se déformer, la tête de Douglas aussi. Je comprends pas, je vais où là, dans un tunnel encore ? Je suis censé rester cinq jours ici... D'un coup, tout commence à tourner de plus en plus vite et je comprends tout de suite que je m'apprête à faire un nouveau voyage et, comme toujours, c'est un peu flippant. J'avoue qu'il y a toujours une partie de moi qui pense que je vais me réveiller en taule ! Sérieusement, j'avais un de mes repas favoris sous les yeux et j'ai même pas pu en prendre une seule bouchée !

Ça tourne de plus en plus vite et je commence à me faire ballotter dans tous les sens. Puis j'aperçois un tunnel qui m'aspire à la vitesse de l'éclair. Cette fois-ci, c'est sûr, je suis en train de faire un nouveau voyage. Je commence à crier comme un dingue, ça va beaucoup plus vite que les autres fois. Je vois plein de couleurs tout autour de moi, aucune image, juste des couleurs, des flashs, blancs, jaunes, bleus, puis toutes les couleurs. Ça tourne, ça tourne, bordel, je vais gerber si ça continue ! D'un coup, trou noir, et plus rien. Je fais un bond en avant et sens de l'eau sur mon front. Puis j'entends des voix :

— Bart, t'es avec nous ?

Je reprends difficilement ma respiration et je me lève. La lumière me fait mal aux yeux, mais je parviens quand même à les ouvrir.

— Nonnnnnnnnn, c'est quoi ce truc de dingue, vous faites quoi là tous les deux ?

Billy et Brice sont devant moi, sur la terrasse du café sur lequel je les ai laissés.

— Ça fait que trois jours que je suis parti. Tu m'avais pas dit cinq jours ?

Billy regarde Brice, puis me regarde :

— Oups, disons que je ne maîtrise pas vraiment le temps des voyages. Apparemment tu es rentré plus tôt !

— T'es sérieux, là ? J'avais encore plein de trucs à faire… J'ai la tête qui cogne et ça siffle dans mes oreilles, c'est insupportable.

— Ah ! Alors, finalement, ça t'a plu ? Parce qu'au moment où je t'ai laissé, tu n'avais pas l'air si ravi que ça de te retrouver dans une autre époque.

J'ai encore du mal à respirer et à reprendre mes idées. Billy me tend un verre d'eau.

— Tiens, bois ça, et respire un bon coup, ça va passer. Même si tu es rentré plus tôt, tu es quand même resté un petit moment et ça fait un sacré choc au corps quand tu voyages.

— Waouh, je vois ça, je ne me sens vraiment pas bien, là. En tout cas, oui, on peut dire que j'ai apprécié. C'était cool, enfin pas tout, je vous expliquerai plus tard. J'ai vraiment l'impression que tu joues avec moi comme avec un playmobil ! Il a fait pareil avec toi ?

Je regarde Brice en lui posant la question et ils se mettent à rigoler tous les deux. Je suppose que la réponse est oui.

— Si tu savais ce qu'il m'a fait subir, ce cher Billy... J'ai failli péter un plomb plus d'une fois !

— Allons, allons, on se calme tous les deux. Raconte, comment va Douglas ? Je l'ai vu rapidement pour le prévenir de ton arrivée, mais on n'a pas eu le temps d'échanger.

— Bien, mais j'ai même pas eu le temps de lui dire au revoir du coup. J'allais manger un bon poulpe au restaurant quand je me suis fait aspirer par ton tunnel.

Brice prend la parole.

— T'inquiète pas. Tu te rappelles qu'on doit aller au resto ce soir ? Promis, je te trouverai du poulpe grillé au menu.

— C'est fou ce truc, je suis parti pendant trois jours, et pour vous, ça a duré quelques secondes, c'est bien ça ?

— Ces petits détails ne sont pas très importants. Qu'as-tu retenu de ta rencontre avec Douglas ?

— Petits détails ? Bah, ce que je retiens de Douglas, c'est qu'il est heureux aujourd'hui. Il travaille avec les animaux et c'est ce qu'il a toujours voulu faire. Il a compris qu'il pouvait simplement faire ce qu'il voulait de sa vie. Il m'a aussi expliqué à quel point on est responsable des choses qu'on crée et qui nous arrivent. Il m'a également montré comment il a changé ses croyances, notamment grâce à la visualisation, ou encore grâce aux phrases qu'il se répète chaque jour devant la glace. C'était court le séjour avec lui, mais les conversations que j'ai pu avoir ont été très inspirantes. Ça me montre un nouvel exemple d'une personne qui vit la vie qu'il souhaite mener.

— Alors, mission accomplie ! Je voulais que tu le rencontres, mais je trouvais aussi intéressant de t'amener dans une époque différente, livré à toi-même, où tu devais te débrouiller. Ça te montre à quel point tout est à ta portée.

— C'était, en effet, une expérience intéressante. Malgré les types qui ont voulu me buter dans un hôtel.

— Quoi ?

— Oh, une salle histoire ! Je te raconterai plus tard.

— Désolé de ne pas pouvoir rester plus longtemps mais j'ai un cours dans trente minutes. Je te vois ce soir, Bart. En attendant, repose-toi, et soyez sages tous les deux.

Brice se lève et salue Billy. Petit à petit, je commence à reprendre mes esprits.

— Compte sur moi pour ce soir ! Enfin si j'arrive à marcher, bien sûr.

Je me retrouve en tête à tête avec Billy à la terrasse du café.

— Raconte-moi ce qui s'est passé à l'hôtel.

— Disons que j'ai rencontré une personne qui m'a mené tout droit dans un guet-apens. Trois mecs me sont tombés dessus pour me voler l'argent que j'avais gagné au casino. L'un d'entre eux m'a frappé, mais j'ai quand même réussi à m'enfuir. C'était assez bizarre de me retrouver dans cette situation, sachant que j'avais émis, comme tu me l'a conseillé, des intentions avant cette soirée. Comme quoi je voulais passer une bonne soirée, et c'est pas vraiment ce qui s'est passé malheureusement.

— Je vois, je suis désolé de ce qui t'est arrivé. Et, en même temps, je trouve ça génial !

— Quoi, tu trouves ça génial ? Que je me sois fait défoncer l'arcade ?

— Oui, c'est bien ce que j'ai dit.

Je regarde Billy qui se met à sourire.

— Tu crois pas que tu pourrais être un peu plus compatissant avec moi, non ?

— Je le suis. Mais cette expérience me permet de t'enseigner une leçon importante, qui sera, je suis sûr, désormais gravée dans ton esprit. Si tu associes un événement à un enseignement et que cet événement a été très fort pour toi en termes d'émotion, comme ça a dû l'être pour toi avec celui-ci, tu te rappelleras alors toujours l'enseignement, ce qui devient donc intéressant.

— Pas sûr de tout suivre. Mais du coup, j'apprends quoi de cet événement ? Je comprends pas.

— Même si tu suis tout ce que tu as appris ces dernières semaines, tu vivras quand même des moments difficiles. Des moments d'incompréhension, de tristesse, des mauvaises nouvelles, des proches que tu vas perdre, des moments qui peuvent créer des émotions très douloureuses à supporter. Que ce soit Samantha, Brice ou encore

Douglas, ils ont leurs problèmes, tout ne va pas toujours en leur faveur.

— En effet, quand je vois les combats qu'a dû mener Samantha par exemple, pour arriver là où elle en est aujourd'hui...

— Exactement, Samantha est un très bon exemple. Il y a quelques années, elle me parlait d'un contrat qui était vital pour elle. Il fallait absolument qu'elle le décroche, et elle visualisait tous les jours ce contrat signé. Elle s'est préparée pendant des semaines, tout semblait sous contrôle. Puis, au dernier moment, les personnes avec lesquelles elle devait signer se sont désistées et ont choisi quelqu'un d'autre. Elle était sous le choc. Tu sais ce qui s'est passé après ?

— Non, raconte.

— On en a parlé ensemble et je lui ai dit ce que je veux t'enseigner aujourd'hui. Il y a très souvent un cadeau caché derrière une mauvaise nouvelle ou une situation qui ne se passe pas comme prévu. Je lui ai dit d'avoir confiance dans la vie, que ce qu'elle pensait être juste pour elle ne l'était peut-être finalement pas. Quelques semaines plus tard, le refus de ce contrat l'a amenée à démarcher une autre personne. Sauf que cette fois-ci, le contrat était quatre fois plus important et elle l'a décroché ! Tu vois, dans cette situation précise, si elle était restée bloquée sur ce qui était arrivé et ce qu'elle a, un instant, considéré comme un échec, la suite ne serait pas arrivée. Le fait qu'elle ait changé rapidement de focus en passant du problème à la solution, et en gardant une confiance absolue en l'avenir, lui a permis de finalement concrétiser ce qu'elle avait visualisé, mais avec quelque chose d'encore plus bénéfique pour elle.

— Intéressant. Mais dans ma situation, j'ai un peu plus de mal à comprendre ?

— Cette situation est spéciale, en effet. Mais ce voyage est là pour te faire apprendre et évoluer. Cet événement te servira peut-être, par la suite, à prendre de meilleures décisions et éviter qu'il t'arrive quelque chose de négatif, qui se serait peut-être produit dans le futur. L'important, comme je te dis, c'est de toujours garder cette foi dans la vie et dans ton évolution. Il y a des choses qu'on ne peut pas toujours comprendre immédiatement, des choses qui nous dépassent totalement.

— C'est pas évident. Mais pour être honnête, le lendemain, même si j'étais encore un peu en colère, je suis vite passé à autre chose. Et ça m'a aussi montré que même avec trois types contre moi, je peux m'en sortir ! Ce qui, je te l'avoue, gonfle un peu mon égo !

— Content de l'apprendre. Et puis, juste pour que tu sois au courant, il ne pouvait rien t'arriver. Dans le pire des cas, tu serais revenu à cette table ici et maintenant.

— Cool. Ça m'aurait quand même bien emmerdé de me faire enterrer dans une autre époque, avec personne aux obsèques !

— Tu te rends compte de ce que tu as accompli ?

— Non, de quoi tu parles ?

— Tu as terminé ce périple. Tu as rencontré tous les inconnus dont le nom figurait sur ce bout de papier. Tu as traversé tout le pays, tu t'es retrouvé dans une autre époque, et tu as appris énormément de choses. Tout ça, en l'espace de quelques jours. Tu vois à quel point tu peux utiliser ton temps différemment ?

En écoutant Billy parler, je me rends compte que l'aventure touche en effet à sa fin. Une chose est sûre, suivre Billy et entamer ce parcours était une des meilleures décisions que j'ai prises de ma vie.

— J'ai l'impression d'avoir vécu un an en seulement deux semaines !

— C'est ce qui se produit quand tu changes ton confort et ta routine quotidienne par de la nouveauté, le temps ralenti. Imagine maintenant le temps que tu as devant toi. Imagine toutes les rencontres que tu peux faire, les nouvelles expériences que tu peux vivre, les endroits que tu peux découvrir, les moments que tu peux partager avec d'autres personnes... Tu n'es pas venu dans ce monde pour rester sur ton canapé tous les jours de ta vie, devant une boîte noire qui projette des images dans le but de te divertir. Tu as bien sûr besoin d'une routine, tu as besoin de divertissement et tu ne peux pas toujours vivre dans la nouveauté, mais cette expérience que tu viens de vivre restera gravée dans ta mémoire à jamais. Elle te permettra d'évoluer, elle te permettra de mieux te connaître, elle te permettra surtout de prendre de meilleures décisions à l'avenir. Si tu ne vis aucune expérience, tu restreins tes possibilités. Quand tu vis dans une boîte sans jamais la quitter, tu ne vois que ce qu'il y a à l'intérieur de cette boîte, sans jamais prendre conscience qu'à l'extérieur, tout un tas de choses intéressantes se passent.

— C'est malheureusement le cas pour beaucoup de gens, je crois.

— C'est vrai.

— De mon côté, il me semble qu'en termes de nouveautés et de sortie de ma zone de confort, j'ai pas fait semblant ces dernières semaines !

— Aujourd'hui, tu as une nouvelle vision du monde, ainsi qu'une nouvelle vision de toi-même et des possibilités qui s'offrent à toi. Et si tu continues dans cette voie, il n'y a quasiment rien que tu ne pourras accomplir. Le plus dur, je te le répète, c'est savoir ce que tu veux. Et justement, ce sont les expériences de la vie qui te permettent d'apprendre à te connaître et qui te permettent aussi d'affiner ta perception de ce que tu veux vraiment. Tu entendras souvent des gens dire qu'ils ne savent pas ce qu'ils veulent faire de leur vie et, la plupart du temps, la raison à cela, c'est qu'il n'y a pas de nouveauté dans leur vie. Ils n'ont que très peu de nouvelles expériences et la routine dans laquelle ils vivent ne leur permet malheureusement pas d'affiner la connaissance qu'ils ont d'eux-mêmes.

— J'avais jamais vu les choses comme ça, mais c'est assez logique finalement.

— Je veux que tu cries, maintenant.

— Quoi ?

— Oui, je veux que tu cries et que tu me montres à quel point tu es motivé à croquer la vie qui s'offre à toi.

— OK, mais je crie quoi ?

— Ce que tu veux. Mais fais-le, maintenant.

Je regarde Billy un peu dubitatif. On est quand même entouré de pas mal de monde... Bon, allez, je me lance quand même :

— AAAAAAAAAAAAAAAAAAAAAAAHHHH ! Ça fait du bien, t'as raison !

Les regards sont tous braqués sur nous.

— Non, pas comme ça !

— Quoi, pas comme ça ? Tu m'as dit de crier ce que je voulais !

— Le problème, c'est que j'entends de la retenue dans ton cri. Je veux que tu cries le plus fort possible. Et tout de suite.

— Y'a des chances qu'on se fasse virer, t'es un rebelle toi, en fait !

— T'inquiète pas pour ça. À moins que tu aies peur peut-être ?

— Je t'ai déjà dit que la peur, c'était un truc que je ne connaissais pas.

— Alors crie comme s'il n'y avait personne autour de nous.

OK, cette fois-ci, je vais tout donner !

— AAAAAAAAAAAAAAAAAAAAHHHHHHHH !

— Voilà !!! Comment tu te sens ?

Tout le monde nous regarde et je trouve ça assez marrant finalement.

— Bien, en pleine confiance je dois dire. J'ai encore plein de choses à marquer dans mon carnet.

— Je voulais que tu le fasses pour ancrer en toi cette volonté de changement. Et j'espère bien que tu me feras lire toutes tes notes un jour !

— Promis, mais avant, je vais prendre le temps de tout remettre au propre et de tout organiser.

— Je dois y aller. On se reverra bientôt. En tout cas, je te souhaite un bon retour et n'oublie jamais ce que je t'ai dit aujourd'hui.

— T'en fais pas pour ça. Merci pour cette expérience complètement dingue que tu m'as permis de vivre !

Billy se lève et je me lève à mon tour pour le saluer. Après qu'il ait quitté la terrasse, je le regarde s'éloigner dans la rue. Cette fois-ci, il n'a pas choisi l'option « je disparais devant toi ».

Un peu chamboulé par tout ce qui vient de se passer mais aussi extrêmement motivé, je sors mon bloc-notes et décide de rester un peu ici, à écrire tout ce que j'ai appris aujourd'hui. Puis, après un moment, je quitte le café, mon hoverboard sous le bras. Si j'avais su ce qui m'attendait en entrant sur cette terrasse... Une sacrée expérience encore une fois. La vie est tellement imprévisible. J'ai l'impression que je commence à avoir rassemblé tous les morceaux du puzzle pour mon retour chez moi. J'ai hâte d'avancer à grands pas vers mes objectifs et j'ai hâte aussi de retrouver Julia. En parlant d'elle, j'ai envie de l'appeler dès maintenant. Ça va me faire plaisir de pouvoir utiliser mon smartphone, j'avoue que ça m'a quand même un peu manqué. Je me pose sur la plage en face du café, puis je l'appelle.

— Allô ?

— C'est moi, comment tu vas ?

— Très bien et toi ? Le voyage, tout se passe bien ?

— Tout se passe bien, même si j'aimerais que tu sois à mes côtés.

— Ah, un jour peut-être ! Tout dépend de toi !

— Une porte ouverte à un voyage ensemble, intéressant…

— Tu te rappelles la première fois qu'on a pris le van de ta mère et qu'on est partis camper ?

— Bien sûr que je m'en souviens.

— Ce genre de choses, je veux le revivre et je veux le revivre avec toi.

— T'as pas croisé une jolie blonde sur ton chemin ?

— Je te l'ai dit, la seule personne que je veux, c'est toi.

— On verra. Pour le moment, profite de ton voyage et ne pense pas à moi.

— C'est difficile, mais je peux essayer. Tout se passe bien avec le loft ?

— Oui, une nouvelle personne est arrivée hier pour trois nuits. Pour le moment, pas de nouvelles demandes.

— D'accord, c'est peut-être pas plus mal, car je vais rentrer un peu plus vite que prévu. J'ai vécu des trucs de dingue dont je peux pas te parler au téléphone, mais je te raconterai tout ça de vive voix.

— D'accord, j'espère que c'est positif en tout cas ?

— Oui, oui, que du bon, je t'expliquerai !

Enfin, je vais essayer comme je peux de lui expliquer, ça va pas être facile. Notre conversation continue une bonne dizaine de minutes, ce qui me rend vraiment plus que joyeux. Ensuite, je reste un peu posé, histoire de me remettre tout doucement de toutes ces émotions. Quand je commence à me sentir mieux, je sais que je suis d'attaque pour le dîner de ce soir. Brice m'a envoyé l'adresse mais je vais de toute façon repasser à l'appartement pour me changer. Sur le chemin, je ramène le hoverboard loué depuis maintenant trois jours... Ou plutôt que quelques heures si on ne compte pas le voyage de dingue que j'ai fait. En tout cas, ce truc, c'est l'éclate. Je vais me balader avec ça maintenant dans les rues d'Atlanta, ça va être fun.

J'ai hâte aussi de revoir Sean et Alice, ils sont vraiment attachants et je pense que je pourrais tisser des liens assez forts avec Sean. J'espère que j'aurai l'occasion de le voir régulièrement.

En entrant dans l'appartement, je trouve Brice allongé sur le sofa avec un bouquin à la main, pendant que Sean joue à la console. Sean se jette sur moi dès mon arrivée :

— Mon amiiiiii, t'as plus le droit de partir sans moi, d'accord ? Tu dois m'emmener avec toi.

— Tu m'as manqué aussi Sean. Tu joues à quoi ?

— Fifa ! Tu fais une partie ?

— Allez, pourquoi pas !

J'ai passé des heures et des heures à jouer à la console avec mes potes. On pouvait parfois y passer la nuit, et ça me fait plaisir d'y jouer avec Sean. Quand je passe devant Brice, il me fait un clin d'œil et me demande si ça va mieux. J'acquiesce d'un signe de tête et rejoins Sean pour une partie, le temps qu'Alice rentre de sa journée.

Une heure plus tard, et une fois que nous sommes tous changés, nous nous dirigeons vers le Reblobos, un restaurant typique de poissons et fruits de mer. Sur le chemin, pendant que je discute avec Sean, Brice raconte à Alice ce qui m'est arrivé aujourd'hui. Je l'entends rire tout en ayant du mal à y croire. C'est pourtant bien réel, j'ai passé trois jours en 1962 !

Une fois arrivés au restaurant, on s'installe à notre table pendant que, tout en restant assez vague pour éviter que Sean se pose des questions, Alice me mitraille de questions sur mon expérience. Je ne peux pas lui en vouloir, je crois que j'aurais fait pareil. Brice a tenu sa promesse, il y a du poulpe à la carte !

Quand mon plat arrive, aucun signe de tunnel, je crois que cette fois-ci, je vais pouvoir le manger.

— Alors Bart, c'est quoi tes plans ? Tu te sens prêt à retourner chez toi ?

— NON, tu restes ici !

Sean coupe la parole à son père et commence à s'énerver. Brice tente de le calmer et j'essaye aussi de le rassurer.

— T'inquiète pas, je viendrai souvent te voir, d'accord ? Et toi aussi, tu pourras venir. Et tu sais quoi ? Chez moi, j'ai aussi une console de jeux, donc on pourra se connecter et jouer ensemble si tu veux.

— OUIIIIIII, tu vas me manquer quand tu seras pas là !

— Toi aussi, tu vas me manquer, Sean. Vous allez tous me manquer d'ailleurs, même si je vous connais depuis peu. Vous êtes géniaux et vous pouvez être fiers de vous. Merci encore pour l'accueil !

— Tu sais, Alice et moi, on apprend de chaque rencontre que l'on fait. Tu nous as aussi apporté beaucoup en retour. On a tous des choses à apprendre les uns des autres, on a tous nos histoires, nos problèmes, notre parcours...

Connecter avec des inconnus, c'est stimulant et ça nous fait aussi évoluer.

— Oui, je vais tâcher de m'en souvenir et d'aider aussi à mon tour d'autres personnes.

— Compte sur notre ami commun pour qu'il t'envoie régulièrement du monde ! En parlant d'inconnu, ça avance avec ta Julia ? Tu sais qu'il faudra que tu nous la présentes un jour ?

— Ce sera un plaisir de vous la présenter !

— Tu sais quand tu veux rentrer et ce que tu veux faire ?

— Pas encore dans les détails, mais disons que ça s'éclaircit, oui. Je sais pas encore quand je pars. Demain ou après-demain si ça vous va. J'ai pas encore vraiment décidé, mais j'ai quand même pas mal de route, donc je vais pas trop traîner.

— En tout cas, tu peux rester autant de temps que tu veux chez nous et c'est pas Sean qui dira le contraire ! N'est-ce pas ?

Alice met ses mains sur les joues de Sean en prononçant ces mots. Il l'enlace de ses deux mains en retour. Nous terminons le repas en parlant de tout et de rien comme si nous étions des amis de longue date. Et c'est vraiment cette impression que j'ai quand je suis à leurs côtés.

Nous rentrons tous ensemble en chantant. Sean est vraiment excité. Juste avant d'arriver à l'appartement, il réclame une glace, et nous faisons donc un détour par un glacier. Pour moi, ce sera deux boules menthe-chocolat. Quand je suis servi, je m'approche de Sean et lui mets de la glace sur le nez.

— Bah alors Sean, qu'est-ce qui se passe ?

Alice se met à rire, alors je m'approche d'elle et lui en étale aussi sur la joue. Puis ça dégénère, évidemment. Brice m'attrape et me tient les bras pendant que Sean m'en étale sur le menton. On se marre tous et c'est au tour d'Alice de taquiner Brice. Je sors mon smartphone et immortalise le moment avec quelques photos. Je me souviens encore de ce que m'a dit Brice concernant le bonheur qui se trouve dans la simplicité. Encore un parfait exemple de cela.

Après ce joyeux chahut, nous retrouvons le confort de l'appartement. Et je m'étale dans mon lit rempli de gratitude pour ce que je suis en train de vivre et de joie pour ces moments inoubliables.

Chapitre 22

LE RETOUR

Le lendemain matin, je me réveille et attrape direct mon bloc-notes pour marquer les idées que je viens d'avoir. Je rejoins Brice qui est sur la terrasse du salon, un café à la main.

— Salut toi, bien remis des émotions d'hier ?

— Oui, la nuit m'a fait du bien ! J'ai plein d'idées d'ailleurs aujourd'hui.

— Raconte-moi tout ça !

— J'ai cogité sur mon retour. Et si mon objectif est de transformer le corps des gens et de le faire à une échelle importante, il va falloir que je teste ma méthode. Mais je sais déjà qu'uniquement du sport, ça ne suffira pas. Si quelqu'un vient à mes cours mais s'enfile entre-temps une tablette de chocolat par jour, ça ne va pas le faire.

— Ça, c'est clair !

— Je me suis levé avec l'idée d'un programme. Sport, alimentation et mental, car ça va avec. Un coaching complet qui va me permettre de me concentrer sur quelques personnes pour tester mon approche. Je lisais l'autre jour que 20 % de mes clients seraient prêts à payer dix fois plus si je leur proposais un service premium. Bon, pour le moment j'ai zéro client, mais je vais peut-être me concentrer sur ces 20 % de personnes qui veulent s'investir plus que de venir une fois par semaine à un cours que je vais organiser.

— C'est une super idée. Il y a un tas de gens qui voudraient être accompagnés dans cette démarche. Surtout en voyant les résultats que toi tu as eus, ça va les motiver encore plus.

— Oui, c'est ce que je pense aussi. Je ne suis pas contre organiser des cours collectifs avec beaucoup de monde, mais il me faut autre chose à côté, de plus complet, pour les personnes qui sont prêtes à passer à la vitesse supérieure. Il y a un truc au fond de moi qui me dit de prendre cette direction. Si je m'écoute vraiment, faire des cours collectifs quelques fois par semaine, ça peut m'éclater, mais ce n'est pas vraiment ce que je veux. Ce que je veux, c'est prendre un mec qui a un bide énorme et qui pense qu'il pourra pas changer, et lui montrer que c'est possible. Je veux lui montrer la voie pour le faire. Ce que je veux, c'est le transformer complètement et qu'il change sa vie, son énergie, sa santé et, en même temps, l'image qu'il a de lui-même. Voilà, c'est ça mon envie. Et je veux être payé pour ça, être bien payé et vivre la vie que je souhaite avec Julia !

— Waouh, tu devrais t'écouter parler, tu tiens ton projet, c'est certain... Si c'est ce que tu as au fond de toi, alors fonce ! Ton intuition montre toujours la bonne voie.

— C'est bizarre, j'ai jamais ressenti ça auparavant. Je veux dire… avoir une image précise et claire de ce que je voulais.

— Tu es de plus en plus à l'écoute de toi-même. Et le fait d'être plus à l'écoute de toi fait que tu captes mieux les informations et surtout les envies que tu peux avoir.

— C'est génial ! Bon, il me reste quand même à savoir comment je vais mettre tout ça sur pied, mais je suppose que ça va venir.

— T'en fais pas pour le comment, tu as déjà fait l'étape la plus dure : tu sais « pourquoi » tu veux le faire. Quand le pourquoi est là, le comment arrive naturellement.

— Intéressant, encore une phrase qui va s'inscrire dans mon carnet ! Je crois que je vais prendre la route demain matin, si tu peux me supporter encore un jour de plus.

— Bien sûr, je te l'ai dit, tu es ici chez toi ! Je serai heureux de t'accueillir une prochaine fois d'ailleurs.

— Promis. Toute cette aventure va me manquer. Quand je tombe dans la routine quotidienne, l'adrénaline me manque très vite.

— Fais de ta vie une aventure ! Tu peux te créer un environnement dans lequel tu vas vivre de très nombreuses aventures.

— C'est vrai. Et si je commence à suivre cette envie d'aider les gens à se transformer, je suppose que ça va être très rythmé et qu'il va y avoir tous les jours de la nouveauté.

— Exactement. Peu importe ce qui te fait plaisir, si tu sais qu'un certain mode de vie te rend heureux et t'épanouit, c'est celui que tu dois suivre, car l'objectif, c'est que tu t'éclates.

— T'as raison. Je vais rester focus sur comment m'éclater tout en faisant du cash plutôt que de me demander comment payer mon loyer à la fin du mois.

— J'adore ça !

Pendant que l'on parle, Alice nous rejoint sur la terrasse et me salue.

— Chérie, t'entends cette phrase ? Notre ami Bart veut s'éclater et faire du cash, c'est pas génial ça ?!

Alice me sourit, elle a pas l'air convaincu par cette phrase à 100 %, mais elle prend Brice dans ses bras et lui dit que, elle, c'est avec lui qu'elle s'éclate. Puis elle l'embrasse.

— Ouh la, je vais peut-être vous laisser, ça devient chaud ici !

— T'inquiète pas, on sait se tenir.

D'un coup, j'entends courir dans les escaliers et je vois Sean débouler sur la terrasse.

— Ouaiiiis, t'es encore là ?

— Bien sûr ! Je serais pas parti sans te dire au revoir quand même !

Je prends Sean dans mes bras. Il déborde déjà d'énergie.

— Alors aujourd'hui, on fait quoi ?

Brice me regard d'un air penseur.

— Bonne question ! Et si on tentait un nouveau truc tous ensemble ? C'est férié aujourd'hui, donc personne ne travaille.

Alice l'interpelle.

— Tu penses à quoi ?

— J'ai fait un truc super fun un jour avec Billy et je crois que ça pourrait être sympa de le refaire ensemble.

OK, il a piqué ma curiosité !

— Ça m'intéresse déjà, c'est quoi ?

— Ce qu'on va faire, c'est que chacun va écrire sur un bout de papier quelque chose qu'il a peur de faire. Quelque chose qui se fait en public, comme aller aborder un inconnu, faire le singe devant tout le monde, danser en plein milieu de la rue... Quelque chose qui peut être fait tout de suite et qui est simple à réaliser. Puis on ira dehors, et chacun piochera un papier et devra faire ce qui est marqué sur le papier qu'il a tiré. Je vous dévoile pas toutes les règles tout de suite, car il y aura d'autres choses, mais on va commencer par ça. Ça vous tente ?

Sean a l'air emballé. Alice un peu moins mais elle est partante. Et moi, bah, je me laisse porter.

Brice se lève et part chercher un bloc de feuilles qu'il y a sur le comptoir et quatre stylos puis nous les distribue.

— OK, alors notez vraiment quelque chose qui vous fait peur et que l'on peut faire facilement dehors, dès maintenant. Vous l'indiquez sur votre bout de papier et vous me le donnez. Sean, c'est bon pour toi ?

— Oui, j'ai peur de quelque chose.

— Génial, alors écris-le. Et vous pouvez indiquer votre prénom sur le papier.

On prend un moment chacun pour réfléchir et noter un truc. J'avoue que je galère un peu, je sais pas vraiment quoi écrire. Il y a bien quelques trucs qui me font peur, genre me retrouver dans une baignoire avec un tas de serpents qui ont envie de me bouffer ou encore me faire couper les parties intimes avec un sécateur par une femme hystérique, mais c'est pas vraiment des choses qui vont être simples à faire. Après quelques instants de réflexion, finalement, il y a un truc avec lequel je ne suis pas vraiment confortable. Ce serait de devoir chanter en public. Pas vraiment le truc qui me fait rêver, vu qu'en plus, je ne sais pas chanter. Ouais, je pense que ça, ça me ferait un peu flipper, marquons ça.

Après cinq minutes, tout le monde a rendu son bout de papier. Cette journée s'annonce excitante !

— OK, maintenant, chacun va piocher un papier. Si vous piochez le vôtre, il faudra en tirer un autre. Vous êtes prêts ? Allez, Sean, tu commences.

Brice mélange les papiers dans un bol puis Sean en tire un.

— Lis-nous ce qu'il y a dessus.

Il marque un temps d'arrêt et commence à rigoler.

— Chanter en public !

On rigole tous et ça n'a pas trop l'air de faire peur à Sean, c'est parfait !

— Chérie, tu continues ?

— Allez, je me lance !

Alice tire le sien.

— Draguer une fille !

Clairement, il s'agit du papier de Sean.

— Bah, alors, fiston, je savais pas que ça te faisait peur !

Sean a l'air tout gêné, il acquiesce d'un signe de tête.

— À toi Bart, je prendrai le dernier !

C'est parti, je tire mon papier. J'ai tiré celui de Brice. Excellent, ça va pas être le plus simple à faire, mais une chose est sûre : on va se marrer !

— Faire le singe devant tout le monde et demander des bananes.

Sean est plié de rire et moi aussi. J'ai pas vraiment hâte d'y être, mais bon, on va gérer ça.

— Le dernier est pour moi. Qu'est-ce qui te fait peur, ma chérie ?

— Ha, ha, je te laisse lire mon amour !

Brice prend le dernier bout de papier et sourit.

— Faire de la trottinette électrique, cool !

— J'ai toujours voulu essayer, mais je crois que ça me fait un peu peur au fond, et du coup, je procrastine !

— Génial. Bon, maintenant, il y a un truc que je vous ai pas dit.

Ho, ho, j'aime pas la tête que fait Brice !

— Ce que je ne vous ai pas dit, c'est qu'après que la personne a fait ce qui vous fait peur et vous montre par la même occasion que c'est possible, ce sera à votre tour de réaliser votre propre défi.

— NONNNNNNNN, je vais draguer une fille ?

— Oui, fiston, tu vas draguer une fille !

— Oh la la, je n'aurais pas marqué ça si tu me l'avais dit avant, papa !

— C'est justement pour ça que je te l'ai pas dit !

Bon, bah, je crois que je vais devoir chanter en public alors. En même temps, j'ai toujours aimé me challenger, donc ça me va. Enfin, d'habitude, quand je me challenge, je me suis quand même souvent enfilé quelques whiskys avant !

Avant de se lancer, on prend le temps de finir notre petit déjeuner sur la table de la terrasse en parlant de nos défis et de l'endroit où on va les réaliser. Tout le monde a l'air stressé et en même temps excité.

— C'est quoi au fait le nom de ce jeu ?

— Le *Fear Game*.

— Le *Fear Game* ? Intéressant, je n'en ai jamais entendu parler.

— C'est normal, je crois que c'est Billy qui l'a inventé.

— Sacré Billy. Va falloir que tu me dises ce qu'il avait écrit sur son papier d'ailleurs !

— Je te le dirai tout à l'heure, allez, on y va !

C'est parti pour de nouvelles aventures !

On sort dans la rue et on décide de démarrer avec Sean. Ça ne m'arrange pas trop, car après ce sera à mon tour de le faire. Brice nous montre un café du doigt.

— Regardez cette terrasse de café juste là. Je crois que c'est l'endroit parfait. T'es prêt, mon fils ?

— Nonnnnnnn !

— T'inquiète pas, on est avec toi. Tu te rappelles la chanson qu'on te chantait souvent, avec Angelina et Patrick ?

— Je crois, je suis pas sûr, papa.

— Tu seras content de l'avoir fait ensuite, crois-moi.

Finalement, Sean n'a pas du tout l'air serein à l'idée de réaliser mon défi. Je lui fais une accolade pour lui donner du courage et lui dis que dès que ce sera fini, il va pouvoir rire de moi, car ce sera à moi de jouer ! On avance vers la terrasse du café où une bonne dizaine de personnes est installée ; on se met à l'entrée de la terrasse et Brice continue d'encourager Sean.

— Quand tu veux Sean, on est prêt à t'écouter.

Sean se racle un peu la gorge et tousse deux ou trois fois puis se lance :

— L'enfannnnt du Paradiiiiiiiiiiis, je suisssssssss un enfannnnnnt du paradiiiiiiiiiiis, lalalala, lalalala...

Il continue comme ça pendant trente secondes environ, pendant que les gens se demandent ce qu'il est en train de se passer. Quand il termine, on lui saute tous dessus et on le prend dans nos bras.

— OUAIIIIIIIIIIIIS, Sean, Félicitations ! T'as assuré. Je crois que tu vas largement me battre sur ce défi.

— Merci, Bart. Maintenant, c'est à toi !

Brice et Alice me regardent et ils commencent tous les trois à crier avec Sean.

— À toi, à toi, à toi, à toi, à toi !

— Ça va, ça va, on se calme.

— Attends, on va changer de terrasse.

Brice nous désigne un autre café. On avance un peu et NOONNN, c'est pire ! Il y a au moins vingt personnes ! Ce qui ne m'arrange pas vraiment...

— Alors, Bart, on fait moins le malin avec ses gros bras !

Et en plus de ça, Brice me charrie ! Bon, allez, je m'en fous des autres. Je vais faire comme si j'étais sous la douche.

— Je me lance, vous êtes prêt ?

— C'est quand tu veux, mon ami !

Honnêtement, je ne connais pas vraiment de morceaux par cœur, mais il y en a un dont je me souviens. Tina Turner, *Simply the best*, j'écoutais ça en boucle avant. Je respire un grand coup et je me lance :

— *You're simply the best, Better than all the rest, Better than anyone, Anyone I ever met, I'm stuck on your heart, I hangggg on every word you say, Tear us apart, Baby, I would rather be dead !*

Tous les gens en face de moi me regardent. Oh, mon Dieu, ma voix doit être catastrophique ! J'arrête après vingt à trente secondes, qui m'ont paru des minutes ! Mais j'avoue que c'était plutôt cool.

— OUAAAAAAAAIIIIIIS !

Alice, Brice et Sean m'applaudissent et on se marre.

— Vous voyez ce que vous venez de faire tous les deux ?

Brice nous regarde Sean et moi.

— Ça, c'est la vraie liberté ! Être capable d'être soi-même, peu importe ce que peuvent penser les autres. Félicitations à vous deux, vous avez assuré !

On continue à enchaîner les défis et je crois bien que ça fait longtemps que je n'ai pas autant ri. J'ai dû me mettre à faire le singe devant un groupe d'adolescents en leur demandant des bananes et ils sont tous partis en courant. Fou rire général. Brice l'a fait à son tour devant un groupe de filles sur la plage, et l'une d'elles lui a balancé du sable. Elles ont dû le prendre pour un psychopathe ! Puis, ça a été le tour d'Alice. Elle est allée draguer une fille et est même revenue avec son numéro de téléphone ! Ensuite, ça a été au tour de Sean. Il a approché une fille qui était assise avec ses écouteurs sur un muret. On les a regardés de loin et plusieurs minutes se sont passées. Ils discutaient tranquillement, puis Sean est revenu comme si de rien n'était. Il avait l'air super content et il nous a dit que la fille était cool. En tout cas, ce jeu me semble vraiment intéressant et, quand je vois dans quel environnement Sean grandit, je me dis qu'il a une chance énorme. J'aimerais pouvoir être un père comme Brice si un jour je suis papa. Je donnerai à mes enfants ce que je n'ai pas eu quand j'étais enfant.

Pour terminer ce cycle de défis, Brice a loué une trottinette électrique, je suis monté derrière lui et on a fait les cons tous les deux. Puis Sean est monté derrière lui, et ça a enfin été au tour d'Alice. Elle n'était pas à l'aise du tout mais elle s'en est bien tirée. Pour fêter nos succès à tous, nous sommes ensuite allés marcher les pieds dans l'eau, manger un sandwich sur la plage et faire les fous dans le sable. Je ne pouvais pas rêver mieux, je crois, pour ce dernier jour. Vous vous en doutez, je ne peux m'empêcher de demander à Brice ce que Billy, lui, avait inscrit sur son papier.

— Pour son défi, tu veux dire ? Je savais que t'allais me demander ça ! Il avait écrit « être dans l'eau, sans avoir pied ». Par chance, il y avait une piscine pas loin de l'endroit où on était, du coup, on y est allés tous les deux et il a nagé. Enfin, avec mon aide, mais il l'a fait ! Et c'était pas gagné, parce qu'il avait vraiment l'air d'en avoir peur.

— Délire, j'aurais aimé être là. T'as pris une vidéo au moins ?

— Non, mais j'ai une photo, je te montrerai. Et, tu sais, depuis qu'il m'a fait part de ce jeu, je me suis forcé à faire tout un tas de trucs que je refusais de faire parce que j'en avais peur. Ça m'a permis d'être bien plus à l'aise dans beaucoup de situations. À partir d'aujourd'hui, je te conseille de voir toi aussi la peur comme une opportunité, une opportunité de grandir et d'évoluer.

— La peur comme une opportunité, c'est cool ça ! Encore un truc qui va m'accompagner.

— Plus tu te confrontes à tes peurs, moins elles te freinent. Il y a tellement de gens qui se laissent bloquer par leurs peurs, et c'est vraiment dommage.

— En effet, t'as raison. Ça ne m'a jamais vraiment bloqué, je pense. Mais faire cet exercice aujourd'hui m'a montré l'avantage qu'il y a à aller se confronter directement à ce qui me fait flipper. Je vais tâcher d'intégrer cette habitude.

Après avoir passé la majeure partie de la journée dehors, nous retrouvons l'appartement, et je prends un moment pour faire mon sac. Ça me fait vraiment bizarre de rentrer chez moi après cette aventure incroyable. Mais je suis aussi content.

Un dernier dîner tous ensemble sur la terrasse, puis je passe une partie de la soirée avec Sean à jouer à la console. Il va vraiment me manquer lui aussi.

Le lendemain matin, je suis prêt à partir ; je fais un gros câlin à Sean et remercie une nouvelle fois Alice et Brice. Même si je n'ai pas passé tant de temps que ça avec eux, ça me fait tout drôle de partir.

Sean s'approche de moi.

— Promis, tu reviendras Bart ? Promis, promis promis ?

— Promis, mon grand. On va rester en contact et on va se revoir bientôt.

Brice s'approche à son tour et me fait une accolade.

— À toi de jouer, mon ami. T'as toutes les cartes en main. De toute façon, on va se voir bientôt. Tu sais qu'on a un rassemblement en septembre ?

— Oh que oui ! Je suis pas près d'oublier ça. Excellent, j'ai hâte !

Puis, pour finir, je prends Alice dans mes bras et elle me glisse :

— Tu sais ce que Brice me disait souvent quand j'avais des journées importantes dans mon travail ?

— Non, je t'écoute.

— Il me disait : « Déchire tout ! » Et je te le dis à toi du coup aujourd'hui : « Déchire tout ! » T'as une très belle vie qui t'attend. N'oublie jamais que t'es quelqu'un de génial.

— Merci beaucoup et merci à vous tous, vous êtes une super famille et j'ai appris de belles choses à vos côtés.

Alors que je m'éloigne, je sens une grosse émotion qui monte en moi. Je suis tellement excité à l'idée de pouvoir enfin vivre une vie dans laquelle je vais m'éclater. Ce ne sera pas simple tous les jours, je le sais bien, mais je sens qu'une sacrée aventure m'attend. Prendre du plaisir, apporter mon aide aux autres et en même temps gagner de l'argent : voilà mon nouvel objectif et j'en adore l'idée.

Je retrouve la Chevrolet sur le parking, il est sept heures et demie du mat. J'ai une longue journée de route qui m'attend, je m'installe dans la voiture, monte le son d'une bonne musique de métal et en avant WHOUUUUUUUUUU !!

Je traverse Los Angeles. Quel voyage, quelle aventure, quelle vie tout simplement ! Il y a peu de temps, j'étais enfermé. Aujourd'hui, je suis libre. J'ai voyagé dans le temps, j'ai passé deux jours en 1962 et, en plus de ça, j'ai eu l'opportunité de connecter avec des gens incroyables qui ont partagé avec moi leurs connaissances, je crois que je ne peux pas demander mieux. La seule fausse note, c'est cet incident au casino, mais on va oublier ça. D'après mon GPS – et maintenant, je savoure le fait d'en avoir un ! –, j'ai plus de trente heures de route pour arriver à Atlanta. Ça va piquer un peu, je pense que je vais faire ça sur trois ou quatre jours et m'arrêter sur la route. Il y a plusieurs endroits qui ont l'air très sympas sur le chemin. Je vais aussi m'arrêter à Oklahoma city, j'ai jamais visité cette ville, ce sera l'occasion. Je m'arrête à une station essence pour remplir le réservoir et j'en profite pour appeler mon oncle au passage :

— Allô, c'est qui ?

— Je t'ai pourtant dit d'enregistrer mon numéro !

— Bart, c'est toi ?

— Eh oui, c'est moi !

— Je l'ai enregistré, mais mon portable est mort, un pote vient de m'en prêter un autre. Heureusement que la Sim est intacte

— Encore ?

— Ouais, disons qu'il est tombé dans le jacuzzi dans lequel j'étais hier.

— Dans un jacuzzi ?

— J'étais au Playboy Rancho, entouré par deux ravissantes demoiselles qui avaient l'air de vraiment apprécier ma compagnie d'ailleurs.

— Le Playboy Rancho ? Mais c'est un bordel ça, non ?

— Ouais et alors ?

— Bah c'est normal que ces filles s'intéressent à toi, tu les as payées.

— Ouais, bon, peut-être, mais il y avait quand même quelque chose de spécial entre nous. Bref, j'ai voulu prendre une photo avec elles dans le jacuzzi, sauf que mon portable est tombé à la flotte et il est mort. Comment va mon bébé ?

— Elle se porte à merveille, je t'appelais d'ailleurs pour te dire que je suis sur la route, je serai là dans trois ou quatre jours.

— Dans trois ou quatre jours, mais t'es où là ?

— Heuuuu, je viens de quitter Los Angeles.

— Quoi ? T'es allé jusqu'à Los Angeles avec la Chevrolet ?

— Ouais, t'inquiète pas, tout va bien.

— Je t'ai déjà dit, c'est le « t'inquiète pas » qui m'inquiète justement. J'espère que tu t'arrêtes régulièrement. Elle est pas vraiment faite pour les longs trajets de ce type !

— Je m'arrête toutes les deux heures, tout va bien.

— Bon, je te fais confiance, je te vois dans quelques jours alors ?

— Ouais, je serai là bientôt.

— Parfait, je viens de recevoir des champignons hallucinogènes, si tu veux refaire un voyage sur la planète Neptune, j'ai ce qu'il te faut.

— Heu, je crois que je vais passer mon tour sur ce coup, mais merci pour la proposition. Allez je dois filer, à bientôt !

— Yes, prends soin de toi et surtout prends soin de mon bébé !

Je crois qu'il s'arrêtera jamais. En même temps, il ne fait de mal à personne, c'est donc pas vraiment problématique. Sur la route, je pense à l'accompagnement complet que j'ai envie de créer et proposer. Surtout, il va falloir que je puisse toucher la bonne clientèle, parce que ce n'est pas tout le monde qui pourra s'offrir un service de ce type. J'ai vraiment pas peur d'annoncer un prix assez élevé, au contraire, ça va me permettre de travailler avec moins de monde et de me mettre un peu de pression sur les résultats qu'obtiendront mes clients. Je vais quand même proposer aussi des cours collectifs mais, le but, ce sera d'amener ensuite les gens vers le programme complet.

Si j'arrive ensuite à avoir des résultats intéressants, je pourrai commencer à réfléchir à comment faire grossir cela. Je me souviens parfaitement de la phrase de Samantha qui m'a dit qu'il fallait que je dissocie le résultat de ma présence physique pour pouvoir toucher et impacter le plus de monde possible. Il est clair que ça me fait cogiter différemment d'avoir ça en tête même si on n'en est pas là pour le moment. Il faut d'abord que je puisse voir les résultats de ma méthode. Plus je réfléchis, plus je commence à avoir une petite idée de là où je pourrais trouver mes prochains clients. Il y a un immeuble à Atlanta rempli de bureaux avec des boîtes de traders et des entreprises assez réputées. Il y a des centaines de personnes en costume qui débarquent le matin dans cet immeuble et une partie d'entre elles n'a pas l'air en super santé. Surtout, beaucoup paraissent en surpoids. Je pense qu'ils doivent tellement bosser assis sur une chaise, que forcément ça n'arrange pas les choses. Je pense aussi qu'ils ont les moyens et c'est donc eux que je vais commencer à cibler. Finalement, si je crée un accompagnement ne serait-ce qu'à 1 000 dollars par mois, rien qu'avec trois clients, je gagnerai le même salaire qu'avant. Juste trois personnes, honnêtement, je suis sûr que je peux même aller jusqu'à 1 500 ou 2 000 dollars par mois, sachant que je vais passer un paquet de temps avec eux. T'imagines que pour atteindre 2 000 dollars par mois, je dois trouver quarante personnes motivées par des cours à 50 dollars pour avoir les mêmes résultats. Et surtout, c'est impossible pour moi de pouvoir être concentré sur quarante personnes. Bordel, je suis motivé comme jamais ! Je la sens vraiment bien cette histoire et j'ai hâte de démarrer !

Je continue de rouler une bonne partie de la journée et j'ai déjà fait un sacré bon chemin. Je trouve un petit motel dans un petit village pour passer la nuit et je m'aperçois qu'avec la somme que j'ai pu gagner au casino, je vais être bien jusqu'à la fin du trajet. Tout s'est bien déroulé aussi sur ce plan, même si j'ai quand même été à deux doigts de tout perdre !

Le jour d'après, je continue mon trajet en mettant une alarme sur mon portable pour faire une petite pause de dix minutes toutes les deux heures, j'ai pas vraiment envie que la Chevrolet me lâche en plein milieu du trajet. Le troisième jour, je garde le même rythme, puis je m'arrête à cinq heures de route de chez mon oncle. J'avoue qu'à la fin de cette journée, je suis bien crevé et j'en ai marre d'avaler les kilomètres, j'ai hâte de me poser. Dernière ligne droite demain et ce sera fini.

Pendant ces quatre jours de route, je passe pas mal de temps à écrire. Qui l'aurait cru ? J'ai le plan intégral de l'accompagnement que je veux proposer, ainsi que le prix, et comment je vais réussir à convaincre mes premiers clients. Bref, j'ai tout pour démarrer.

En arrivant chez mon oncle, j'aperçois quatre voitures devant la maison. Merde, il est avec des potes à tous les coups. Je crois que je vais pas m'éterniser. J'ai appelé Julia hier pour lui dire que je passerai chez elle en arrivant récupérer les clés. La dernière réservation du loft a pris fin hier, ce qui est parfait.

Je klaxonne trois coups quand j'arrive devant la maison. Mon oncle s'avance, un grand sourire sur le visage.

— Mon bébé est là !

Je sors de la voiture, je suis épuisé.

— Comme je t'ai dit, elle est dans le même état que quand je l'ai empruntée.

Je vais éviter de lui parler du petit aller-retour dans un garage.

— Et toi alors, t'as fait quoi du coup ? J'ai pas tout compris à ton voyage.

— Disons que j'avais plusieurs personnes à rencontrer sur le chemin.

— Des gonzesses, je parie ?

— Même pas, j'ai été sage.

S'il savait vraiment ce que je venais de vivre…

— Toi, sage ? Tu te fous de ma gueule ou quoi ? Allez, amène-toi, je te présente à quelques potes !

C'est ce que je pensais, mon oncle est avec des potes en train de préparer je ne sais quel truc tordu. Il me présente à quelques personnes. Je lui dis que je dois malheureusement vite partir car j'ai des choses à régler à Atlanta. Il tire un peu la gueule, mais me dit de revenir bientôt pour qu'on s'organise un truc. Je bois une bière avec eux, puis je sors mes affaires de la Chevrolet et appelle un Uber pour qu'il m'amène à la gare. Mes décisions, mes résultats… Hors de question de passer le premier jour de mon retour à me bourrer la gueule chez mon oncle.

Une fois arrivé à la gare, je trouve un train qui part quinze minutes plus tard pour Atlanta. Je prends un billet, puis j'arrive à trouver une place un peu isolée, c'est parfait, car j'ai envie d'une seule chose maintenant : dormir.

Je ferme les yeux et m'endors. Je crois même que je ronfle un peu tellement je suis crevé. Juste avant d'arriver, je me passe un coup de flotte sur la gueule, il faut que je sois un minimum présentable pour Julia. Le train arrive et je descends. Je prends vraiment conscience à ce moment-là que j'ai terminé ce voyage et que je suis rentré. Je me sens tellement heureux d'avoir entrepris cette aventure. Maintenant, c'est à moi de jouer !

J'appelle à nouveau un Uber pour me rendre chez Julia et ouvre mon bloc-notes dans la voiture. Je profite de ce temps pour relire tout ce que j'ai écrit. J'ai pu écrire dix-neuf leçons différentes que j'ai apprises depuis ma rencontre avec Billy et je suis persuadé qu'en vivant ma vie avec ces leçons, je peux accomplir absolument tout ce que je désire. J'en suis même convaincue ! J'ai le cœur qui commence à battre un peu plus fort : revoir Julia après cette expérience de fou, c'est comme si c'était le début d'autre chose pour moi. Le chauffeur s'approche rapidement de la rue dans laquelle vit Julia. Au moment où on tourne en prenant le dernier virage qui conduit à sa rue, je détourne la tête et qui je vois ? Billy ! Billy qui est assis sur un banc. Mais il peut aussi prévoir où les gens vont se diriger ou quoi ? Je demande au chauffeur de s'arrêter, je descends de la voiture et commence à marcher dans sa direction…

— Toi, t'es vraiment imprévisible !

— Je t'ai pourtant dit la dernière fois que je repasserai bientôt te voir, non ?

— Ouais, mais tu m'avais pas vraiment dit que tu serais posé sur un banc à côté de chez Julia. Mais, passons, je suis vraiment content de te voir !

Je le prends dans mes bras et m'assois sur le banc à côté de lui.

— Alors c'était comment la route du retour ?

— Plutôt cool, même si je suis crevé pour tout t'avouer. J'ai cogité à pas mal de trucs et il est clair que je ne suis plus le même homme que quand je suis parti.

Billy se met à sourire

— C'est certain et surtout tu reviens avec de nombreuses connaissances et, ça, personne ne pourra te l'enlever. Tu sais, Bart, l'argent, les biens matériels, et aussi malheureusement les personnes qui te sont proches, tu peux tout perdre… Mais il y a quelque chose qu'on ne pourra jamais t'enlever, c'est ce que tu as à l'intérieur de toi.

— Ça, c'est bien vrai. En espérant quand même ne pas tout perdre !

— J'imagine que tu t'apprêtes à aller voir Julia ?

— Oh que oui ! J'ai tellement de choses à lui dire et j'ai tellement hâte de la prendre dans mes bras ! Cette fois-ci, c'est peut-être moi qui vais partir avant toi !

— Avant que tu te diriges chez elle, j'aimerais bien entendre les leçons que tu as pu prendre en notes.

— Justement j'étais en train de les relire sur le trajet et je dois dire que je suis plutôt fier de moi. Rien que de les relire me motive comme jamais !

— Je t'écoute...

Je sors mon bloc-notes et commence à lire.

1 : La réponse à mes questions se trouve à l'intérieur de moi, en écoutant mon corps et mes émotions.

2 : L'accumulation de simples petites actions dans mon quotidien produit sur le long terme des changements importants.

3 : L'objectif premier de mon travail est mon épanouissement.

4 : Je deviens complètement libre quand j'arrête de me préoccuper du regard des autres.

5 : L'inconnu et l'aventure me font grandir et évoluer.

6 : Que ce soit dans ma vie personnelle ou professionnelle, je dois identifier mes valeurs. Elles vont ensuite me guider tout au long de mon chemin.

7 : Voir les choses en grand me permet d'avoir des résultats importants. Le chemin le plus facile n'est pas forcément celui que je dois emprunter.

8 : Je consacre du temps et fais des efforts pour créer de nouvelles relations. Parmi elles, certaines personnes m'aideront sur mon chemin.

9 : « Merci » est un mot magique à utiliser tous les jours.

10 : Contribuer auprès des autres est l'élément clé de mon épanouissement.

11 : Le bonheur se trouve dans la simplicité.

12 : Quand je souhaite quelque chose en particulier, j'identifie des modèles qui l'ont déjà réalisé, je m'inspire d'eux, et je duplique ce qu'ils ont fait.

13 : Il existe en moi des possibilités illimitées ; les seules limites sont celles que je m'impose moi-même.

14 : Je ne fais pas mes choix professionnels en fonction de l'argent qu'ils peuvent me rapporter, mais en fonction de mon épanouissement.

15 : J'utilise la visualisation et la répétition d'affirmations positives pour ancrer en moi de nouvelles croyances qui me portent vers le haut.

16 : Qu'elle soit positive ou négative, il y a un apprentissage derrière chaque expérience de la vie.

17 : Plus je vis d'expériences, plus mes capacités et la connaissance profonde que j'ai de moi augmentent.

18 : Je transforme la peur en opportunité, l'opportunité de grandir et d'évoluer.

19 : Mon job principal est de savoir ce que je veux, puis de laisser la vie me surprendre en ayant une confiance totale dans la réalisation et la manifestation de ce que je désire.

Après avoir lu, je relève la tête et regarde Billy.

— Écoute-moi bien, Bart. Si à partir de maintenant tu vis ta vie en fonction de ces leçons, je peux t'assurer que tu vas te construire le futur que tu désires.

— C'est ce que je me dis aussi.

— Tu n'oublieras pas ta promesse ?

— Non, c'est dans un coin de ma tête, et je peux te garantir qu'un paquet de monde va lire ces leçons. Je pourrais même te surprendre, tu verras.

— Je crois que je n'ai plus rien à faire ici alors. Je vais te laisser poursuivre ta route.

— C'est pas un adieu, ça, j'espère ? J'ai encore besoin de toi, tu le sais ?

— Ne t'inquiète pas, on va se recroiser prochainement. Je serai simplement un peu moins présent, car il y a d'autres personnes que je dois servir. Mais tu vas recevoir bientôt une invitation pour notre événement annuel.

— J'ai vraiment hâte de rencontrer tout le monde, t'imagines même pas ! Avant que tu partes, j'ai quelque chose à te demander. Je sais que je t'ai déjà cuisiné beaucoup sur le sujet, mais tu peux pas me laisser comme ça. Dis-moi... Pourquoi tu as été enfermé ?

Billy me regarde d'un air penseur.

— Comme je te l'ai dit, je suis au parfait endroit, pour réaliser ce que je dois réaliser.

— Tu veux dire que t'as fait exprès d'être enfermé ?

— Pas vraiment. Disons qu'il y a maintenant plus de quarante ans, j'ai fait la rencontre d'un juge et que j'ai commencé à le faire voyager. On a passé du temps ensemble, comme toi et moi, mais au bout d'un moment, notre relation s'est dégradée. Il a commencé à vouloir voyager tous les jours, avec des demandes de plus en plus insistantes. Il a surtout commencé à essayer de transmettre des informations sur les marchés financiers à des personnes qu'il pouvait rencontrer en voyage dans l'espoir qu'il puisse ensuite les revoir dans le présent et partager les profits avec eux. Je lui ai expliqué que c'était impossible et que c'était inutile, mais il était persuadé du contraire. Comme je te l'ai dit, une règle cruciale est de ne jamais partager d'informations sur le futur. J'ai donc complètement arrêté de le voir, mais il m'a poursuivi jusqu'à devenir violent et brutal. Il a commencé à me menacer, puis voyant que je ne céderais pas, il s'est arrangé pour me coller sur le dos plusieurs meurtres qui étaient restés non résolus, et qui avaient eu lieu pas très loin de l'endroit où j'habitais à l'époque. Il y a plus de quarante ans, les procédures étaient moins strictes qu'aujourd'hui et il a réussi son coup.

— Attends, mais c'est complètement fou, ça ! Je vais t'aider, moi, à sortir, il y a bien quelque chose à faire, non ?

Sûrement, mais comme je te l'ai dit, j'ai compris que j'étais à ma place. Malgré la colère du départ, j'ai accepté la situation et je dois dire que je la vis plutôt bien. Comme tu le sais, je passe près de la moitié de mon temps dehors, donc c'est beaucoup plus simple à gérer.

— Non, mais quelle histoire de dingue, ce truc ! Mais j'aimerais pouvoir t'aider !

— Dans quelques années, je serai dehors. Et je n'échangerai pour rien au monde toutes les rencontres que j'ai pu faire grâce à ce jugement absurde.

— Je pensais que tu avais une sorte de méthode ou je ne sais quoi pour choisir les personnes que tu aides. Comment ça se fait qu'avec lui ça n'a pas marché ?

— C'est une question que je me suis posée pendant longtemps, mais aujourd'hui, avec le recul, je sais que c'était exactement lui que je devais choisir, de la même manière que je t'ai choisi, toi.

— Le délire ! Alors, là, mec, je ne sais pas quoi dire, je ne suis pas sûr de bien te suivre.

— Ne dis rien et fais confiance. Tu es la deuxième personne à qui je confie cette histoire, aussi je compte sur ta discrétion.

— Bien sûr.

— Tu sais pourquoi je te l'ai racontée ?

— Dis-moi.

— Pour te montrer à quel point la confiance que tu peux avoir dans les événements qui arrivent peut aller très loin.

— Je sais vraiment pas comment t'as fait pour gérer ça. Comment ça s'est passé pour ta famille ?

— On aura l'occasion d'en reparler. Mais ce n'est pas important, tout ça, c'est du passé. Maintenant, file, tu as mieux à faire que d'écouter mes histoires. Julia t'attend, je pense.

Une émotion intense me submerge. J'ai du mal à me remettre de cette histoire. C'est le truc le plus fou que j'ai entendu.

— Tu peux compter sur moi et j'espère bien t'avoir dans ma vie pendant encore très longtemps, alors prends soin de toi.

— Promis, je repasserai te voir dans quelques semaines. Je suis sûr que tu auras déjà fait de grands pas vers tes projets.

Sur ces mots, il se lève et je fais de même. Je le prends dans mes bras comme un fiston qui enlacerait son père ; c'est vraiment l'impression que j'ai.

— Billy, t'es incroyable ! T'arrêtes pas de répéter ça aux autres, mais aujourd'hui, c'est moi qui dois te le dire.

Il me regarde avec un sourire et commence à s'éloigner, puis tourne au coin de la rue. Juste avant de disparaître, il me fait un dernier signe de la main.

Je me pose une minute de nouveau sur le banc pour digérer cette folle histoire, puis je respire quelques instants, avant de me diriger vers chez Julia. En montant les marches, je sens mon cœur battre à 10 000 à l'heure, j'ai jamais ressenti ça auparavant. Je frappe à la porte, j'entends des pas, et la porte s'ouvre… Je vois son visage, son sourire… Je la prends dans mes bras et m'effondre comme jamais ; je pleure sans pouvoir m'arrêter dans ses bras. Je la rassure en lui disant que tout va bien et que je suis juste tellement désolé pour mes conneries d'autrefois. Julia m'enlace également, puis on s'embrasse au pied de sa porte. Le moment est intense et indescriptible.

Quand elle me propose d'entrer, je ferme la porte derrière nous et repense à la phrase qu'Alice m'avait dite avant que je parte de chez eux : « Déchire tout ! »

La suite de l'histoire et de tout ce qui m'arrivera dans la vie sera conditionnée par mes décisions. À moi de jouer.

LE MOT DE LA FIN

J'espère sincèrement que vous avez pris autant de plaisir à lire cette histoire que j'en ai pris à l'écrire.

Ce livre a vu le jour grâce à vous, alors un grand merci. À la suite de la publication de mon premier roman Il suffit d'une rencontre pour changer de vie j'étais loin de m'imaginer le nombre de retours positifs que j'allais recevoir des lecteurs.

C'est aussi ce qui m'a donné envie de continuer d'écrire et de démarrer une nouvelle histoire, celle que vous avez pu découvrir à l'intérieur de ces pages.

Je serais ravi à mon tour de vous lire et d'entendre votre avis sur votre lecture si vous souhaitez me la partager. Si oui, vous pouvez m'écrire à anthonynevo111@gmail.com

Vous pouvez également me contacter sur Instagram :

@vddanthony

Je vous souhaite le meilleur et n'oubliez pas qu'il n'y a aucune limite à ce que vous pouvez faire, être ou accomplir…

Anthony Nevo

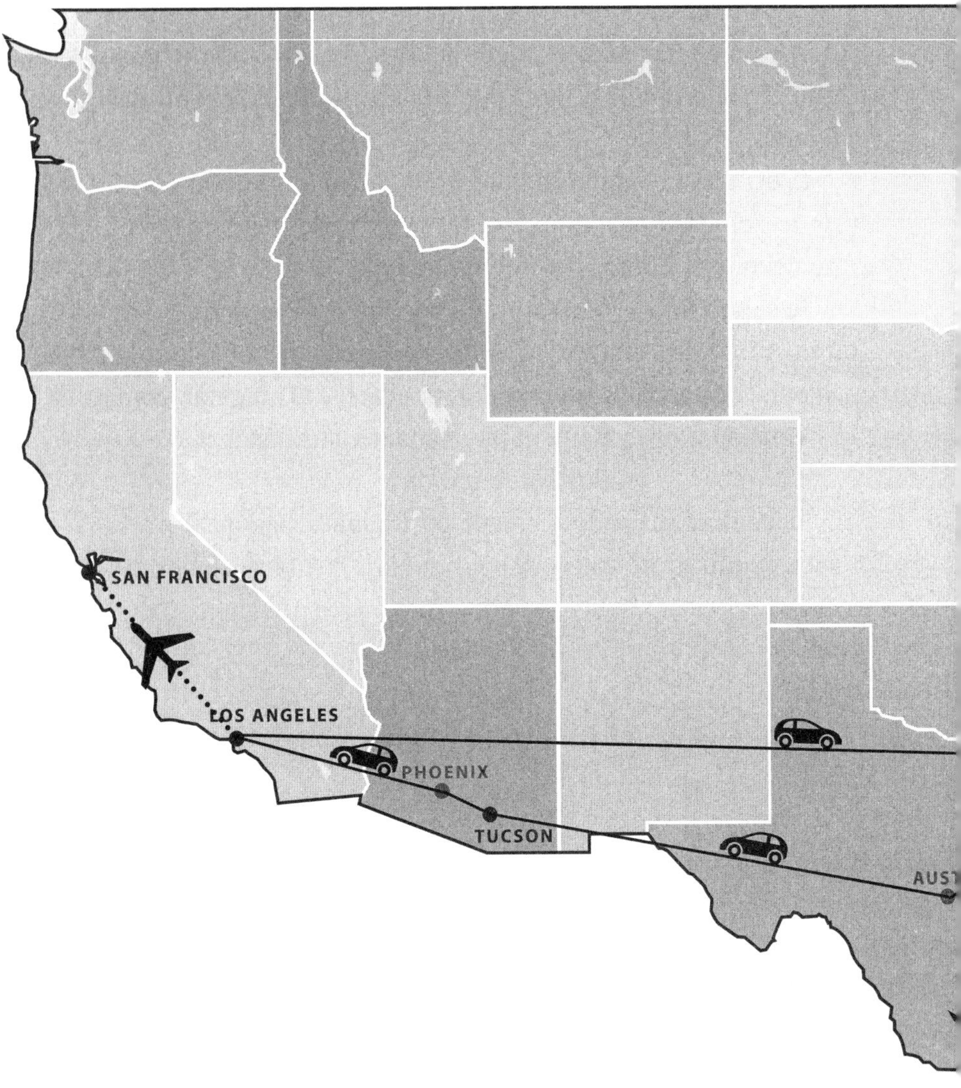
SAN FRANCISCO
LOS ANGELES
PHOENIX
TUCSON
AUST

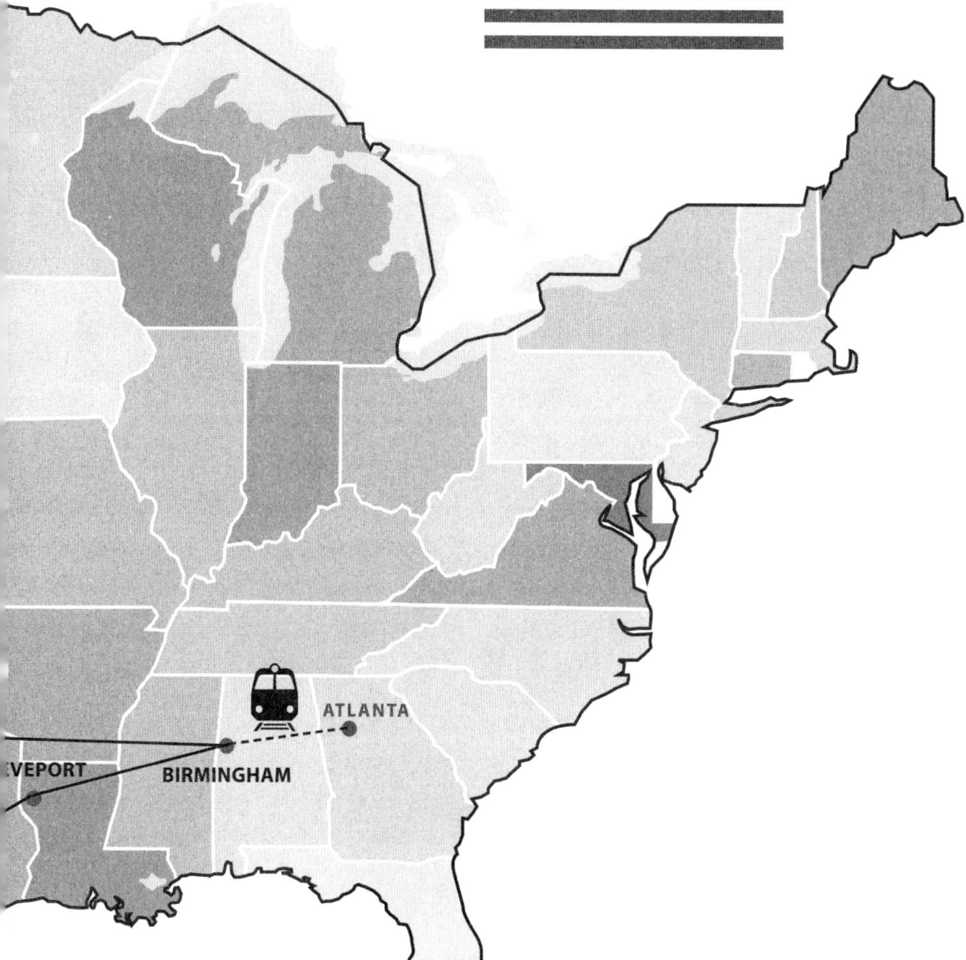
ATLANTA
EVEPORT
BIRMINGHAM

FSC
www.fsc.org
MIXTE
Papier issu de sources responsables
FSC® C022829

Cet ouvrage est composé de matériaux issus de forêts bien gérées certifiées FSC®, de matériaux recyclés et de matériaux issus d'autres sources contrôlées.
Le Forest Stewardship Council® est une organisation internationale non gouvernementale qui encourage une gestion écologiquement adaptée, socialement bénéfique et économiquement viable des forêts de la planète.
Pour en savoir plus, consultez le site www.fsc.org

Achevé d'imprimer en janvier 2022
sur les presses de la Nouvelle Imprimerie Laballery
58500 Clamecy
Dépôt légal : février 2022
N° d'impression : 111384

Imprimé en France

La Nouvelle Imprimerie Laballery
est titulaire de la marque Imprim'Vert